古代歷史文化 研究輯刊

二四編

王明蓀 主編

第 10 冊

含英咀華：遼金元時代北族的漢學（修訂版）（下）

王明蓀 著

國家圖書館出版品預行編目資料

含英咀華：遼金元時代北族的漢學（修訂版）（下）／王明蓀
著 -- 修訂一版 -- 新北市：花木蘭文化事業有限公司，2020
〔民 109〕
目 2+240 面；19×26 公分
（古代歷史文化研究輯刊 二四編；第 10 冊）
ISBN 978-986-518-260-1（精裝）
1. 漢學史 2. 宋遼金元史
618 109011119

ISBN-978-986-518-260-1

9 789865 182601

古代歷史文化研究輯刊
二四編 第 十 冊 ISBN：978-986-518-260-1

含英咀華：遼金元時代北族的漢學（修訂版）（下）

作 者	王明蓀	
主 編	王明蓀	
總 編 輯	杜潔祥	
副總編輯	楊嘉樂	
編 輯	許郁翎、張雅淋	美術編輯 陳逸婷
出 版	花木蘭文化事業有限公司	
發 行 人	高小娟	
聯絡地址	235 新北市中和區中安街七二號十三樓	
	電話：02-2923-1455／傳真：02-2923-1452	
網 址	http://www.huamulan.tw 信箱 hml810518@gmail.com	
印 刷	普羅文化出版廣告事業	
修訂一版	2020 年 9 月	
全書字數	345272 字	
定 價	二四編 21 冊（精裝）台幣 62,000 元	版權所有・請勿翻印

含英咀華：遼金元時代北族的漢學（修訂版）（下）

王明蓀　著

上　冊

自　序

第一篇　緒論——略論遼金元時代北族的漢學與
　　　　漢化問題 ………………………………… 1
　　一、引言 ………………………………………… 1
　　二、北族的漢化問題 …………………………… 3
　　三、遼金元時期的北族漢學問題 ……………… 9
　　四、結語 ………………………………………… 18

第二篇　論遼代帝后之漢學 ……………………… 21
　　一、前言 ………………………………………… 21
　　二、研習與倡導 ………………………………… 22
　　三、漢學之成果 ………………………………… 29
　　四、結語 ………………………………………… 33

第三篇　遼代契丹族群之漢學 …………………… 37
　　一、前言 ………………………………………… 37
　　二、前期漢學 …………………………………… 38
　　三、中期漢學 …………………………………… 42
　　四、晚期漢學 …………………………………… 57
　　五、結語——契丹漢學之分析 ………………… 62

第四篇　金代帝后之漢學 ………………………… 65
　　一、前言 ………………………………………… 65
　　二、金初漢學之啟蒙 …………………………… 66
　　三、金代中期諸帝之漢學 ……………………… 69
　　四、晚期諸帝之漢學 …………………………… 79
　　五、結語 ………………………………………… 83

第五篇　金代北族之漢學 ………………………… 85
　　一、引論 ………………………………………… 85
　　二、初期之漢學 ………………………………… 87
　　三、中期之漢學 ………………………………… 99
　　四、晚期之漢學 ………………………………… 123
　　五、漢學其他相關資料 ………………………… 151
　　六、結論——金代北族漢學之分析 …………… 155

目
次

下 冊

第六篇　元代契丹女真人的漢學……………159
　　一、前言……………………………159
　　二、元代契丹人的漢學…………160
　　三、元代女真人的漢學…………178
　　四、結語……………………………211

第七篇　元代唐兀人的漢學……………217
　　一、引言……………………………217
　　二、西夏國的漢學基礎…………218
　　三、元代唐兀人的漢學…………221
　　四、結語……………………………250

第八篇　元代蒙古人的漢學補述……255
　　一、序言……………………………255
　　二、蒙古人的漢學補述…………256
　　三、其他相關漢學的討論………281
　　四、結語……………………………288

第九篇　元代西域人的漢學……………295
　　一、引言……………………………295
　　二、初期漢學……………………297
　　三、中期漢學……………………305
　　四、晚期漢學……………………328
　　五、結語……………………………363

第十篇　餘　論……………………………373

徵引書目……………………………………381

第六篇　元代契丹女真人的漢學

一、前　言

　　蒙古族興起於十三世紀之初，在成吉思汗領導下不斷擴張，逐漸完成蒙古族的統合。繼之統一長城以北各部族，並向東、西、南三面發展；其後繼者仍持續這三方面的擴張及經營。第二代可汗窩闊臺（太宗）滅金朝，佔有其舊壤，東北、華北皆在蒙元帝國統治之下，同時繼成吉思汗的第一次西征又發動第二次西征，而西夏已在成吉思汗晚年時為蒙古所滅；南方的宋朝、吐蕃、大理等國為此後帝國的目標。第三代貴由汗（定宗）在位僅三年，吐蕃已納入帝國統治之下。第四代蒙哥汗（憲宗）時，發動第三次西征外，又攻滅大理，南下侵宋，懾服高麗。第五代忽必烈汗（世祖）終於滅南宋，完成中國的統一，建國號為大元。

　　蒙元歷五代可汗的擴張經營，建立跨歐亞的世界性帝國，統治眾多的族群，接觸不同的文化，形成多元族群、多元文化的大帝國。以在中國的元朝而言，有蒙古、色目、漢人、南人四大族群，文化上是蒙古遊牧文化，西域的農牧、城市文化，漢人、南人的農業漢文化，形成多元文化的複合體制。漢人在元代是以金朝統治下的契丹人、女真人、漢族為主（也包含渤海、高麗等），金朝雖然也是複合型文化，但漢文化仍是主流。南人則是指南宋之人，白是漢族及「正統」的漢文化代表。

　　元代的多元文化或者與漢文化的關係論述者頗多，此處不擬贅舉。關於漢文化中高層次的漢學方面，專論的有陳垣、蕭啟慶二位先生，分別就西域

人、蒙古人的漢學作為考察。〔註1〕對於元代其他族群如契丹、女真的漢學專論則似未見及，此為本文探討的目的。契丹族建立遼朝，女真族建立金朝，皆為複合體制的北族皇朝，也是學者所稱的「征服王朝」，在族群、文化上如同元朝都是多元性的，也同樣地漢族、漢文化在三朝的歷史中都佔有極重的地位，此已毋須多言。但實際的狀況仍可由不同的角度作細部及較詳盡的研究；筆者對遼、金二朝北族的漢學即基於此而作。〔註2〕其次，契丹、女真人在元代之前已有其漢學可見，繼之於元代時是否仍有所持續？其情形如何？應是可以考察的問題。同時，若能前、後再加以長時段的觀察，也應有其研究的意義。

今將元初五朝為初期（1206～1294），成宗至寧宗（1295～1332）為中期，順帝朝（1333～1368）為晚期，分別論述之，分期的標準係依上文蕭啟慶先生的分法，對於往後其他在元代北族的漢學分期一致，考察較為方便。至於文中附記的官階，以金、元史書〈百官制〉、〈地理志〉所載為主，分官階九品，為高、中、低階，以散官階為主、職官為輔，亦不再贅註。

二、元代契丹人的漢學

以時間的接續且有具體資料可以考察的情況下，元代部份契丹人經遼、金以來的漢學，應有三百餘年的「傳統」，處於這種漢學傳統的社會，研習漢學應非難事。但對於契丹人而言，研習漢學，是種「異族」學術，有相當難度，在語文基礎上就不易學習，而且契丹人之於漢學並非主要的利祿之道，也不是通往官僚王國唯一的捷徑，故而成效有其侷限。十三世紀初，蒙古族興起於塞外草原，其本身既無文字，也未見多少漢文化的傳播。在遼、金二代的草原地區，漢文化及漢學似乎也不易傳播，除去草原城市易於產生較多的文化涵化，也是滋養的有利場所。契丹人的漢學多在城郭之治的場域產生，捺鉢生活中的研習情形並不清楚。契丹人所見遼朝的漢學及金代時契丹人的漢學已如前述，至元代時仍可見其蹤跡。就資料所見分為三期敘述。

〔註1〕參見陳垣，《元西域人華化考》，收在《元史研究》（臺北市，九思出版社，民國66年）。蕭啟慶，〈元代蒙古人的漢學〉，收在《蒙元史新研》（臺北市，允晨文化實業有限公司，民國83年）。

〔註2〕第二十一期（臺北市，中國文化大學史學系暨研究所，2008），〈金代帝后之漢學〉、〈金代北族之漢學〉。

（一）前期漢學

1. 耶律克酬巴爾

　　字潤之，出於遼太祖橫帳，為皇族宗室。金章宗明昌六年（1198）蔭補為桓州酒監，抵抗元兵有功，陞高陽尉，保境安民，後為縣令，抵抗元兵力窮而降，授官翰林待制（中官），佩金虎符、行諸路便宜事，後從元太祖西征病卒。其父親烏達噶未出仕，祖父赫魯為海陵帝時輔國上將軍（高官）、同知北京留守。克酬巴爾曾研習漢學，「謹厚明敏，善騎射，知漢文章」。〔註3〕

2. 耶律澤民

　　字濟之，遼宗室，上述克酬巴爾之子。以任子（宿衛）襲爵，參與攻金戰事，配虎符、提點軍前橋樑芻粟事。後授大名路徵收課稅所長官（高官），丁未年（1247）死於北覲途中。澤民尚義輕財，交遊滿門，遠鄉寒士頗受其惠。於攻金戰爭中以私財贖購被俘的士大夫，士林稱頌，而且在征戰中，不取錢財，僅取「法書名畫，異文祕典，寶琴佳硯而已」，受讚譽為「尚氣以義、潤身以文」；〔註4〕可視之為漢學研習者。

3. 耶律阿海

　　桓州（內蒙古正藍旗一帶）契丹人，祖撒八兒為金朝桓州尹（高官），父脫迭兒為金朝奏事官（中官）。阿海通諸國語，曾出使於王汗，得見成吉思汗而願歸附，以弟禿花為宿衛，兄弟二人同為飲渾水（辨屯、奎騰河）功臣，並為元初建國攻戰的高級將帥。阿海以功拜太師，行中書省事（高官），從征西域，監鎮尋斯干（撒馬爾干），或即為達魯花赤，卒於任所。〔註5〕阿海能

〔註3〕　參見胡祇遹，〈故大名路徵收課稅所長官耶律公神道碑〉，收於李修生主編《全元文》（南京市，江蘇古籍出版社，1999），第5冊，頁432。

〔註4〕　參見前註，頁432、433。耶律澤民參與攻金時佩虎符，以後來元制為上萬戶府所佩，正萬戶、達魯花赤皆正三品，副萬戶為從三品，皆為高級將帥，參見《元史》（北京市，中華書局，1983年。以下所引諸史書，皆此本），卷91，〈百官志〉七，頁2310。

〔註5〕　參見《元史》，卷150，〈耶律阿海傳〉，頁3548、3549。桓州於金代為西京路，置威遠軍節度使，明昌七年（1196）改置為刺史州，見《金史》（北京市，中華書局），卷24，〈地理志上〉，頁566。金代節度使為從三品，兼州尹管內觀察使事，刺史州則為正五品。撒八兒前在世宗時任西北招討司都監，為從三品官，與桓州節度使相當，參見《金史》，卷89，〈移剌子敬傳〉，頁1989，所載「都監撒八」，暫以高官視之。官品參見《金史》，卷57，〈百官志三〉，頁1311～1313。金代奏事官當指尚書省郎中、員外郎，為五品、六品之中級職官，參見〈百官

通諸國語，也通漢語文，當長春真人邱處機受詔請往西域面見成吉思汗時，「師有所說，即令太師阿海以蒙古語譯奏，頗愜聖懷」，又為真人代奏可汗「任意而行」方式的講道等，可知阿海當時擔任長春真人言說論道時的翻譯，是通曉漢學之士，並非一般僅通漢語文而已。〔註6〕

4. 耶律禿花

即上述阿海之弟，留為太祖宿衛，兄弟二人皆為飲渾水功臣。伐金有戰功，拜太傅總領也可那顏（大長官），封濮國公，賜（金）虎符、銀印（高官），統領漢軍七萬戶伐金，死於進軍途中。〔註7〕當長春真人奉命前往西域面見成吉思汗途中，禿花鎮駐於宣德州（河北宣化），邀請邱處機由西域返回時，禿花又邀請至宣德停居數月。〔註8〕禿花與邱處機的交往應知禿花與其兄阿海相同，是元初知漢學的高級將帥。

5. 耶律買哥

耶律阿海之孫，父親名綿思哥，襲阿海太師、監尋斯干之職，後返內地為中都路大達魯花赤，配虎符（高官）。買哥「通諸國語」，襲父親中都路之職，戊午年（元憲宗六年，1258）從攻蜀，卒於軍中。〔註9〕推測其通漢語文為研習者。

志一），頁 1217、1218。另耶律阿海家族事，參見周清澍，〈元桓州耶律家族史事匯證與契丹人的南遷〉，收於《元蒙史札》（呼和浩特市，內蒙古大學出版社，2001），頁 429～465。又本註及前註官品的定位皆依此例，以下不再詳註。

〔註6〕參見李志常，《長春真人西遊記》，收於王國維注本《蒙古史料四種》（臺北市，正中書局，民國 51 年），頁 6 下、7 上、下。詳細敘述長春真人與成吉思汗會面講道的過程，及耶律阿海的翻譯情形，參見姚從吾，〈成吉思汗信任邱處機這件事對於保全中原傳統文化的貢獻〉，收於《姚從吾先生全集》，第六冊（臺北市，正中書局，民國 70 年），頁 1～138。

〔註7〕參見《元史》，卷 149，〈耶律禿花傳〉，頁 3532。「也可那顏」，也可那顏是大官人之意。原中華書局本斷句為「總領也可那顏」，似應作「太傅總領」，太傅為所封三公之一，總領為領漢軍三萬戶之統帥，指其非一般統軍將帥，而是「太傅總領」統帥。禿花另有「宣差萬戶」頭銜，見張藻，〈評事梁公之碑〉，《全元文》，第 8 冊，頁 47。宣差為奉可汗命的欽差監鎮地方的首長，參見姚從吾，〈舊元史中達魯花赤初期的本義為「宣差」說〉，收於《姚從吾先生全集》第五冊，頁 427～453。《元史》中載禿花受賜「虎符」，以其官職而言，應為賜「金虎符」始相稱。

〔註8〕參見前揭《西遊記》，卷上，頁 12 上、下，並王國維箋注文，卷下，頁 15 上、下。

〔註9〕參見前揭〈耶律阿海傳〉，頁 3550。

6. 耶律朱哥

耶律禿花之子。嗣父親職太傅、統七萬戶（高官），與都元帥塔海紺卜同征四川，卒於軍中。〔註 10〕朱哥與全真教頗有來往，在他行省陝右駐關中地區時，常見於保護僧道的文獻中，並有漢名「寶儉」。在道教文獻中記載他敬奉道教及支持道觀興建、活動等，可知其於漢學應有所得。〔註 11〕朱哥行省陝右時路過平陽，與隱居教學的金儒竇周臣面見，「與語，悅之，遂拉（招？）西還，仍授館請教諸子」，〔註 12〕能與金代儒者面談又延為西席，當有漢學的知識。故其諸子（四人）應有漢學的研習，並列於下。〔註 13〕

7. 耶律寶童

曾任舍人，崇奉道教。一度襲朱哥的太傅職，後「以疾不任事」，改授隨路新軍總管（高官）。

8. 耶律百家奴

襲太傅、總領、也客那顏之職銜，駐四川為都元帥（高官），後解兵柄改授他官。

9. 耶律雲童

又名禿滿達兒，繼其兄百家奴為萬戶並代領其軍，後改任四川行省右丞（高官）。

10. 耶律國禎

娶名將萬戶、行省郝和尚拔都之女。餘不詳。

11. 耶律楚材

字晉卿，號湛然居士，遼東丹王耶律倍八世孫，父親耶律履（金代漢學人物）。楚材為元初最為著名的北族漢學代表，是元初二朝倡漢法的核心漢學人物，其漢學廣博，有天文曆法的論著，並有詩文等作品傳世，見於《湛然居士集》，其家族上承東丹王、下開子姪孫輩，為遼金元三代極罕見的北族漢學家族。由於楚材已為讀史者所熟知，此處即不需贅述。其兄二人辨才、善

〔註 10〕參見前揭〈耶律禿花傳〉，頁 3532。

〔註 11〕參見周清澍前揭文，頁 439～446。

〔註 12〕參見前註，另見同恕，〈竇周臣先生行狀〉，《全元文》，第 19 冊，頁 379。

〔註 13〕耶律朱哥諸子事皆參見前揭〈耶律禿花傳〉，並周清澍前揭文。又耶律阿海、禿花家族子孫後代多人，但缺有關漢學之記載。

才未仕於元，且早卒，已入於金代北族之漢學中。三兄弟家族人眾，推測其子孫應皆有漢學，本文但取有明確漢學資料可知者列入。

12. 耶律鉉

為楚材長子，仕至開平倉監（低官），餘不詳。〔註14〕楚材為漢學世家，子孫當有受漢學教養，以鉉之弟鑄（見下），曾有詩〈壬子秋日客舍紀事因寄家兄〉、〈寄家兄〉二首，〔註15〕詩寄耶律鉉，則鉉當有漢文學教養。

13. 耶律鑄

字成仲，楚材次子。自幼聰敏，善於文學，騎射皆精。楚材死後嗣領中書省事，中統二年（1261）拜中書左丞相，製作「大成樂」，為朝廷咨訪重臣，後以罪免職，徙居山後，卒於至元二十二年（1285），有子十一人。〔註16〕其著述有《雙溪醉隱集》，其師趙著（字光祖，號虎岩）為他的詩集《雙溪小稿》作序，說他「十三歲作詩歌，下筆便入唐人之閫奧」，又舉出少年各時段所作的詩，「興寄情趣，前人間有所不到者」，贊譽其才華頗高。其他名士呂鯤（龍山居士）、麻革（信之）作序也是對他贊譽有加，如呂鯤舉出耶律鑄十五歲時的詩句「金極夜延螢燭暗，翠簾風窣月鈎閒」。十七歲時的詩句「兩漢水乾秋飲馬，五南霜重夜屯兵」。趙著舉出的十三歲時詩〈高城曲〉：

> 城高三百尺，枉教人費力。
>
> 賊不從外來，當察城中賊。

又舉出其後與鑄唱和的詩句，如：

> 渺渺入平野，悠悠到上方。
>
> 雲開見天闕，回首超凡鄉。

其他如「人去豪華山好在，夢回歌舞水流空」，「翠輦不迴天地老，白雲飛盡海山秋」，「蓬萊宮殿遺基在，休對西風子細看」。趙著舉例應是認為佳句好詞的少年之作。耶律鑄的《雙溪醉隱集》還收錄有賦、樂府、詩、詞、雜文等，其中以詩為多。在《宋元學案補遺》中列入「湛然家學」，〔註17〕可見補遺者

〔註14〕參見宋子貞，〈中書令耶律公神道碑〉，收於《元文類》（臺北市，臺灣商務印書館，《國學基本叢書》，民國57年），卷57，頁837。

〔註15〕參見耶律鑄，《雙溪醉隱集》（臺北市，臺灣商務印書館，（《文淵閣四庫全書》），卷3，頁25下，卷6，頁16下。二詩皆思念述懷之作。

〔註16〕參見《元史》，卷146，〈耶律鑄傳〉，頁3464、3465。

〔註17〕參見耶律鑄前揭書，卷首呂鯤、趙著、序文。

王梓材等以為耶律鑄有其學術水準。〔註18〕

14. 耶律季文

耶律鑄之弟，但是史料中皆未言楚材有三子。鑄字成仲，為楚材第二子，季文應是字，為第三子，由仲、季可看出。《雙溪醉隱集》有詩題頗長，記其與李谷、劉翁交遊和詩事，並說：「又毘陵家弟季文和此篇云：夢蝶豈知真是蝶，騎牛何必更尋牛。老夫亦慕道者，次韻和之。」〔註19〕毘陵在常州路武進縣（江蘇武進），即鑄之弟季文所在之地。耶律鑄所記若不誤，則楚材當有三子，且皆有漢文學造詣。

15. 耶律希亮

字明甫，又名禿思忽，為耶律鑄諸子中名聲最著者，師事北平趙衍，九歲餘即能賦詩。憲宗時隨父扈從南征，世祖初因與阿里不哥征戰，希亮輾轉於西域各地，後為世祖召回，授速古兒赤（掌御服官）、必闍赤（書記官）宿衛官職。後歷任禮、吏部尚書，因足病退居二十餘年。武宗時授翰林學士承旨、知制誥兼修國史（高官），編次世祖嘉言錄，卒於泰定帝初。史稱他「雖疾病，不廢書史，或中夜起坐，取燭以書」，其好學如此。有詩文及紀行錄集為《愫軒集》，但今已不能見。〔註20〕希亮不僅有其文學造詣，又諳於經學，世祖初曾令其錄《毛詩》、《孟子》、《論語》，足見他的儒學教養頗深。〔註21〕

16. 耶律希逸

字義（羲）南，號柳溪，又號梅軒，為希亮兄弟。世祖時歷任燕南河北

〔註18〕 參見王梓材、馮雲濠輯，《宋元學案補遺》（臺北市，國防研究院/中華大典編印會，《四明叢書》第五集，民國55年），卷8，頁112下。

〔註19〕 見《雙溪醉隱集》，卷4，頁11下、12上。又陳衍，《元詩紀事》（臺北縣，鼎文書局，民國60年），卷3，頁14，亦收錄此詩句及詩題並言：「季天，耶律鑄弟，名未詳」，是誤季文為季天，排印有誤。

〔註20〕 參見《元史》，卷180，〈耶律希亮傳〉，頁4159～4163。史載其生於和林南之涼樓，六皇后賜其地為名「禿忽思」，據《史集》載元太宗於和林附近築一宮殿名為圖思忽巴里，Tuzghu-Balig，意為供過往行者食物之城，則當譯為「禿思忽」，《元史》此處倒誤為「禿忽思」，詳見周良霄，〈元史校點獻疑〉，收在《內陸亞洲歷史文化研究》（南京大學出版社，1996），頁199、120。希亮之生平另參見危素所作之〈神道碑〉，文中言希亮為鑄之長子，又名「禿忽思」，或《元史》即據此行狀亦誤為「禿忽思」。見《全元文》，第48冊，頁425～430。

〔註21〕 參見《元史》，卷6，〈世祖紀三〉，頁120。

道、山東東西道提刑按察使，淮東宣慰使、參知政事、征東行省左丞等職（高官）。希逸在征東行省（高麗）任內以國學隘陋，建言高麗國王興文廟以振儒風，有倡行儒學之功。〔註 22〕希逸漢學詳情不盡能知，作詩與書法有史料可証，胡祇遹有詩〈寄耶律監司〉，當為希逸任職按察使時祇遹所贈寄，其第二首詩句中言：「愛君晉字與唐詩」，以及「揮毫痛快沈雄手，滿臆清新絕妙詞」，〔註 23〕故知希逸書法且為晉人風格，詩則為唐人氣味。盛如梓《庶齋老學叢談》錄其詩〈剪子〉一首：〔註24〕

> 體出并州性自剛，篋中依約冷光芒。
> 雙環對曲蜂腰細，疊刃齊開燕尾張。
> 慣愛分花沾雨露，偏憎裁錦破鴛鴦。
> 可憐戍婦寒窗下，一剪邊衣一斷腸。

描述剪子極為細緻，構思巧麗，形象妙現，詠物而情牽遠戍士卒的離別思苦，詩句是有唐人風味。書法情形欠詳，但知有希逸任職山東東西道提刑按察使時的丹書篆額，在泰安州長青縣靈岩寺。〔註 25〕由上可知希逸的漢學在於文學、藝術及倡行方面。

17. 耶律有尚

字伯強，號汶南野老，所居名寅齋，為耶律鈞之子，耶律善才之孫，原名當為寧壽。〔註 26〕有尚幼從名儒許衡遊，號稱高第弟子，「其學邃於性理，而尤以誠為本，儀容辭令，動中規矩，識與不識，莫不服其為有道之君子」。世祖時許衡為國子祭酒，以有尚為齋長之一，後為助教領國學。他曾出知薊州，除國子司業，朝廷意欲以其繼許衡主國學，他又屢建言立學館，於是朝

〔註22〕參見前揭〈耶律鑄傳〉。劉曉，《耶律楚材評傳》（南京大學出版社，2001），頁 35～37。其生平交游與學術參見劉曉〈耶律希逸生平雜考〉，《暨大史學》第 2 輯（廣州市，暨南大學，2003 年 12 月）。

〔註23〕見胡祇遹，《紫山大全集》（《文淵閣四庫全書》），卷 6，頁 22 上、下。

〔註24〕見盛如梓，《庶齋老學叢談》（臺北市，新文豐出版公司，《叢書集選》排印知不足齋本，民國 73 年），卷中下，頁 36。此詩亦為《元詩紀事》所收，見卷 4，頁 43、44。盛如梓又言，耶律履、楚材、鑄、希逸，四世皆有文集，見卷上，頁 2。

〔註25〕參見雷復亨，〈元至元二十二年靈岩寺新公禪師塔銘〉，收於《濟南金石志》（臺北市，新文豐，《石刻史料新編》，第二輯），卷 4，金石 4，頁 64 下。

〔註26〕耶律善才有孫三人，寧壽、昌壽、德壽，有尚字伯強，當為長孫，故以寧壽為洽當。參見元好問，〈龍虎衛上將軍耶律公墓誌銘〉，《遺山先生集》（臺北市，成文出版社，《九金人集》，民國 56 年），卷 26，頁 13 下～14 下。

廷立國子監、增廣弟子，以有尚任祭酒，儒風丕振。至元末辭歸養親；成宗初復為國子祭酒、集賢學士。葬父還里後起為昭文館大學士兼祭酒（高官）。有尚五度主持國學，「立教以義理為本，而省察必真切；以恭敬為先，而踐履必端愨」，凡文詞技巧有破礙大道者，皆屏斥之，使學生知正學、正道，以尊經術、務躬行為教。大體上是尊許衡倡理學之教，海內遵奉如同許衡。〔註27〕有尚為繼許衡之後的理學名臣，主要貢獻如同許衡在於主持國學，而國學中是以教「國人子弟」為主，對於蒙古親貴子弟之學習漢學有極大作用。他的教學以小學端其本，以群經達於用，以洒掃應對折其外，以嚴出入遊息養其中，「故雖勳伐世冑，變化氣質，周旋動靜，皆有可觀」。有尚子五人，女一人，孫五人，孫女三人，當皆有受漢學教養。〔註28〕有尚身為北族世家，因家世教養及其個人努力，不異於漢儒許衡的學術與貢獻，為契丹族少見的理學家。

在《宋元學案》及《補遺》中列出有尚的學術，《學案》所述本於《元史》有尚傳，列為魯齋門人。《補遺》則用蘇天爵所作之〈神道碑〉，補《元史》有尚傳所未記載數條等。〔註29〕

18. 劉德裕

遼東丹王耶律倍後人，至元中為開州（河北濮陽）尹（中官），為政廉平公正、化行俗美，百姓為之立碑。〔註30〕是知德裕之劉姓為耶律改漢姓，能「化行俗美」推知為漢學倡行者。

19. 李世昌

西遼耶律大石族人，耶律楚材從西征於西域時遇見，稱他為「西遼前郡王」，並向他學契丹文，翻譯遼朝寺公大師所寫「醉義歌」為漢文。〔註31〕又

〔註27〕參見《元史》，卷174，〈耶律有尚傳〉，頁4064、4065。

〔註28〕見蘇天爵，《滋溪文稿》（臺北市，國立中央圖書館，《元代珍本文集匯刊》，民國59年），卷7，〈皇元故昭文館大學士兼國子祭酒贈河南行省右丞耶律文正公神道碑銘〉，頁12上～17下。文中載耶律有尚事蹟及其學術頗詳，另載其晚年自號汶南野老，所居為寓齋。

〔註29〕參見黃百家等，《宋元學案》（臺北市，廣文書局，民國68年），卷90，頁16下。

〔註30〕參見《嘉靖開州志》（臺北市，新文豐出版社，《天一閣藏明代方志選刊》），卷5，〈官師〉，頁16上。《正統大名府志》（北京市，中國書店，《稀見中國地方志彙刊》，1992），卷5，〈宦蹟〉，「開州」條所載略同，但以姓為「移剌」。

〔註31〕參見耶律楚材，《湛然居士文集》（北京市，中華書局，1986），卷8，〈醉義歌〉

有贈詩〈贈李郡王筆〉，其注文說「李郡王嘗為西域執政」。楚材贈所畫、並贈詩，則世昌當有漢學教養，又有〈贈遼西李郡王〉，明言同為東丹王之後，而世昌之祖為耶律大石。〔註32〕

20. 耶律九齡

應為耶律楚材從姪。在《湛然居士集》中有〈送姪九齡行〉詩，九齡或為楚材叔父耶律震之孫，楚材以詩送行，九齡當有漢學教養。〔註33〕

21. 耶律舜娩

字淑卿，為楚材從姪女，或即上述九齡之家人。在《湛然居士集》中有〈法語示猶子淑卿〉，文中說：「汝幼居閨閣，久在掖庭」，幼年禮學於空禪師，作書頌：「父母未生前，凝然一相圓，釋迦猶不會，迦葉豈能傳」，楚材對他的書頌加以開示，並要他「閑中試定省看」。〔註34〕楚材另有詩〈遣姪淑卿香方偈〉，當淑卿死時，楚材作祭文，文中說他：「汝幼奉母訓，長知父從，禪理頗究，儒學悉通」，〔註35〕可知淑卿是受家教得研習漢學。

22. 耶律了真

失其名，了真為其法號暫用之，為楚材姪女或從姪女。元初攻金戰爭時，其夫、子皆戰死，後為蒙古軍所虜，經楚材贖回後皈依佛門，拜楚材好友三學尼龍溪為師，楚材有詩〈送姪了真行〉述敘其事。〔註36〕

23. 耶律夫人

失其名，為楚材之妹。楚材有詩〈寄妹夫人〉，故暫以夫人為代名。詩中說：「三十年前旅永安，鳳簫樓上倚欄杆（自註：先叔故居之樓），初學書畫

序文，頁171。
〔註32〕參見前注書，卷2，頁32。另見卷7，頁153，詩句中有「先生賢祖相林牙」，即指遼末時耶律大石曾任「大林牙」官職，後西走中亞建立西遼國。
〔註33〕楚材贈九齡詩，見《湛然居士集》，卷10，頁232。另參見劉曉前揭書，頁38、39。楚材另有詩〈贈姪正卿〉，知正卿亦為楚材之從姪，是否九齡與正卿為同一人？待考。詩見卷14，頁309。
〔註34〕參見卷14，頁298。猶子即姪子，此文中所言當係女子，故淑卿為楚材之姪女，而前註中有正卿姪子，以字行為「卿」，二人或為兄妹、姐弟關係的家人。
〔註35〕見《湛然居士集》，卷13，〈祭姪女淑卿文〉，頁295，另參見劉曉前揭書，頁40～42。
〔註36〕參見劉曉前揭書，頁39、40。楚材〈送姪了真行〉詩見《湛然居士集》，卷10，頁232。

同遊戲，靜閱琴棋相對閑」，〔註37〕此「先叔」當是耶律震，妹應是其女，楚材三歲時父親（履）即過世，由母親楊氏撫育，而耶律履本過繼給其伯父德元，德元後又生子震，故履、震二人為本家兄弟。〔註38〕楚材於叔父之女為堂兄妹，由詩中知二人幼小時共同讀書，並琴棋書畫遊戲等，為漢學士大夫的家庭教養與生活。

24. 耶律溫甫

當為耶律鑄諸子之一，溫甫應為其字。滕安上有〈用耶律溫甫相寄詩韻為先正雙溪挽章以答之〉，詩中弔念耶律鑄（雙溪），係得自溫甫為其「先正」過逝的「挽章」而來，句中並有「得詩增感慨，長望幾徘徊」。〔註39〕溫甫受漢學能作詩，但生平欠詳，言其為相，或曾任執政之職。

25. 耶律重奴

為楚材孫輩，原名及生平不詳。楚材有詩〈送房孫重奴行〉，稱房孫，應為辨才或善才兄弟之孫，但未見到有名為「重奴」者，或為小名。楚材詩句說重奴為東丹十世孫，勸他注重行仁義，勿學輕薄辱家門等。〔註40〕重奴受詩當有漢學教養。

26. 蕭　搏

又名鵬搏，字圖南，為金儒王庭筠之甥，父親名榮甫。《書史會要》說他本為契丹人，「博學多能，詩書畫皆追蹤舅氏」，〔註41〕《圖繪寶鑑》所載相同，又說他專長在於山水，喜作墨寫梅、竹等。〔註42〕是文字、藝術並兼的儒士。

27. 蕭世昌

字榮甫，族系出於遼朝述律族，後賜姓蕭。祖父德亨歸於蒙元，以功仕為彰德路總管兼行軍總帥府事（高官），父親名珪，為征南千戶（中）、佩金

〔註37〕見《湛然居士集》，卷10，頁231。另參見劉曉前揭書，頁38。

〔註38〕楚材家世參見前揭宋子貞〈神道碑〉。另參見元好問，〈故金尚書右丞耶律公神道碑〉，《遺山先生集》，卷27，頁17上～23上。

〔註39〕見滕安上，《東庵集》（《文淵閣四庫全書》），卷2，頁16上、下。

〔註40〕參見《湛然居士集》，卷11，頁247。另見劉曉前揭書，頁42。

〔註41〕參見陶宗儀，《書史會要》（上海書店印本），卷7，頁17。

〔註42〕參見夏文彥，《圖繪寶鑑》（臺北市，中華書局影印《津逮秘書》本）卷5，頁90。

符。世昌幼孤，入小學勤讀，知聲律物象，少年即襲任千戶如成人，至元七年（1270）因病而卒，死時年廿六。遺二子名桓、謙，由夫人嚴實外甥女段氏教學成人。〔註43〕世昌受漢學教養，其二子幼受段氏教育當同具漢學之教。桓之子五人，名處義、處禮、處智、處信、處約，謙之子名處仁，見名字應與漢學有關，但不知其詳。

28. 蕭君弼

又名蒙古德，本契丹貴族石抹氏。先世不詳，官居桓州（內蒙正藍旗附近），父親名愛納霸突兒，太祖時以桓州僚吏而降，後為應州（山西應縣）宣差（達魯花赤）（中官）、配金符。君弼少年就學於西京大同，因「素練國典，且閑譯語」，是通蒙漢語文者。世祖時任通事於河東山西道提刑按察使司，後拜行台監察御史（低）而卒。〔註44〕

29. 石抹謙甫

字季讓，契丹迪剌糺人。父親名扎剌兒，率糺軍歸太祖為右監軍，後仕至管軍萬戶（高官）、配金虎符。謙甫幼穎悟，折節讀書，師事慎獨先生（王奎文），學問日進，能作詩，士儒交相推荐。世祖時為兵部員外郎，衛輝路諸軍奧魯總管，汝州（河南臨汝）知州（中官）。治州有聲望，他在平日又教州吏讀書，使知道義等，是研習儒學，能詩文、又有倡行作為。〔註45〕

30. 石抹庫祿滿

契丹迪烈糺人，為蒙元開國名將石抹也先之孫，父親名查剌，為御史大夫、黑軍萬戶，後任真定、北京二路達魯花赤（高官）。庫祿滿繼父職為黑軍總管、配金符（高官），世祖中統三年（1262）李璮叛亂，庫祿滿戰死濟南。名儒許謙為其寫〈行狀〉，稱說他喜結交士大夫，談論古今治亂、忠臣義士「至事之機會，前人所處未善，以片言發之，切中要領，雖老生嘆莫及」。〔註46〕庫祿滿應通漢學，而諳於史書。

〔註43〕參見許有壬，《至正集》（《文淵閣四庫全書》），卷52，〈故征南千戶蕭公神道碑銘〉，頁4下～7下。另見胡祇遹，〈蕭千戶神道碑〉，收於《全元文》，第5冊，頁429、430，但所述不如許有壬之詳。

〔註44〕參見劉敏中，〈贈奉政大夫驍騎尉大同縣子蕭公神道碑銘銘〉，收於《全元文》，第11冊，頁591～594。

〔註45〕參見李源，〈石抹公墓誌銘〉，收於《全元文》，第39冊，頁466、467。

〔註46〕參見許謙，《白雲集》（《文淵閣四庫全書》），卷2，〈總管黑軍舒穆嚕公行狀〉，頁15上～17下。

（二）中期漢學

1. 耶律權

為前述耶律有尚之子，字行己。泰定元年（1324）時任南台御史，〔註47〕後任湖北廉訪司僉事（中官）。受父親有尚所傳許衡理學，「光嗣家學」之外，又將《伊洛淵源錄》於任內付印流傳，後於江東又將之刊印姑蘇學校，得以為教學之用，可知耶律權的漢學以朱子學為宗，又能倡行理學。〔註48〕

2. 石抹良輔

為前述庫祿滿之子。領其父黑軍參與征戰，歷仕黃州招討使、沿海副都元帥，開闢於四明，後為沿海上萬戶府副萬戶、昭毅大將軍（高官）。良輔漢學情形不甚詳，但在其去世時家有藏書數千卷，而任官四明時以宋進士名儒史蒙卿為子弟受學之師，准此可知良輔應有漢學研習。〔註49〕

3. 石抹繼祖

字伯善，又名明理帖木耳，上述良輔之子。成宗時以蔭補入宿衛，後以沿海軍分鎮台州（浙江沿海），仁宗時移鎮婺（金華）、處（麗水）二州，仕為萬戶之職（高官），後喜台州山水有退隱之意，推舉二弟振祖代其官職。繼祖幼少年時師事理學名儒史蒙卿，為朱子所傳之學，黃溍說繼祖之學是：從學時期，天資穎悟，領解力強，但不守空言而在於明體達用，博學經傳子史及名、法、縱橫、天文、地理、數術、方技，佛家外書無不通達，又有家傳武韜謀略，得以商榷古今，夙慕奇節偉行，有志於當世，又喜推獎儒士。繼祖既受朱子學脈所傳，又博覽群書，並非一般漢學之士，但他較早引退，篤於孝友，而志於山水之間，自號北野兀者，退居住處名抱膝軒，以歌詩自娛，又自號太平幸民，約於順帝時去世。遺有詩集《抱膝軒吟》若干卷，為清新高古之作。有子五人，亦有其漢學（詳後）。〔註50〕

4. 鄭大中

字義甫，契丹石抹氏。大中早年就學於鄉校，稍長推補為中書省令史，

〔註47〕參見《至正金陵新志》（《中國地方志學會影印本》），卷6，〈官守志〉，頁58上。
〔註48〕參見陶安，《陶學士集》（臺北市，臺灣商務印書館，《四庫全書珍本》七集），卷12，〈伊洛淵源錄序〉，頁7下～8上。
〔註49〕參見黃溍，《金華黃先生文集》（臺北市，臺灣商務印書館，《四部叢刊初編》），卷27，〈沿海上副萬戶石抹公神道碑〉，頁272～274。
〔註50〕參見前註。

後仕為東平、嘉興路推官、吏部員外郎（中官），泰定二年（1325）以疾卒。
大中的祖父為金朝謀克，死於蒙金戰事。父親名顯，幼孤而為鄭千戶收養，
由此家族人遂改姓為鄭。大中有兄長名大章。有子三人，長子名重，受漢學
（詳後）。〔註51〕

5. 述律杰

字存道、從道，號野鶴，又名朵兒只，遼東契丹人，初姓石抹氏，後改
復原姓。先世名大家奴，世居於太原，蒙元初率漢軍歸降於太祖，子按只、
孫不老相繼領漢軍有戰功，二人皆拜懷遠大將軍、總管、副萬戶；不老仕至
保寧路萬戶（高官）。述律杰襲父親不老的官職，後參與平定天曆間四川、雲
南反中央之亂，順帝時任雲南宣慰司元帥，陝西行省參知政事（高官），至正
十六年（1356）與劉福通的反元軍爭戰，死於潼關。〔註52〕述律杰為元代中
晚期人物，其漢學研習過程欠詳，但知他好文學，與當時大儒名士交遊並獲
贈詩文頗多，如虞集、偈傒斯、泰不華、趙孟頫、蘇天爵及方外之士等不下
二十餘人，其文學造詣頗高，曾有詩卷、碑文之作，趙孟頫稱他為「詩書帥」。
他在四川還興學辦石室書院，有倡行漢學之功。述律杰的作品，今存有碑文
四篇，詩作一首。〔註53〕述律杰應有詩多篇，但惜僅見一首〈題西洱海〉，當
是在任雲南宣慰司時所作。其詩平實而氣壯，作文亦平實而典雅。

6. 耶律淵

臨潢長壽人，當為契丹族，曾任奉聖州（河北涿鹿）礬山縣監（中官），致
仕後即居於任所。他於軍中善待士卒，臨政勸課耕稼，居家服孝盡禮。前此似
曾任循州（廣東龍川）同知。至順三年（1332）作〈古循修學復田記〉。〔註54〕

〔註51〕參見虞集，〈吏部員外郎鄭君墓碣銘〉，收於《元文類》，卷55，頁779、780。
〔註52〕述律杰於《元史》中無傳，但其先世有傳，見卷154，〈石抹按只傳〉，頁3640
～3642。述律杰家世的考証參見方齡貴，〈元述律杰事蹟輯考〉，收入氏作《元
史叢考》（北京市，民族出版社，2004），頁247～274。
〔註53〕參見前註方齡貴文，另參見方氏〈元述律杰交遊考略〉，於《蒙元史暨民族史
論集》（北京市，社會科學文獻出版社，2006），頁242～268，文中敘述與述
律杰交遊之學者文士達三十三人。述律杰所作碑文，《全元文》收錄僅二篇，
見第52冊，頁365～367，篇名為〈滇南華亭山圓覺寺元通禪師行實塔銘〉、〈寶
珠山能仁寺之碑〉。詩作僅見一首收於顧嗣立、席世臣，《元詩選癸集》（北京
市，中華書局，2001），〈癸之丙〉，頁334。
〔註54〕參見《全元文》，第51冊，頁88。其生平行誼參見《畿輔通志》（《文淵閣四
庫全書》），卷84，頁9下。

7. 伯特氏

為呼圖克郡王太夫人，名不詳。伯特氏當即為奚族王府五部之伯德氏，[註55] 呼圖克郡王一時難以考察。在山東長清縣靈巖山寺中，有至治元年（1321）碑錄其詩句：「巖前松檜時時綠，殿上君王歲歲春」，以大字刻石，筆勢雄潤，不似婦人之筆。[註56] 伯特氏能詩、能寫，為文藝婦女。

8. 石抹允敬

生平欠詳，知於成宗大德年間任雲夢縣尹（湖北雲夢）承事郎（低官）。他為徐元瑞所著《吏學指南》作序，書為其上司德安府（湖北安陸）同知穆虎彬所刻印，為之作序一文，文筆清簡謹要，以儒學明德，格致修齊為本。文末自署為「山後」，或為桓州契丹族人。[註57]

（三）晚期漢學

1. 耶律惟一

為前述耶律有尚家族後人，字用中。至正九年（1349）任邵武縣令（福建邵武），有倡行漢學之功，又以其為理學名儒家族之後，推測也應有漢學學術的研習。[註58]

2. 移剌迪

字蹈中，契丹白霫人。曾祖父揑兒為元初開國功臣，號霸州元帥，從木華黎攻金有戰功，仕至都達魯花赤、興勝府尹。祖父買奴以戰功為鎮國上將軍、征東大元帥。父親元臣從平宋有功，仕至僉湖廣行樞密院事（高官），諡忠靖。移剌迪仕至湖廣宣慰使都元帥（高官）。[註59] 順帝元統年間（1334）移剌迪曾任饒州路（江西鄱陽）總管，除去均役省刑，禱雨解旱外，又「講

〔註55〕伯德氏參見陳述，〈金史氏族表〉，卷6，「百官志未載諸姓」，收在氏作《金史拾補五種》（北京市，科學出版社，1960），頁146。

〔註56〕參見顧炎武，《金石文字記》（《文淵閣四庫全書》），卷6，頁9下。

〔註57〕參見徐元瑞，《吏學指南》（浙江古籍出版社，《元代史料叢刊》，1988），頁4。

〔註58〕參見杜本，〈重建夫子廟記〉，《全元文》，第32冊，頁57～59。文中言耶律惟一「其先許文正公之高第弟子，以其學數教成均」等語，當知所指惟一的先人是耶律有尚，參見前述前期漢學。據前揭蘇天爵所作有尚〈神道碑〉，言有尚五子、五孫中，皆未見「惟一」之名及其「用中」之字，推測是五子中某房之子，於〈神道碑〉中未及載記故。

〔註59〕參見《元史》，卷149，〈移剌揑兒傳〉，頁3529～3532。

學行禮」，倡行漢學教化。〔註60〕他的文學作品僅見詩〈留題慧山〉，如下：

> 參差樓閣古招提，猶見書堂短李題。
>
> 池影空明天上下，蘚痕生澀路高低。
>
> 泉香茗細僧清供，竹密花深鳥亂啼。
>
> 已負平生巖壑趣，馬嘶羨錦障沙泥。〔註61〕

此詩為贈其方外之交，詩句清澈明爽，富有幽思。

3. 石抹宜孫

　　字申之，曾為太學生，前述石抹繼祖之子。宜孫襲父親之職為沿海上副萬戶，後讓職於弟厚孫，退居於台州（浙江臨海）。至正十一年（1351）方國珍起兵，奉命禦敵，以功任為浙東宣慰副使，後任同僉行樞密院事，守處州（浙江麗水）。明軍攻浙東，宜孫為江浙行省參知政事（高官），於至元十九年戰死，諡忠愍。史稱宜孫「嗜學問，於書務博覽，而長於詩歌」，〔註62〕頗有乃父博學、能詩的家風。元末名儒朱右有〈跋石抹忠愍公手蹟卷〉，說宜孫號「訧齋」，於處州時與父親有唱和詩、往復手劄，並說詞氣間表露忠君愛國之念。〔註63〕宜孫除長於詩外，劉基稱他「好讀書、工文章」。〔註64〕惜其文章未見到，而詩作雖有《少微唱和集》，但今亦僅得見一首，即〈妙成觀掀篷和何宗姚韻〉：〔註65〕

> 結構新亭似勝前，登臨歷歷瞰晴川。
>
> 放懷喜解防秋戍，乘興還操下瀨船。
>
> 從此入林堪避地，何妨坐井亦觀天。
>
> 東風回首春城暮，桃李依然種日邊。

詩句寬暢有唐人風。宜孫在浙東有惠政，又以抵抗明兵而殉國，時人皆哀之。
〔註66〕

〔註60〕參見《嘉靖江西通志》（濟南市，齊魯書社，《四庫全書存目叢書》），卷8，〈饒州府〉，頁112下，書中載「樞密忠靖公子」，知為移剌元臣之子。

〔註61〕見《元詩選癸集》，〈癸之己上〉，頁797。

〔註62〕參見《元史》，卷188，〈石抹宜孫傳〉，頁4309～4311。

〔註63〕參見《全元文》，第50冊，頁560、561。

〔註64〕參見劉基，《誠意伯文集》（《四部叢刊初編》），卷8，〈處州分元帥府同知副都元帥石抹公德政碑頌〉，頁201下。

〔註65〕見《元詩選癸集》，〈癸之庚〉，頁926。

〔註66〕參見前揭劉基文，又見卷6，〈浙東處州分府元帥石抹公德政記〉，頁169下。鄭元祐，《僑吳集》（《元代珍本文集彙刊》），卷5，〈石抹萬戶輓詞〉，頁11。

4. 石抹文孫

為宜孫之弟，兄弟皆為太學生，故皆有漢學的研習。〔註67〕

5. 石抹德孫

為宜孫之弟，研習漢學為太學生。〔註68〕

6. 鄭　重

契丹石抹氏，為前述鄭大中的長子，仕至太常禮儀院太祝（低官）。在學為國子生時與蘇天爵同舍，虞集為國子博士，鄭重的漢學受教於此。〔註69〕

（四）推測為契丹族的漢學

以上所收元代契丹人的漢學僅得四十四人，數量極少，由於資料所限無法盡知。以下尚有數人或可將之列入，其姓氏為耶律及石抹二氏，這二姓在遼代都是屬於國姓之列，與帝、后二族有關，雖然姓耶律者並非都是皇族宗室，但極罕見有漢族能得此姓者，除去著名的韓德讓（耶律隆運）家族、李儼（耶律儼）之外。〔註70〕至於金、元二朝無必要賜姓契丹姓給漢人。石抹氏於遼朝為后族述律、蕭姓，似未見將后族之姓賜予漢人，金、元二朝仍是無必要賜遼朝后族之姓予漢人，且金朝時強將耶律改為曳剌（移剌），意為「前馬之卒」，又將述律后姓改為石抹，意為「臧獲」的貶辱，〔註71〕故而金、元二代不應有漢人姓石抹氏。基於此，元代姓耶律（移剌）或石抹者推測應為契丹之族屬。今將二姓雖未明言為契丹族而應有漢學者列之於下以為參考。

〔註67〕 參見前揭黃溍文，〈沿海上副萬戶石抹公神道碑〉。

〔註68〕 參見同前註。宜孫另外二弟厚孫、哈剌，或應有家世重漢學之教養，然無資料可考察。

〔註69〕 參見前揭虞集〈吏部員外郎鄭君墓碣銘〉。

〔註70〕 韓德讓參見《遼史》（北京市，中華書局本），卷82，〈耶律隆運傳〉，頁1289、1290。德讓受賜國姓耶律及賜名隆運，其同輩兄弟及子侄皆賜國姓，德讓無子，遂多見於侄輩如耶律遂忠、遂正，侄孫輩耶律宗福等，參見向南（等）輯注，《遼代石刻文編續編》（瀋陽市，遼寧人民出版社，2010），所收各人之墓誌，頁68、73、141。此不贅引。耶律儼本析津李氏，參見《遼史》，卷98，頁1415、1416，其家族後世是否仍擁有國姓尚不得知，以其侄李處溫而言，獲罪並其子奭皆處死，似未有國姓。參見《遼史》，卷102，〈李處溫傳〉，頁1140、1141。

〔註71〕 參見陳旅，《安雅堂集》（《元代珍本文集彙刊》），卷6，補遺，〈述律復舊氏序〉，頁2上～3下。

1. 耶律之文

於元世祖時為單州（山東單縣）達魯花赤（中官），其人「敦厚寡欲，好賢下士」，〔註72〕能禮接賢才士人，應有漢學教養，否則無法與士人交往。

2. 耶律伯堅

字壽之，桓州人。以荐舉入官，任工部主事，世祖時任保定路清苑縣尹（河北保定），有政善為良吏，人民愛戴如父母，立石頌德，後任為恩州（山東武城）同知，名儒劉因曾與之交游而作〈遺愛碑〉，稱他有幽燕俠士風，喜與當世名士交游。〔註73〕推測伯堅也有漢學教養。

3. 耶律惟重

家世不詳，當在中期。為名儒許衡的弟子，或為國子學生。許衡有答惟重請問關於真德秀及朱子詩說的書信，〔註74〕當知惟重有相當漢學程度，《宋元學案補遺》也將其列入許衡門人。〔註75〕

4. 耶律惟謙

生平不詳，僅知他於世祖時曾任溫縣尹（河南溫縣），與縣監哈散、主簿嚴景等商謀修新廟學，並捐俸倡導興工，有倡行之功。〔註76〕以其名「惟」字排行，但不知與惟重、及前述惟一是否為兄弟同輩人？

5. 耶律廷瑞

家世不詳。知於元末時任蕭縣（河南蕭縣）尹，任內捐奉興修學宮，使士風丕振，有倡行漢學之功。〔註77〕

〔註72〕參見《嘉靖山東通志》（上海市，上海書店《天一閣藏明代方志選刊續編》，1990），卷26，〈名宦〉中，頁14下。

〔註73〕耶律伯堅於《元史》中列為良吏，見卷192，〈耶律伯堅傳〉，頁4363、4364，所載應出自劉因，〈清苑尹耶律公遺愛碑〉，見《靜修集》（《文淵閣四庫全書》），卷9，頁1上～4下。又伯堅為桓州人，或即世居於桓州耶律阿海、禿花兄弟同宗族人。又劉因有〈少中李公名字說〉，作於至元二十七年，晚於〈遺愛碑〉十二年，劉因為其命名李鑌，字伯堅，先世為契丹人，未知是否即此耶律伯堅？見《靜修集》，卷12，頁5下。

〔註74〕參見《齊魯遺書》（《文淵閣四庫全書》），卷9，〈與耶律惟重〉，頁4上～5上。

〔註75〕參見卷90，〈耶律先生惟重〉，由《齊魯遺書》中錄出，頁118上、下。

〔註76〕參見郝采麟，〈休溫縣文廟碑記〉，《全元文》，第32冊，頁5～7。

〔註77〕參見《嘉靖徐州志》（台北市學生書局《中國史學叢書》三編，民國76年），卷11，頁45下。

6. 移剌國寶

生平不詳。耶律楚材有詩〈寄移剌國寶〉，詩句「昔年萍迹旅京華，曾到風流國寶家」，知其居於燕京而與楚材為舊識交遊，又有「居士為予嘗吃素」、「淨几焚香頂佛牙」，並註說「公所藏佛牙甚靈異」，或國寶為禮佛的居士。〔註78〕當為初期漢學的人物。

7. 移剌繼先

生平不詳。耶律楚材有唱和詩五首，前後寄予繼先，二人應有相當交往，詩句中又有「他年收拾琴書去，笑傲林泉我與君」，又說「舊山盟約已愆期」，看來楚材與繼先是相當深的知己，否則不至於相約要去山林退居。繼先或與楚材為同輩、同時之人，交遊作詩當有漢學研習無疑。〔註79〕

8. 耶律某

失其名。名儒吳澄有〈養正堂記〉一文，說耶律氏為「京尹」，所居別墅名「養正」，為趙孟頫親筆所寫匾額，並徵請他寫記文。吳澄又說耶律氏「以公侯之貴，乃能虔揭斯名，朝夕瞻翫，其志趣之超於人也卓哉！」〔註80〕不但說明耶律氏為貴族高官，也應可說明其漢學教養。

9. 石抹某（州判）

失其名，當元代晚期任蘭溪州判（浙江蘭溪）。吳師道作〈送石抹州判序〉，說為儒者任職蘭溪是始於石抹氏，並且說他「其至也，人已聞其聲，而知非時俗之儒矣」，任職時「惟公言足以排群議，文足以駁俗吏」，對於石抹氏所學、所治至為推崇。〔註81〕

10. 石抹某（總管）

失其名。歐陽玄作〈興國州修學記〉，記至正六年（1346）興國州路（湖北陽新）總管石抹氏，修新學府，闢地擴建，「輪奐偉然，一郡改觀」，「教養兼至，多士屬心」。〔註82〕石抹氏有倡行儒學教育之功。

〔註78〕參見《湛然居士集》，卷3，頁48。
〔註79〕參見《湛然居士集》，卷1，〈和移剌繼先韻三首〉，頁4～6，卷2，〈和移剌繼先韻二首〉，頁21。
〔註80〕參見《全元文》，第15冊，頁242、243
〔註81〕參見《全元文》，第34冊，頁40、41。
〔註82〕參見《全元文》，第34冊，頁513、514。

11. 石抹某（縣尹）

失其名。成宗時曲沃縣（山西曲沃）教諭董九德記述文廟的興修，因舊有廟學經兵火而毀，世祖至元己巳（六年，1269）石抹氏為縣尹，「憤然興修，工垂構而去」，雖未完工，但有創始新修的倡行之功。王惲曾作文記其事，但文章未流傳。〔註83〕

12. 石抹山住

當世祖時曾任趙州（河北石家莊）同知，至元庚午（七年，1270）任安平縣尹，首倡廟學新建，完成大成殿三間。經山住的首創而後又經陸續增建等，得以完成頗具規模的廟學。〔註84〕

13. 耶律氏

名不詳，為聶希甫妻子。居於平定（山西平定），涉獵書史，年少夫亡，守喪教育庶出二子，後皆顯於仕宦。元末順帝至正年間耶律氏得朝廷旌表。〔註85〕耶律夫人有漢學書史教養，而且夫死後於家中教二子讀書，是頗為難得的婦女。

以上可推測為契丹族的漢學人士有十三人，約在初期為七人，中期二人，晚期四人。就上文所述契丹族的漢學可知者在初期有三十人（三十七人），中期八人（十人），晚期六人（十人），總計元代三期為五十七人。

三、元代女真人的漢學

女真族以農牧、漁獵為生，不如契丹、蒙古的遊牧生活，因農業生活及文明與漢族華北農村生活近似，對於漢族文化也較易於接受，此在〈金代北族的漢學〉中已有論及。學者多接受遼、金、元三代中金代漢化最深，關於漢學的情形及表現也頗有可觀。到元代時，契丹、女真族都被視為所謂的「漢人」族群，女真族在其時的漢學情形如何？今以具體的資料所及列之於下。

〔註83〕參見《全元文》，第35冊，董九德，〈重修文廟記〉，頁112。另文〈新修文廟碑記〉，頁113。

〔註84〕參見《全元文》，第37冊，趙居仁，〈安平縣廟學記〉，頁203～205。

〔註85〕參見《萬曆山西通志》（《稀見中國地方志匯刊》），卷18，〈人物上〉，「節烈」，頁42下、43上。又山西太原聶煮家族，其子聶珪於元初功為平定等州軍民長官，遂遷家族於平定，未知聶希甫是否出於此聶家？參見李治，〈大元平定等州大總帥聶公神道碑〉，收於《山右石刻叢編》（臺北市，新文豐出版社，《石刻史料新編》，卷28，頁22上～27上。

（一）前期漢學

1. 完顏仲希

金代宗室之後，少年以孤兒入為宿衛，為人慷慨好義，風尚雅誼，善於騎射。金亡後折節讀書，喜與士大夫交游，「知常通變，談笑一世，翩翩為佳公子也」，與元好問、王惲等交友甚密，他的居所題為「元齋」，元好問曾為之作文「稱道其志」，仲希去世，王惲也曾作詩輓弔，可知仲希為元初的名士之流。〔註86〕

2. 完顏孟陽

字和之，遼東人。金末以門資為部掾吏，金亡後北渡，喜好古書，家中藏書有千餘卷。孟陽與王惲為交游之友，《宋元學案補遺》列孟陽為莊靖（李俊民）講友。〔註87〕

3. 完顏正叔

字端卿，金宗室之後，居於臨汝（河南汝陽）。世祖至元年間為廣東宣慰使，當時廣州州學頹毀，正叔為尊孔教化、培育人才，重新修建廟學，除用公帑外又私捐金錢興學完成。後仕至榮祿大夫、徽政院使（高官）。〔註88〕

4. 王庭玉

字國寶，籍保定清苑，但為女真完顏氏。父名安佐，為金朝懷遠大將軍、安州刺史。庭玉有機略，習讀兵書，通識吏事，世祖時在張柔軍中任萬戶府首領官，後任招討使司經歷、江東路宣撫司僉事，多為籌劃、行政職。後仕為臨淮（招信、江蘇盱眙）路達魯花赤，漣海州（江蘇連雲港市）等處屯田總管（高官）。去官後居於亳（安徽亳縣），築「養志」亭、「樂善堂」，賦詩飲酒，優遊度日，平時以詩書教課子孫，耕植治生。子二人，源、淳，淳與

〔註86〕參見王惲，《秋澗集》（《文淵閣四庫全書》），卷46，〈雜著〉，「題戒」。輓詩見卷12〈哭友親完顏仲希墓〉，頁19上。頁1上～2上。元好問為完顏仲希居所所作文篇今未見及。

〔註87〕參見王惲，《秋澗集》，卷59，〈碑陰先友記〉，頁7下。《宋元學案補遺》，卷78，頁31下。

〔註88〕完顏正叔興學情形，參見尹聖任，〈廣州重修學記〉，收於《全元文》，第11冊，頁102、103。其家世生平參見陶安，《陶學士集》（《文淵閣四庫全書》），卷19，〈故完顏判官墓誌銘〉，頁1上～2上，此文係為正叔之子完顏權（時中）所作。至於完顏權是否有漢學教養，未見可判斷的記載。

名士任士林交往，孫名可道，受學於任士林。庭玉任官臨淮時，除治績清廉外，又勸農桑、勵風俗，並且是「首崇教化，新廟學」，〔註89〕知有漢學教養外，又能倡行漢學。

5. 王思孝

字移忠，金宗室完顏氏，世居磁州。父親名遠，為金朝統軍使，因金末兵亂而改姓為王氏。思孝少長喜讀書、能作文，晚年資使諸子就學，以備出仕為用。子四人，大用、珪、大慶稍早亡，存大有出仕為官。〔註90〕（見後文）

6. 王 鐸

金代宗室完顏氏。曾祖父名崇，為金朝萬戶、上京留守，祖父名相潤，為關陝總帥，父親名寬，鎮守淮南，不久因金宣宗南遷汴京，完顏寬也隨之避地於南方，並改姓為王。王鐸隱居未出仕，但他學問綜博，務為韜晦，「有來從學，則諄諄竭其所有以告」，〔註91〕其漢學應有較深厚的程度。

7. 完顏士慶

金朝內族，為宗室之後，生年不詳。世祖時任四川行省郎官，赴四川前向王惲求詩，則當有漢學教養可知。〔註92〕

8. 夾谷之奇

字士常，號書隱。先世出於女真加古部，後訛為夾谷。之奇少孤，由舅家杜氏帶往東平（山東東平）受學於康曄，後授官為濟寧（山東巨野）教授、中書省掾、僉江北淮東提刑按察司事，世祖時為吏部郎中、侍郎、侍御史，仕至吏部尚書（高官）；當時真金太子頗為器重之奇。史稱他：

> 慮識精審，明於大體，而不忽細微，為政卓卓可稱；雖老於吏
> 學者，自以為不及。為文章尤簡嚴有法，多傳於世云。〔註93〕

〔註89〕參見任士林，〈臨淮府君王公墓誌銘〉，收於《全元文》，第18冊，頁454～456。柯劭忞，《新元史》（臺北市，藝文印書館），卷173，〈王庭玉傳〉，係由任士林所作墓誌而來，但稍有小出入。見頁5下～6下。

〔註90〕參見黃溍，《金華黃先生文集》，卷35，〈贈奉議大夫大名路滑州知州驍騎尉追封白馬縣子王府君墓誌銘〉，頁367上～368上。

〔註91〕參見張養浩，〈有莘王氏先德碑銘〉，收於《全元文》，第24冊，頁681。

〔註92〕參見王惲，《秋澗集》，卷28，〈完顏士慶赴任蜀省來別索詩〉，其下小註「係金內族」，見頁28上、下。

〔註93〕見《元史》，卷174，〈夾谷之奇傳〉，頁4061、4062。

當世祖中期時立詹事院，張九思為院丞，推舉名儒宋道、劉因、夾谷之奇、李謙，分別擔任東宮官屬。〔註 94〕此前，之奇除受業於東平康曄外，也曾受學於名儒張𤧚，張𤧚為金華王柏子弟，而王柏得朱子三傳之學，故知之奇所學為朱子學脈，〔註 95〕《宋元學案》列之奇為北山何基之學，即金華學脈所出，黃宗羲在夾谷之奇的案語中說：

> 魯齋（王柏）以下，開門授徒惟仁山（金履祥）、導江（張𤧚）為最盛。仁山在南，其門多隱逸；導江在此，其門多貴仕，亦地使之然也。〔註 96〕

說明夾谷之奇為北方張𤧚的「貴仕」弟子；而之奇的漢學可謂朱子下傳之理學。可惜未能見到他「多傳於世」的文章，也未得見其理學論述。當時南北名士多與他有所交往，贈和詩詞等，如胡祇遹有〈寄吏部侍郎夾谷士常〉，王惲有〈賀士常侍御受吏部尚書〉、〈夾谷尚書哀挽〉（註：名之奇，字士常，終吏部尚書），魏初作〈挽夾谷士常〉，王旭作〈贈夾谷士常〉，宋遺士名儒方逢辰作〈和僉事夾谷之奇韻〉，宋遺士何孟桂作詩多首，〈上夾谷書隱先生六首〉、〈寄謝夾谷書隱先生四十四韻〉、〈寄夾谷書隱〉、〈壽夾谷書隱沁園春〉等。〔註 97〕

　　今所見之奇本人作品極少，《全元文》收有〈賀正旦牋〉一文，當是應節俗之作，但文筆典雅嚴簡。〔註 98〕詩作也僅見一首，〈題周孝侯廟〉，詩詠西晉吳人周處除害事蹟，借而言地方極待治理，「況當離亂後，生理多不遂。連州虎為害，接浦蛟作祟」，之奇當時任職提刑按察，有意除弊止惡，故而又說：「不埋張綱輪，徒攬范滂轡」，以東漢順帝時張綱、范滂按察事故，引申為其志，但卻懷有隱憂，說：「澄清悵何時，留詩志余媿」。〔註 99〕詩作典雅平實，

〔註 94〕參見《元史》，卷 169，〈張九思傳〉，頁 3981。
〔註 95〕參見《元史》，卷 189，〈張𤧚傳〉，頁 4315。
〔註 96〕參見《宋元學案》，卷 82，〈北山四先生〉，頁 37 下。
〔註 97〕胡祇遹詩，見《紫山大全集》（《文淵閣四庫全書》），卷 5，頁 25 下、26 上。王惲詩，見《秋澗先生大全文集》（《四部叢刊初編》），卷 19，頁 211 上、213 上。魏初詩，見《青崖集》（《文淵閣四庫全書》），卷 2，頁 23。王旭詩二首，見《蘭軒集》（《文淵閣四庫全書》），卷 4，頁 1 上、下。方逢辰詩，見《蛟峰集》（北京市，線裝書局，《宋集珍本叢刊》，2004），卷 6，頁 7 上、下。何孟桂詩，見《潛齋先生文集》（《宋集珍本叢刊》），卷 1，頁 6 下～7 下、頁 11 上～13 上，卷 2，頁 4 下、5 上，卷 4，頁 5 下、6 上。
〔註 98〕參見第 11 冊，頁 159、160。
〔註 99〕詩見《元詩選癸集》，癸之乙，頁 188。周處事見《晉書》，卷 58，〈周處傳〉，頁 1569～1571。張綱事為漢安元年（142）受命按察地方，諸人皆受命往各郡，「而

以詩喻志，頗有理學名臣的意味。之奇注重教育，為浙江按察僉事時，嚴陵縣有宋遺士方逢辰的石峽書院，因年久頹圮，之奇於是任命其子夾谷梁為山長，負責經理興修，使古意復振，又仿朱子教學規模、課程講學等。〔註100〕之奇父子有功於倡行漢學。

9. 夾谷禿滿

女真夾谷氏，祖父名留乞，受知於太宗，以萬戶轉戰屯駐各地，世祖時仕至懿州平灤淄萊三路總管，昭勇大將軍（高官）、配金虎符。父親名唐兀，憲宗時從攻戰，世祖時授武略將軍，上都等路管軍千戶（中官）。禿滿以忠翊校尉（低官）襲父千戶之職，沒後贈武略將軍。世祖統一中國後，禿滿駐守地方，他於閒暇之時多與先生長者交游，「讀書手不釋卷」，〔註101〕可知他雖家世武將，但頗好漢學。

10. 蒲察七斤

原為金朝右副元帥，元初太祖時降於蒙古，任元帥之職（高官），當蒙古西征時隨軍駐守於蒲華城（不花剌），因在西域位高權重，故而視之為宰相。耶律楚材與之交游，贈詩多首，詩名〈贈蒲察元帥七首〉、〈西域蒲華城贈蒲察元帥〉，則七斤當有漢學教養。〔註102〕

11. 蒲察（富察）氏

名不詳，為名臣徹里（徹爾，蒙古燕只吉歹氏）之母。徹里六歲而孤，蒲察氏「介介自持，動以禮節，親戚不敢干以非義，教子讀書」，徹里因天資高，受學讀書致「六經二氏悉涉源委」。〔註103〕徹里材高勤學有以自成，但母親蒲察氏的漢學教育是其基礎。

張綱獨埋其車輪於洛陽都亭，曰：豺狼當路，安問狐狸！」遂劾奏當朝大將軍梁冀等人，見《後漢書》，卷56，〈張綱傳〉，頁1817。范滂則是受命為請詔使冀州案察，「滂登車攬轡，慨然有澄清天下之志」，見卷67，〈范滂傳〉，頁2203。

〔註100〕參見牟巘，〈重修石峽書院記〉，《全元文》，第7冊，頁708、709。
〔註101〕參見黃溍，《金華黃先生文集》，卷35，〈上都新軍管軍千戶夾谷公墓誌銘〉，頁366上～367上。
〔註102〕參見劉曉前揭書，頁183、184。楚材贈詩，見《湛然居士集》，卷5，頁91，卷6，頁135等。
〔註103〕參見姚燧，《牧庵集》，卷14，〈平章政事徐國公神道碑〉，頁124上～127上。另參見《元史》，卷130，〈徹里傳〉，頁3161～3163。蕭啟慶於〈元代蒙古人的漢學〉中列徹里為元代中期儒學倡導者，見氏著《蒙元史新研》（臺北市，允晨文化實業公司，民國83年），頁125。

12. 奧屯世英

字伯豪，小字大哥，先世女真胡里改路人。高祖名黑風，金初因功封王。曾祖名兀出，仕至益都府兵馬都總管。祖父名蒲乃，襲爵為謀克千夫長，父親名國僧，仕為昭勇（毅）大將軍、新平縣令。世英少年以蔭補官，時值金末，就奉命為征行都統以抵抗蒙古軍，因寡不敵眾而降於元太祖，時受賜虎符為蒲城（陝西蒲城）帥，後鎮河中府（山西蒲州）為萬戶、宣慰使，階為鎮國上將軍（高官），世英以孝聞名，又輕財重義，折節下士，不以勢位驕人，曾早作退休之計，作「歸來」、「知止」二堂，但不及早退而卒於河中任上。〔註104〕以世英為人及生活安排，應有漢學教養。

13. 奧屯貞

字正卿，即上述世英之子，憲宗時貞以蔭襲為萬戶配金虎符，仍鎮河中，後領軍征戰。世祖時任蓬州路（四川蓬安）總管，在任三年，帛粟有餘，而學校興建；後仕階至昭武大將軍（高官）。奧屯貞天資秀慧，曾「從郭（德素）先生學，至老不廢書帙」，〔註105〕是研習及倡行漢學而文武俱全之人。

14. 奧屯（敦）希魯

字周卿，號竹庵，淄州（山東淄州）女真人，先世仕金為淄州刺史。父親名保和，金末時與其兄世英（與上述奧屯世英不同人）降於元，保和仕為萬戶、昭勇大將軍（高官），以元帥鎮真定、保定、順德諸道農事。希魯為保和第三子，曾任懷孟路（懷慶路，河南河內）判官，江西按察副使，江東道提刑按察使，後仕至澧州路（湖南澧縣）總管，侍御史（高官）。〔註106〕希魯與當時士人有詩文往來，如白樸作〈覃懷北賞梅同參政西庵楊丈（楊果）和奧敦周卿府判韻〉，汪孟斗作〈奧屯周卿提刑去年巡歷續

〔註104〕參見李庭，《寓庵集》（上海市，上海古籍出版社，《續修四庫全書》），卷7，〈大元故宣差萬戶奧屯公神道碑〉，頁75下～79上。另參見元明善，〈大元故昭武大將軍嘉定路總管奧屯公神道碑銘〉，《全元文》，第24冊，頁387。元明善文中述及奧屯世英為「世民」，恐有誤，但所述事蹟頗同於李庭文。

〔註105〕參見同前註。又奧屯貞的興學及漢學研習等見同前註元明善文，但文中言「雅從郭先生學」，未說其名，筆者懷疑此郭先生或即前註李庭文中所言在奧屯世英幕下十餘年的郭德素（周卿）。

〔註106〕參見《元史》，卷151，〈奧敦世英傳〉，頁3578、3579。奧敦即奧屯，保和有四子，名希愷、希元、希魯、希尹，傳中僅言：「希魯，澧州路總管」。據孫楷第，《元曲家考略》（臺北市，文史哲出版社，民國78年），彙整周卿之生平，見頁3、4。另參見趙介如，〈雙溪書院記〉，《全元文》，第20冊，頁104。

溪回日有詩留別今依前韻和呈〉，黎廷瑞作〈水調歌〉，張之翰作〈贈奧屯僉事周卿〉等。〔註 107〕希魯長於文學，尤擅樂府，俞德鄰在〈奧屯提刑樂府序〉中說希魯「豪宕清婉，律呂諧和」比之於蘇東坡、辛棄疾、元好問之流，又說造訪其居宅，「几案間闃無長物，惟羲文孔子之易，薰爐靜坐，世慮泊如」，有超然立乎萬物的涵養。看來希魯生活頗為恬淡，能享高逸靜趣。〔註 108〕

希魯的作品今可見小令二首〈蟾宮曲〉，套數〈一枝花〉二首，〔註 109〕小令二首寫西湖風景，文詞清爽明潔，以其一首為例：

> 西湖漣水茫茫，百頃風潭，十里荷香。宜雨宜晴，宜西施淡抹濃粧。尾尾相銜畫舫，儘歡聲無日不笙簧。春暖花香歲稔時康。真乃上有天堂，下有蘇杭。

其套數二首都寫男女相思之情，直描樸素，文字見情，纏綿淋漓，如其一的句尾詞：「不由我意兒想，心兒思，口兒念」，是一氣呵成的情牽。另一首題〈遠歸〉，句「不索尋名利，歸心緊、歸去疾，恨不得裊斷鞭梢，豈避千山萬水」，由思歸趕返，心急之情表白無遺。次〈梁州〉段，直描相見初景是「又嗔、又喜」，尾段寫的是：

> 我道因思翠袖寬了衣袂，你道是盼雕鞍減了玉肌，不索教梅香鑑憔悴。向碧紗幬帳底，翠幃屏影裏，廝揾著香腮去鏡兒比。

希魯除文學享譽士林外，又曾注重教育興學。江西浮梁（景德鎮）雙溪書院山長趙介如寫書院起始，指出至元十七年（1280）希魯為按察副使，因「士無所依歸，諸立書院，養士儲才」，希魯遂買宅於雙溪之上，以介如為山長，作講習之用。而後繼有修建完善，但也曾經世亂焚壞再修復之，後人仍記念「此竹庵公遺跡也」。〔註 110〕在漢學倡行上希魯有積極之功。

〔註107〕白樸詞，見《天籟集》（《九金人集》），卷下，頁 24 下、25 上。汪夢斗詩，見《全宋詩》（北京市，北京大學出版社，1998）第 67 冊，頁 42359。黎廷瑞詞，見《全宋詞》（北京市，中華書局，1999），第 5 冊，頁 4285，其下小註：「寄奧屯竹庵察副留金陵約游揚州不果」。張之翰詩，見《西巖集》（《四庫全書珍本》初集），卷 7，頁 2 下，詩句中有「共傳筆正如心正」，以唐代柳公權之語喻之，似乎奧屯希魯善於書法。

〔註108〕參見俞德鄰，《佩韋齋集》（《四庫全書珍本》三集），卷 10，頁 11 下～12 下。

〔註109〕參見隋樹森，《全元散曲》（北京市，中華書局，1989），上冊，頁 152、153，下冊〈續補遺〉，頁 1970。

〔註110〕參見趙介如，〈雙溪書院記〉，《全元文》，第 20 冊，頁 104、105。

15. 粘合重山

　　號望憂居士，為金源貴族，金朝西北路昭討使，粘合合打之孫，又名鈞。金末因其祖父（時為中都留守）而留委為質子，元太祖任他為宿衛必闍赤。太宗時與耶律楚材分別任左、右丞相（高官），共同力行漢法，史稱：「凡建官立法，任賢使能，與夫分郡邑，定課賦，通漕運，足國用，多出楚材，而重山佐成之」。從征宋有功，卒贈太尉，封魏國公。其子南合繼之佐助伐宋，世祖時仕為中書平章政事(高官)；父子二人於征戰中都有功於力保生民之命。〔註 111〕重山的漢學於史書中雖未明確言及，但以任主文史、詔令的必闍赤而言，應通曉漢學，而且與耶律楚材共同倡行漢法，則更增加此種可能。〔註 112〕重山與楚材二人都是亡金之士，在職務、仕歷上性質相同且為同事，有著共同倡漢法的理想，楚材又有詩數首贈予重山，〔註 113〕重山應有相當的漢學教養。

16. 徒單公履

　　字雲甫、號顒軒，金末經義進士。王惲稱他「學問該貫，善持論，世以通儒歸之，性純孝，樂誨人，官至侍講學士（高官）」，又在〈壽徒單顒軒〉詩中說他「縱橫蘇氏學，英特（恃？）賈生倫，盛德應如此，文章固有神」，「詞源窮造化，講席見經綸」，其他在壽詩、挽詩中都有類似說法，不外是說他才氣、議論、文筆高明，教學誨人不倦等。在〈祭待制圖克坦（徒單）衍文〉中，強調這位顒軒先生，「學由家傳，志乃早立」，說明公履受家學而努力讀書達到的漢學造詣。〔註 114〕李庭也在〈寄徒單雲甫〉詩中說他有山斗高名，「胸中學問傳三篋，天下英豪放一頭」。〔註 115〕《宋元學案補遺》將雲甫列為王惲之父王天鐸（思淵先生）的講友，同時錄有雲甫所作〈書張侯言行

〔註 111〕參見《元史》，卷 146，〈粘合重山傳〉，頁 3465～3467。另參見前揭劉曉書，頁 179、180。

〔註 112〕關於粘合重山於元初任職中書省，及其與耶律楚材共為必闍赤於燕京行省倡行漢法事，參見拙作，《元代士人與政治》（臺北市，學生書局，民國 81 年），頁 50～56。

〔註 113〕參見《湛然居士集》，卷 4，〈祝忘憂居士壽〉，頁 83，卷 12，〈琴道喻五十韻以勉忘憂進道〉并序，頁 256、257，〈示忘憂〉并序，頁 262。

〔註 114〕見王惲，《秋潤集》，卷 59，〈碑陰先友記〉，頁 8 上，詩句見卷 12，頁 2 上、下。卷 16，頁 18 下，卷 17，頁 3 上、下，〈衍文〉，見卷 64，頁 16 上、17上。

〔註 115〕參見李庭，〈寓庵集〉，卷 2，頁 25 下。

錄後〉遺文一通，其文稍短，可參看。〔註116〕雲甫詩作今見其〈春日雜詠〉
一首，〔註117〕詩句平淡涵泳，詩如下：

> 東風簾漠半塵埃，歌舞臺空晝不開。

> 試問雙飛新燕子，今年社日為誰來？

公履「講學見經綸」，在漢學講習教育方面具體的例子是在衛輝路（河南汲縣）
廟學。太宗時因戰亂而毀的衛輝廟學重新修建，憲宗時名儒王磐（鹿菴）、徒
單公履（顓軒）皆相繼在此講學，其時的記載說：

> 二公道崇學博，負經濟器業，樂誨人、善持論，凡經啟迪，化
> 若時雨。當時文風大興，人材輩出，若王博文、……，聲望烜赫，
> 視鄒學為無愧，信乎魯多儒而衛多君子也。〔註118〕

舉出在學的十餘人中就有王惲在內，文中比衛輝之學不亞於魯地的鄒學。王
磐與公履在漢學教育推廣上都具有師儒的地位。

17. 紇石烈通甫

生平欠詳。據袁桷〈書紇石烈通甫詩後〉文中說他是「舊貴族」，「遺言
雅聞，得於先朝（金）之故老」，加以行跡各地所見所聞與感慨歡悅之事，作
為詩篇。通甫之詩為其子堯臣出示於袁桷，詩集名《怡閒吟藁》，袁桷說通甫
的詩本於盛唐大曆、貞元之風，而又幽深婉順，「則幾於《國風》之正矣」。
早年袁桷曾以晚輩拜見過通甫，說「聆其議論，明絜而簡易，讀其詩，如親
見之焉」。〔註119〕通甫為研習漢學而長於詩。

18. 謁只里

女真人，族系不詳。謁只里「幼穎悟、能記誦」，漢學約在於研習。其生
平都在於戰功，初由世祖宿衛而領軍征宋，仕至鎮國上將軍（高官）、浙東宣
慰使。〔註120〕

19. 兀林答僖（喜）

女真大姓，父親名阿魯兀剌，仕金為驃騎上將軍、陳州防禦使。僖自幼

〔註116〕參見卷78，頁31下、32上。

〔註117〕見《元詩選癸集》，上冊，〈癸之乙〉，頁187。

〔註118〕見王公孺，〈衛輝路廟學興建記〉，《全元文》，第13冊，頁253、254。

〔註119〕參見《全元文》，第23冊，頁360、361。

〔註120〕參見《元史》，卷154，〈謁只里傳〉，頁3642、3643。

知學，天性穎秀，資質高明，故積學而成山東名儒，於太宗時三科中選及第，充任塔察兒國王位下必闍赤之長，管理王府文墨語言應酬事。世祖時為山東行省官兼濰州防禦使（中官），帶金牌。〔註121〕兀林答僖在漢學方面成就所見甚少，但以他力學及中第，應有相當的造詣。

20. 烏古孫澤

字潤甫，晚年自號懶齋，女真烏古孫（烏古）部人。祖父名璧（壁），金朝明威將軍，資用庫使，金亡後徙居於河北大名，曾出仕為課稅所詳議官。父親名仲，仕為大都廣濟倉使（低官），居家教子。澤「讀書舉大略，一切求諸己，不事章句，才幹過人」，於世祖時出身為吏，後隨軍任職有功，升為福建行省都事，行興化路（福建莆田）總管府事，有善政，又興學校，刊補書版，召長老、諸生講學經義，行鄉飲酒禮。後任為海北海南廉訪使，將人民所輸米餘糧供學官以養諸生。成宗初為福建廉訪使，有德政於民，仕至中大夫（高官）、江東建康道廉訪使。〔註122〕潤甫的漢學應為家學及自修研習而來，以天資材高，甚為博學，陸文圭說他「於書無所不讀，尤精天文、陰陽、物理之學。練達兵財，講究農田水坊」，又能自造諸葛亮木牛流馬，修改渾天儀。著作有《棋法》十卷，《忍經》一卷、《集字選玉》二卷，雜詩文翰墨篇章等等，又曾於海北憲司任內，編訂法律書〈社長須知〉，並集老幼講解。他的著作未能流傳於今，關於《忍經》一書，許有壬說「公之言忍，有正義、有變義、有衍義，使人人有見乎此，則修身齊家蒞官之道，盡在是矣！」其取材自傳記、子、史，佛、道書百家雜著、詩賦等，無不收入。〔註123〕一則可知《忍經》是部修身齊家與處事為官之道，一則又可見烏古孫澤的博學廣識。

21. 烏古孫義

即上述烏古孫澤的伯父，烏古孫璧的次子。生平欠詳，僅知其「博學，試中儒科」，〔註124〕是漢學研習者。

〔註121〕參見方回，〈元兀林答碑〉，《全元文》，第7冊，頁399～401。
〔註122〕參見《元史》，卷163，〈烏古孫澤傳〉，頁3831～3835。記載生平詳細者，見陸文圭，〈中大夫江東肅政廉訪使孫公墓誌銘〉，《全元文》，第17冊，頁659～666。
〔註123〕烏古孫澤的著述參見前註陸文圭文，《忍經》見許有壬，〈忍經序〉，《全元文》，第38冊，頁134、135。
〔註124〕參見陸文圭前揭〈烏古孫澤墓誌銘〉，頁660。

22. 裴滿翼

世為遼右顯族，通蒙古字為國子學教授。世祖時任儀封縣令（河南開封市東北）（低官），倡修廟學，並與僚屬共同捐俸修建，對於漢學倡行有功，王惲特為之作記。〔註125〕

23. 吳　昉

字景初，女真古里甲（古里）氏，父親名秉直，改易為吳姓，金亡後隱居不仕，常排解鄰里鄉黨爭訟，甚得敬愛，官方徵召任職皆不受，推測應受漢學教養，但具體史料不足。祖父名敢合，襲金朝家世爵職。曾祖父名石倫，為金末名將大元帥，受爵位謀克，抵抗蒙古攻戰而殉國。昉為秉直獨子，以吏起身出仕，世祖時任徵事郎（低官）、河北河南道肅政廉訪司知事。與名儒劉因相往來，並請其為子命名取字，劉因藉此提出應改去吳姓而恢復本姓古里氏之說，將其子晟更名為承，字延伯。〔註126〕景初與劉因交往，自敘其家世、改姓、命名等事，應有其漢學教養。

24. 趙良弼

字輔之，本姓朮要甲。父親名愻，為金朝威勝軍節度使（高官）。良弼多智略，在金朝以進士任為趙州教授，世祖在潛邸召為幕僚，參與治理邢州（河北邢台）、陝西等地，後隨世祖軍南征為元帥府參議兼江淮安撫使。後曾奉使日本，勸阻世祖出兵攻討日本。良弼長期與廉希憲、商挺同事治理地方，後仕至同僉樞密院事（高官），他雖在樞密，但常為世祖召議政事，如建言設江南經史科以培育士人，又於退休後在其別業分地給懷（河南沁陽）、孟（河南孟縣）地方廟學，以贍養學生，「自以出身儒素，示不忘本也」。〔註127〕據張曾所作的〈趙文正公祠記〉，說良弼的高、曾祖以下都以

〔註125〕參見王惲，〈睢州儀封縣創建廟學記〉，《全元文》，第 6 冊，頁 113～115。又劉賡，〈重建鉅鹿縣學記略〉，言及裴滿翼對鉅鹿縣學的關注可參看。見《全元文》，第 13 冊，頁 302。

〔註126〕吳昉及其家世參見胡祇遹，《紫山大全集》，卷 18，〈瓜爾佳隱氏墓誌銘〉，頁 25 上～26 下。依文中所記家世由石倫傳敢合、傳秉直、傳至昉（景初），再傳至承（晟）與昱。而劉因所作〈古里名字序〉，說吳氏本姓古里氏，改姓已數世，而說昉之祖父為石倫，則少去一代，或劉因所說「其祖石倫」是指曾祖而言。見《靜修集》，卷 12，頁 1 下、2 上。胡祇遹文中說吳秉直「孫男二人，長曰晟，今更名承，次曰昱」，即是劉因為吳晟改名為承之事。關於吳昉先祖石倫事蹟見《金史》，卷 111，〈古里石倫傳〉，頁 2439～2444。

〔註127〕參見《元史》，卷 159，〈趙良弼傳〉，頁 3743～3746。

武略立功，良弼以文儒名家，無時不以孔孟之心為心，以孔孟之道為道，他的興學倡行漢學是以私財買田五千餘畝，分給各地興學，造就不少人材，對地方教育極有貢獻。〔註128〕

25. 高　觿

字彥解，女真人以高為姓，先世出於渤海部，曾祖父名全義，曾為大官，祖父名彝，以進士出仕，為潞州昭義軍節度使（高官），因見金朝將亡，於是棄官隱居於山西上黨，教儒學於鄉里。父親名守忠，仕為千夫長（中官），於攻宋戰爭陣亡。觿自幼穎異，稍長讀書，兼習蒙古、西域語，服事世祖於潛藩，後為皇子真金（裕宗）領文史、宮衛等官，於上都、大都城的修建有功。曾任職工部侍郎領東宮禁衛，仕至中奉大夫（高官）、河南等路宣慰使。〔註129〕高觿的漢學在於研習，其他則未見及。

26. 張孔孫

字夢符，號寓軒，先世為遼代時的兀惹部。父親名澄，字之純，任東平萬戶府參議（中官）。孔孫恐受家學讀書，又於東平受學於元好問，以文學聞名，辟為萬戶府議事官，世祖時為太常卿徐世隆副手，協助完成樂典，授戶部員外郎，後歷任按察、侍御、禮部尚書、僉行省等職，又任大名路總管，大興學校。召還中央任商議中書省事，多所建言，如京師廟學、設國子生徒、賜曲阜孔廟役戶、相職參用儒臣等，提倡儒學、養士措施。後仕至翰林學士承旨、資善大夫（高官）、集賢大學士。史稱：「孔孫素以文學名，且善琴、工畫山水竹石，而騎射尤精」，是文武雙全且多才藝之士。〔註130〕

孔孫以樂府著名，上文說他能修編太常樂，而《錄鬼簿》列他為「前輩名公樂章傳於世者」，在《書史會要》中說他書法師宗金代名家王黃華（庭筠）。〔註131〕此外，孔孫善畫，史載「工畫山水竹」，另又善於畫梅。〔註132〕孔孫

〔註128〕參見《全元文》，第58冊，頁746、747。
〔註129〕參見虞集，〈高莊僖公神道碑〉，《全元文》，第27冊，頁281～286。
〔註130〕參見《元史》，卷174，〈張孔孫傳〉，頁4066～4068。孔孫曾受學於元好問，參見盛如梓，《庶齋老學叢談》（《叢書集成》），卷中下，頁33。孔孫號寓軒，參見許友壬，《紫山大全集》，卷1，〈題張夢符廉訪臨淡游三友圖應劉清叔之宗詩也〉，頁24下、25上。
〔註131〕參見鐘嗣成，《錄鬼簿》（《續修四庫全書》），卷上，頁144。陶宗儀，《書史會要》，卷7，頁6下。
〔註132〕參見《紫山大全集》，卷6，〈謝答張夢符畫梅竹扇〉，頁19上。

的漢學成果今可見到有詩三首，〔註133〕舉〈風雨迴舟圖〉為例：

> 風雨來時撥櫂迴，濟川心事有誰知。
>
> 停舟且做江湖夢，浪靜風恬未是遲。

詩言風雨迴舟，當另有感寄。其字句清奇，又如〈岳陽樓〉詩句：「水千萬浪開明鏡，風十八姨吹片帆」，「江吞巨野偏宜夏，月度晴霄便是秋」。

27. 朵 落

家世欠詳。佐蒙元攻金有功，授嘉祥縣（山東嘉祥）達魯花赤（低官），在任九年，勸農興學，民多頌其德，為漢學倡行者。〔註134〕

28. 納合國瑞

家世生平欠詳。至元四年（1267）時曾任汶上縣（山東汶上）達魯花赤（低官），修建廟學，有倡行漢學之功。〔註135〕

（二）中期漢學

1. 完顏從善

字擇卿，生平欠詳。武宗時任職鄒平（山東鄒平）縣令（中官），有善政「而敬禮賢逸，崇尚儒學，務革素習，導民趨義」。〔註136〕在政事及漢學倡行方面卓有貢獻，民思之不忍忘，因而刻石立碑以記。「興學教民，斷獄明允」，〔註137〕是良吏名宦的表範。

2. 王可道

完顏氏，即前述王庭玉之孫，王淳之子，淳仕為保義校尉（低官）。可道曾受學於名士任士林；〔註138〕列之為漢學研習者。

3. 王士美

完顏氏，字彥徽，即前述王鐸之子。張養浩為其家世寫碑銘，稱他「篤

〔註133〕詩見《元詩選癸集》，上冊，〈癸之乙〉，頁193。載錄詩題是〈岳陽樓二首〉、〈風雨迴舟圖〉一首。

〔註134〕參見《咸豐濟寧州志》（臺北市，學生書局，《新修方志叢刊》），卷6，〈職官六〉，頁21下。

〔註135〕參見張孔孫，〈修廟學記〉，《全元文》，第9冊，頁33、34。

〔註136〕見元明善，〈元完顏去思碑〉，《全元文》，第24冊，頁389、390。

〔註137〕見《嘉靖山東通志》（《四庫全書存目叢書》），卷25，〈名宦上〉，頁24上。

〔註138〕參見任士林前揭文，〈臨淮府君王公墓誌銘〉。

古力行，緰於文而原於質，喜交天下知名士」，教學於鄉里，深得人敬重；〔註139〕是具漢學的隱君子。

4. 王德新

字君實，上述王士美之子。曾任職縣教諭，刑部集賢院掾史，山東憲司知事、承事郎。程端禮有詩〈送王君實都事赴內臺御史〉，知德新後調任中央監察御史，前此也曾任為儒林郎（中官）、南臺御史、都事等職，錢惟善也有贈詩，又以至孝為省臺交章奏請史館立傳。〔註140〕除去贈詩往來，又曾任職教諭，都可知德新受漢學教養。

5. 王大用

即前述王思孝的長子，思孝教諸子讀書，故知大用兄弟皆受漢學教育。大用以材推擇入江東按察司為書吏，後為廉訪司奏差官（低官）。〔註141〕

6. 夾谷梁

即前述夾谷之奇之子。當之奇整建南宋名儒方逢辰的石峽書院時，任命其子梁為山長（低官），已如前述，則夾谷梁自應有相當的漢學造詣。

7. 夾谷安仁

字仲寧，祖父名龍古帶，為憲宗時軍民萬戶，興元行省（高官）。父親名堅賢，為成宗時河南江北行省右丞（高官）。安仁為堅賢第三子，善於騎射，天性聰慧，通蒙古語文，勵志於讀書，尤專力於儒家經典語、孟，又能書法，慕學王羲之而近似之。世祖末以才辟為吏，成宗時任同知陝西等處屯田總管府事，武宗時任四川行省理問所相副官，仁宗時仕至奉議大夫（中官）、甘肅行省理問官。〔註142〕

8. 夾谷時中

字中立，即上述安仁堂兄弟，父親名字不詳，但知仕至宣慰使（高官），為龍古帶諸子之一。中立早年未仕，以孝行得旌表，後出仕為副使之官（疑

〔註139〕參見張養浩前揭文，〈有莘王氏先德碑銘〉。

〔註140〕參見前註張養浩文。程端禮詩，見《畏齋集》（《四明叢書》），卷2，頁6下。前揭《至正金陵新志》，卷6，頁43上、59下。錢惟善，《江月松風集》（上海市，上海書店《叢書集成續編》），卷1，〈送王君定赴臺都事〉并序，序文，頁8上。

〔註141〕參見黃溍前揭文，〈白馬縣子王府君墓誌銘〉。

〔註142〕參見同恕，〈奉議大夫甘肅省理問瓜爾佳公墓誌銘〉，《全元文》，第19冊，頁406。家世又可見姚燧，〈興元行省夾谷公神道碑〉，《元文類》，卷62，頁901～905。

為廉訪副使，中官），因中年得子，蒲道源為他作序文，文中所述得知他應有漢學教養。〔註143〕

9. 夾谷朵落歹

為上述龍古帶之孫，與安仁、時中同輩。他的漢學情形欠詳，但蒲道源有詩〈送夾谷朵落歹同知〉，〔註144〕知道他是龍古帶之孫，曾出仕為某同知（中官）。詩句中又有「人知翩翩貴公子，誰料胸中蘊經史」，說明他的漢學研習情形。

10. 夾谷明安答而

別名思齊，字齊卿，即前述禿滿之子。禿滿本身即好漢學，因此明安答而習尚文雅，他雖出身閥閱，「然倜儻尚氣，不為崖岸」，重義誠直，四方之士樂與交往。平日習韜略書不廢，承襲父職為管軍千戶、忠翊校尉（低官），後居家營生，敬宗收族，延師教育諸子，使各專於一經，並勸戒諸子不宜以所學及早出仕，於是諸子們「愈自激勵，文采彬彬，士林稱焉」。〔註145〕明安答而身習漢學，又能使諸子研習精進於學。其四子名瑛、琦、珩、璋。

11. 夾谷山壽

女直人，生平欠詳。仁宗延祐四年（1317）為崇安縣尹（福建崇安），「修治學廡」有倡行儒學之功。〔註146〕

12. 赤盞顯忠

生平欠詳，《閩書》說他是「肅慎氏之裔」，於武宗至大年間為延平路（福建南平）同知（中官），為政簡廉，尤重於文教，士人立碑於學。又曾建「御書閣」，專為藏置「存恤生儒之詔」。〔註147〕顯忠倡行學校教育在此前也可看到，成宗大德元年（1297）時，他當時任處州松陽縣尹（浙江松陽），見廟學

〔註143〕參見蒲道源，《閒居叢稿》（《元代珍本文集彙刊》），卷19，〈夾谷時中孝行詩序〉，頁6下～8上，〈賀夾谷中立副使得子序〉，頁10上～11上。前文言時中杜門未仕，奉養母親行孝，後文有「副使」官銜，但不知前後出仕時間？暫定以未出仕，而後出仕。按前註姚燧文，龍古帶有子十人，孫十一人，時中與安仁皆為其孫輩。

〔註144〕參見蒲道源前揭書，卷2，頁7上。

〔註145〕參見黃溍前揭〈夾谷公墓誌銘〉。

〔註146〕參見何喬遠《閩書》（濟南市，齊魯書社，《四庫全書存目叢書》），卷56，〈文蒞〉，頁42下。

〔註147〕參見《閩書》，卷57，〈文蒞〉，頁42上。又見《嘉靖延平府志》（《天一閣藏明代方志選刊》），卷三九，〈名宦〉一，頁15。

荒蕪，於是「慨然為己任」，新建「進德大成殿」，廟學因之擴建，整配成為開拓宏廣，勝於其他各縣學；張伯淳為此寫文特別推崇。〔註148〕

13. 赤盞崇

字象賢，武宗時曾任江蘇茅山書院山長，故知有漢學教養。曾任鎮江路學錄、饒州路播江書院山長的儒士郭畀與之交往。〔註149〕當是氣味相投，同為儒士教育者之故。

14. 奧屯金剛奴

前述奧屯貞長子，由內供奉出為金齒大理道宣慰副使，後仕為同知羅羅斯宣慰司事兼管軍副萬戶，以功升為某道宣慰使（高官）。金剛奴任官於西南夷蠻之地，但能「作廟學以宣風教，休有聲稱」，〔註150〕是漢學倡行者。

15. 蒲察李五

漢名李直夫，為著名的元曲作家。《錄鬼簿》載：「李直夫，德興人女直，即蒲察李五」，〔註151〕德興為元代宣德府（河北宣化），李五生平欠詳，約於成宗時官至嶺北湖南道肅政廉訪使（高官），他與元明善頗有交往，明善曾作詩〈送湖南李直夫憲使〉，另有〈寄直夫〉詩。〔註152〕至於他的曲劇作品在《錄鬼簿》中登載有十二種，但今僅存《虎頭牌》一種。〔註153〕其劇情說元帥山壽馬處罰叔叔銀柱馬千戶的故事，因銀柱馬嗜酒狂放而觸法，元帥姪兒處以杖刑。劇中表露出女真族在元代的個性風格，北族兒女的豪邁直爽生活。全劇以四折完成，劇情有國法、人情、忠、孝、理、育等衝突與調和抉擇的內涵等。又《太和正音譜》稱他的詞「如梅邊月影」。〔註154〕

〔註148〕參見張伯淳，〈處州松陽縣重修儒學記〉，《全元文》，第11冊，頁226、227。
〔註149〕參見《至順鎮江志》（《宋元地方志叢書》），卷17，頁12下，載赤盞崇為女直人，任茅山書院山長。郭畀，字天錫，儒學兼善書畫，見卷17，頁10下，載其為鎮江路學學錄，其生平簡歷，見卷19，〈人材〉，頁3下。郭畀與赤盞崇交友，見《雲山日記》（《續修四庫全書》），卷上，頁7上，記為「茅山書院山長與赤盞象賢」。
〔註150〕參見元明善前揭〈奧屯公神道碑銘〉。
〔註151〕見卷上，〈前輩才人有所編傳奇於世者〉，頁154。
〔註152〕參見《元詩選》二集，上冊，頁306、307。另參見前揭，《元曲家考略》，頁17、18。
〔註153〕參見前揭〈前輩才人〉，另見吳梅，《遼金元文學史》（臺北市，河洛圖書出版社，民國68年），頁149。
〔註154〕參見李直夫，《虎頭牌》（臺北市，世界書局，《金元雜劇初編》，民國74年），

16. 僕散翰文

金源貴族，先世於金朝與帝室聯姻。曾祖為鎮國上將軍布展，祖父守道為昭勇大將軍，父親名長德，隨金宣宗南遷，官階為安遠大將軍，金亡元初，任為南京兵馬使（高官）。翰文以自學出仕為官，歷任知府、中書省左司郎中、平陽路總管，仁宗時任荊湖北道宣慰使（高官）。〔註155〕翰文自學情形不詳，初在世祖至元末時曾任松江知府，在任內愛民如子，離職時「民匝道咨嗟流涕」，足見其政績使民不捨。〔註156〕

17. 紇石烈希元

據柳貫〈荐乞石烈希元狀〉所說，希元隱居於都城，但篤志窮經，於《易》、《春秋》尤其考察精密，為孝友信實之儒士，受翰林、御史交章推荐。柳貫時任職為太常博士，以為太常之職應是「通經學古之儒，老成名德之士」始堪勝任，故而推荐希元為博士以自代。〔註157〕在《元史類編》中載希元「本遼巨族，隱居成都」，恐有誤，當是「本金巨族，隱居都城」，遼代時尚不知女真紇石烈族姓，隱居都城是柳貫所記，其餘多沿柳貫所說。〔註158〕《宋元學案補遺》列希元為柳貫、袁桷同調，柳貫已見上文，袁桷有〈易集傳序〉，是為希元的著作《易集傳》作序，對他的《易》學用力之精勤，極為讚譽，說是不穿鑿附會，「其粹精足以垂世」。〔註159〕希元儒學專精於《易》、《春秋》，而於《易》有著作，此外，又有短文〈南鎮廟頌〉一文，典雅溫正，可見他文筆的功力。〔註160〕

第6冊，頁1～33。劇本原名《便宜行事虎頭牌》，又稱作「樞院相公大斷案」。另參見李若雲、李玉蓮，〈虎頭牌：女真族英雄的頌歌〉，收於李正民、董國炎主編，《遼金元文學研究》（北京市，文化藝術出版社，1999）頁454～467。朱權《太和正音譜》（臺北市，臺灣商務印書館《四部叢刊廣編》民國70年），卷上，頁11上。

〔註155〕參見姚燧前揭書，〈布色君神道碑〉，頁165、166。

〔註156〕參見《正德松江府志》，（《四庫全書存目叢書》），卷23，頁13上、下。

〔註157〕參見《全元文》，第25冊，頁87、88。

〔註158〕參見邵遠平《元史類編》（嘉慶二年掃葉山堂本），卷36，頁22下。

〔註159〕參見前揭《宋元學案補遺》，卷82，頁206下、卷85，頁59上。袁桷文參見《全元文》，第23冊，頁222、223。希元著作《易集傳》，在朱彝尊《經義考》（點校補正本，臺北市，中央研究院中國文哲研究所，民國93年），第二冊，卷45，頁258，收袁桷序文，柳貫荐狀，並註明「未見」。

〔註160〕參見《全元文》，第59冊，頁276。此文又稱為「南鎮祠頌」，參見《萬曆會稽縣志》（《天一閣藏明代方志選刊續編》），卷13，〈祠祀〉，頁534。

18. 孛朮魯翀

　　原名思溫、字伯和，後改名字，字子翬，女真貴族世家。據蘇天爵所作〈神道碑銘〉敘述極詳。曾祖父名阿納尼，為金朝縣令，祖父名德國，元初時官至昭勇大將軍（高官）、前衛親軍都指揮使。父親名居謙，仕至中奉大夫（高官）、河南行省參政。翀少年成名，當成宗、武宗之時，受荐推為襄城縣（河南襄城）學官、汴州（河南開封）學正，朝廷聞名召為國史館編修官，監察御史。仁宗時為翰林修撰，右司員外郎。泰定帝時任為國子司業，經筵官，文宗時任集賢學士兼國子祭酒，禮部尚書。順帝初為中奉大夫（高官），江浙行省參政，後召為翰林侍講學士、知制誥、同修國史，但辭未就任。蘇天爵記載翀的漢學是由好學及天份而成，他讀書過目不忘，曾從名士李貞隱（友端）學詩賦，往江西從學於蕭克齋（克翁），克齋改他的原名字為今名字。他又往西安求學於名儒蕭貞敏（𣂪），力學貞敏的精勤苦讀，而後從姚燧學古文，深得其賞，說他「談論鋒出，其踐履一以仁義為準，文章不待師傳而能，後進無足倫比」。翀當二十出頭即號稱鉅儒，為學博而能約，「自六經、諸史、傳註，下至天文、地理、聲音、曆律、水利、算數，皆考其說」，在國子學與鄧文原、虞集、謝端為同時名儒大師，「發明經旨，援引訓說，累數百言」。蘇天爵又說他「為文章嚴重質實，不為浮靡，其詞悉本諸經」，著作有《菊潭集》六十卷。〔註161〕

　　翀的學術議論，據他的弟子王睿所說，姚燧的贊譽「義理鋒出，德性溫厚」是出於蕭𣂪的薰陶，而且翀為一代文章宗師，故而宮觀剎宇、墓碑等多請之為文。〔註162〕他的著作除《菊潭集》外，另有參修《世皇實錄》、《大元通制》，纂修《太常集禮》，《天曆大慶詩》三章等。除為學本於道德性命，文章典雅簡奧，史又稱在國學許衡之外，以師道自任者，僅耶律有尚、孛朮魯翀二人而已。〔註163〕

〔註161〕參見蘇天爵，〈元故中奉大夫江浙行中書省參知政事追封南陽郡公諡文靖孛朮魯公神道碑銘〉，《全元文》，第40冊，頁275～280。

〔註162〕參見王睿，〈跋孛朮魯石堂山麻衣子神字銘〉，《全元文》，第51冊，頁459。

〔註163〕參見《元史》，卷183，〈孛朮魯翀傳〉，頁4219～4223。關於《菊潭集》，今已佚。清朝繆全蓀輯成詩文為四卷本《菊潭集》（藕香零拾本，《元人文集珍本叢刊》），其收詩八首、文二十篇，以《全元文》所收文為二十九篇，稍多。又程鉅夫，〈跋孛朮魯翀子翬編修敍瘍盍彥澤孝義後〉，《全元文》，第16冊，頁211、212，得知子翬曾作〈敍瘍盍彥澤孝義〉一文，但今已佚。詩作與《元詩選》二集上，所收相同。

狒的文章簡雅流暢，宏正氣貫，該贍而不生枝節。詩作錄〈閱唐故宮〉
一首以參看：

> 錦帆走滅淮海波，虬髯起操湯武戈。
> 盪民瘡痏六朝下，天開百二秦山河。
> 我來徬徨舊宮土，細麥繁花忽誰主。
> 終南王氣三百年，仙李春風一千古。
> 春風吹夢天茫茫，玉樓金殿春雲香。
> 開元舞馬散冥寞，紇干凍雀含悲涼。
> 世態蒼黃幾煙霧，秦漢英靈不知處。
> 崑崙河脈自西來，湘浦雁行今北去。

詩句同於咏史，真有唐官漢闕今何在之感。其他佳句如「群雲色映三農壤，
時雨神通萬斛泉」，「山頭雲氣結媒雨，木杪風聲凜孕霜」，「水利萬家豐稻畦，
山靈千古壯桐封」。〔註164〕狒又有書法「碧雲」二字於湖南湘鄉「褚公祠」。
據張圖南〈重修湘鄉褚公祠記〉，說褚遂良為潭州都督時，洗筆池有翕然雲生
之異，後人因之立祠以記。英宗初有州判官彭致堯重作修建築室，當時狒為
御史，書寫扁於室；〔註165〕可知狒另有書藝之才。

19. 斡勒敬叔

生平欠詳，據柳貫所作〈斡勒氏三子命字序〉，文中說叔敬曾從學於柳貫，
而柳貫在地方州縣及中央國子學都曾任教，弟子甚多，雖不知敬叔受學於何
處，但總是受過相當的教養無疑。叔敬為三子（洵、溶、淳）請柳貫命字，
並解說取名之意。〔註166〕

20. 趙 玉

女真名穆爾齊。祖父名林，仕金朝為金紫光祿大夫，歸附元朝後為軍
民元帥。父親名文顯，襲元帥官職，為昭勇大將軍（高官），西寧等處達魯
花赤。趙玉為次子，性友善，讀書善騎射，以世家為宿衛，世祖時曾任慶
陽府（陝西慶陽）達魯花赤，武宗時仕至少中大夫（高官），嘉定路總管（四
川樂山）。在嘉定任內曾興建御書樓，「敬教勸學，謠頌以興」，有倡行漢學

〔註164〕詩作見《元詩選》二集上，頁195～196，〈閱唐故宮〉及〈晉祠三首〉。
〔註165〕參見《乾隆湖南通志》（《四庫全書存目叢書》），卷153，〈藝文〉，頁10下～
　　　　12上。
〔註166〕參見《全元文》，第25冊，頁223、224。

教化之功。〔註167〕

21. 高師顏

渤海女真人，即前述高觿之子。高觿曾為裕宗真金太子東宮僚屬，真金之母隆福太后（察必）念及舊情，命師顏入國子學學習漢學。仁宗時任樞密院判官，文宗時仕為資善人夫（高官）、中政院使。〔註168〕師顏的漢學及出身是國子學。

22. 高　某

名不詳，族出肅慎氏，金朝世襲千戶（猛安），祖父自遼東分鎮洛陽，調發他處途中去逝。父親名忠義，襲千戶爵職，金亡不仕，元初召為行省參謀（中官），帶銀牌，未及遷官而死。高某為忠義之子，受習儒業，但未出仕。〔註169〕

23. 李　復

字守道，曾任州、行省從事，後為縣尹（低官）。據名儒吳澄〈拙逸齋廬記〉文中說守道為縣尹，治理有善政，可稱為循吏。並說他「讀聖賢之書，喜程朱之說，嚌嚌有味，不止涉其藩隅而已」，可知他好程朱理學且有相當程度，又說他以周濂溪〈拙賦〉中的拙逸為齋廬之名，請教闡發意醞；吳澄為之作文以記。〔註170〕

24. 兀林答希靖

即前述兀林答僖之孫，父親名徽，仕至宣武將軍（中官）、管軍上千戶。希靖學歷、仕歷皆不詳，僅知其「兼才學識三長」，當為漢學研習者。〔註171〕

（三）晚期漢學

1. 王大有

即前述王思孝之子，大用之弟。曾仕為江南湖北道肅政廉訪司知事，平江路（江蘇蘇州）總管府推官，六安州（安徽六安）知州（中官）。大有兄弟

〔註167〕參見同恕，〈少中大夫嘉定路總管趙公神道碑銘〉，《全元文》，第 19 冊，頁 387～389。
〔註168〕參見虞集前揭文，〈高莊僖公神道碑〉。
〔註169〕參見戴表元，〈千戶高君行述〉，《全元文》，第 12 冊，頁 417～419。
〔註170〕參見《吳文正集》（《文淵閣四庫全書》），卷 42，頁 13 上～14 上。
〔註171〕參見方回前揭文，〈兀林答碑〉。

都因父親思考注重教育為學之故，得以研習漢學。〔註172〕

2. 王景榆

據《錄鬼簿》所載，稱他為女真完顏氏，曾任鎮江路（江蘇鎮江）同知（高官），說他為人厚重，「工詩嗜學，時人多不及，善樂府」；〔註173〕當為元末詩曲名家。

3. 兀顏思敬

字子敬，生平欠詳。據《佩文齋書畫譜》所載，稱他烏雅思敬，為色目人，居於東平（山東東北），故自號齊東野老，善於書法，精鑑賞。〔註174〕兀顏姓為女真烏延部而來，為金源白號之姓，陳述以為兀顏姓是烏桓族之後。〔註175〕言色目人恐有誤，或色目人早入女真族群中而改姓兀顏？思敬不止為書法藝術家，於文學上有詩作二首，〈題盧賢母卷〉、〈題李伯時三馬圖卷〉，〔註176〕文句平穩寫實。

4. 兀顏思忠

字子中，家世不詳。順帝時任監察御史，再由史書及諸多時人贈詩中得知他曾任都事，後為僉廉訪司事，寶慶路（湖南邵陽）總管，後仕為江南浙西廉訪使（高官）。〔註177〕思忠與時人有詩章來往，自有漢學教養，在家中也

〔註172〕參見黃溍前揭文，〈白馬縣子王府君墓誌銘〉。

〔註173〕參見鐘嗣成前揭書，〈續編〉，頁168。

〔註174〕參見孫岳頒等，《佩文齋書畫譜》（北京市，中國大百科全書出版社，《中國歷代書畫藝術論著叢編》），卷39，頁12上。此據前揭《嘉靖山東通志》。

〔註175〕參見陳述，《金史拾補五種》（北京市，科學出版社，1960），〈金史氏族表〉，頁1、2。

〔註176〕參見《元詩選癸集》，〈癸之辛上〉，頁1222、1223。

〔註177〕參見《至正金陵新志》，卷6，頁64上為南台監察御史，並註為女真人。為都事、僉憲參見朱德潤，〈天明寄辭兀顏子中都事〉、〈答招隱寄兀顏子中都事〉，任御史見〈謝兀顏子忠御史荐啟〉，任簽廉訪司事見〈楚山圖銘為兀顏子中憲僉作〉，俱見《全元文》，第40冊，頁466、469、478、590。任寶慶路總管，見《元史》，卷42，〈順帝紀五〉，至元十二年，秋七月，頁901。任廉訪使，見王逢，《梧溪集》（日本京都市，中文出版社，影印《知不足齋叢書》，1980），卷3，〈寄兀顏子中廉使〉，頁53上，卷4上，〈奉寄兀顏子中廉訪使〉，頁55下。饒芥叔，〈承兀顏子中廉使見寄〉，《元詩選癸集》，下冊，〈癸之辛上〉，頁1175，詩中有「故人來自海東堧」又可見子中係東北女真人。沈夢麟，《花谿集》（《叢書集成續編》），卷3，〈送兀顏子中赴浙西廉使〉，頁9上，可知其廉訪使為江南浙西道廉訪使。

以儒家經典教育子女，〔註178〕同時他也有詩詞作品可見，詩、詞各作有〈雙清秋月〉二首，詞作有〈水調歌頭〉一闋。〔註179〕錄詩詞各一首參看：

> 高城木落見清秋，亭館丹青在上頭。
> 落日遠邀孤鳥沒，蒼山長夾兩江流。
> 東西舟楫通荊楚，咫尺闌干近斗牛。
> 天地茫茫一杯酒，登臨莫問古今愁。

詩句遼闊清爽，有唐詩風氣。詞作氣語相似，但有歸隱之意。

> 白雲渺何許，目斷楚江天。悲風大河南北，跋涉幾山川。手線
> 征衫塵暗，雁足帛書天潤，恨入短長篇。青鏡曉慵看，華髮早盈顛。
> 嘆流光，真逝水，自堪憐。明年屈指半百，勳業愧前賢。霄漢鶩
> 鸞無夢，桑梓歸耕有計，醉且付高眠。寄謝鹿門老，待我共談元。

5. 兀顏綱

字仲常，生平欠詳，於順帝至正元年（1341）任職廬江縣（安徽廬江）尹（低官），政務寬厚得民心，修新文廟，春秋朔望行禮，命士生服唐裝從事，開文雅風氣，可知倡行漢學的作為。羅永登特為此作記，文中說廟學規模可比於大府，但文廟本身反顯卑陋，兀顏公（常）於至正辛巳（元年）年任縣尹，以學校踰於聖廟為不妥，「廟所以妥神靈」，故發動作新廟宇，並捐己俸以助。〔註180〕

6. 溫迪罕完者

家世欠詳，但知他在順帝至元乙亥（元年，1335）任為趙州（河北趙縣）知州（中官），任內「愛士勸學」，倡行漢學之外，又知他「少游太學」是其出身。〔註181〕

〔註178〕參見鄭元祐，《僑吳集》（《元代珍本文集彙刊》），卷4，〈次韻贈完顏子中〉，頁8上、下。詩句有「聖經教子無金垜」之語。

〔註179〕詩作見《元詩選癸集》下冊，〈癸之庚上〉，頁951，題作「兀顏副使師中」，校註文指出即兀顏思忠，淮西副使未詳，思忠官至浙西廉使。詞作見唐圭璋，《全金元詞》（臺北市，洪氏出版社，民國69年）（二）冊，頁848。

〔註180〕參見《康熙廬江縣志》（《稀見中國地方志彙刊》），卷11，〈名宦〉，頁14下；另見《安徽金石略》（《石刻史料新編》），卷6，頁24上。羅永登文見於卷15，〈儒學重建文廟記〉，頁27上至28下，文中作「至正辛巳兀顏常蒞政」，至正辛巳即至正元年，《全元文》校註改為「兀顏公」此固可依常例稱謂，見第56冊，頁209、210。但也有常例稱字號者，兀顏綱字仲常，或漏「仲」字。

〔註181〕參見《嘉靖真定府志》（《四庫全書存目叢書》），卷4，頁30下，卷24，頁35下。

7. 溫迪罕某

家世欠詳。《元曲家考略》據宋濂所作〈寄和右丞溫迪罕詩卷序〉，所言右丞為高官，而溫迪罕公居於汴梁，從學詞章於班惟志（恕齋），久游於淮海之地。元末往西域，因見明朝使者至，而生思鄉念舊之情，於是作詩寄給治書侍御史瑣納兒加，另作唐律詩一章給丞相胡惟庸，胡丞相獻詩於明太祖，太祖惻然有慟，令丞相、御史大夫以下，皆和詩編為卷，命學士宋濂作序。〔註182〕

8. 夾谷瑛

即前述夾谷明安答而之子，自幼受學通經，如前所述，兄弟琦、珩、璋皆受漢學而文采彬彬。瑛仕為忠翊校尉（低官）千戶。

9. 夾谷琦

如上述，仕歷不詳。

10. 夾谷珩

如上述。仕歷不詳。

11. 夾谷璋

如上述，仕歷不詳。

12. 夾谷立

字可與，家世不詳，順帝至正年間曾任為撫州路（江西撫州）知事（低官）。〔註183〕名儒許謙說他是聰明人，「好學篤志，制行潔修，言語有章，威儀彬彬」，並解說其名立、字可與的意義，說「余觀君之以禮律身，以義度物，其幾於能立而進於權者歟」。夾谷立也曾向其師黃仲元請教名字之義，黃仲元為南宋末進士，宋亡後隱居教授，傳程朱之學，黃氏稱「夾谷可與之在門也，度而文，以四書為問」，可知他好儒學的狀況。〔註184〕

〔註182〕參見《元曲家考略》，頁129。宋濂，《文獻集》（《文淵閣四庫全書》），卷6，〈寄和右丞溫德亨詩卷序〉，頁6下～8下。序文作於洪武八年（1375），四庫館臣改溫迪罕姓為溫德亨，擅改遼、金、元北族語譯甚為普遍，此為其弊。

〔註183〕參見虞集，〈撫州路臨汝書院復南湖記〉，《全元文》，第26冊，頁543～545。夾谷立參與書院南湖的復湖規劃，以為風雲歸詠之地。其任知事又可見於黃玠，《弁山小隱吟錄》（《四明叢書》），卷2，〈別夾谷知事可與〉，頁44下，又言其「大雅愔愔古君子」贊譽之。

〔註184〕參見許謙，〈夾谷可與字說〉，《全元文》，第25冊，頁53。黃仲元見其〈夾谷可與字訓〉（註：名立），《全元文》，第8冊，頁322。

13. 斡勒海壽

字允常，又字元常。肅慎望族居於洛陽，宿衛出身。游學於名儒陳旅，任職秘書監典簿，陳旅為他名字作〈字說〉解義。吳師道也曾為他作〈名字贊〉並註言「海壽字元常」。此外，王沂、歐陽玄皆曾為他作過〈字說〉等。〔註185〕海壽在仕歷上較著名的是至正九年（1349）監察御史時，因彈劾受順帝寵信的殿中侍御史哈麻、雪雪兄弟，直聲振中外。後出任陝西廉訪副使、浙東廉訪使（高官）等職。〔註186〕海壽今可見其作文〈奉元路圓通觀音寺記〉，言儒佛如陰陽畫夜，並行而不相悖，述敘陝西奉元圓通觀音寺建寺的經過。〔註187〕

14. 斡勒知禮

肅慎右族，生平欠詳，知其為湖州路（江蘇湖州）儒學教授（低官），且「博雅好禮」。〔註188〕故知禮為漢學研習者。

15. 赤盞存復

女直赤盞氏，字復初。曾祖父仕為寧國路（安徽宣城）總管，祖父仕為平江路（江蘇蘇州）同知，父親為顯官，但不知其詳。存復於順帝至正初時為安平縣（河北安平）主簿，法令清明。他在幼時「從大人、先生究儒者之學」，後學通蒙古字，初仕時任蒙古翰林院書寫、國子監譯史，即是因通漢文、蒙文之故，「雖繫家世，然學問志力豈可誣哉」。〔註189〕存復幼從學於「大人、先生」，當是受過家學及從師教，惜其父親名字、生平不詳，應是通漢學者。

16. 赤盞希曾

肅慎貴族，名不詳。希曾為其字，後出家為道士，讀書作詩，善於琴藝，

〔註185〕參見陳旅，《安雅堂集》，卷13，〈斡勒允常字說〉，頁28上～29上。吳師道見《吳正傳先生文集》（《元代珍本文集彙刊》），卷11，〈斡勒典簿名字贊〉，總頁292。王沂、歐陽玄作〈字說〉，參見王沂，〈沃呼允常字說〉，《全元文》，第60冊，頁108～109。

〔註186〕參見《萬曆紹興府志》（《四庫全書存目叢書》），卷39，頁19上，《元史》，卷42，〈順帝紀五〉，頁886，卷205，〈哈麻傳〉，頁4582。又據陳基，〈崇勳堂記〉，《全元文》，第50冊，頁430、431，言與御史斡勒允常共訪石抹元善之事，此文作於至正七年，故知至九年彈劾哈麻兄弟止，海壽皆任職御史。前此於至元五年曾任秘書監典簿，見王士點，《秘書監志》（浙江古籍出版社，1992），卷9，頁182。

〔註187〕參見《全元文》，第55冊，頁11、12。

〔註188〕參見陳基，〈斡勒氏續祭田記〉，《全元文》，第50冊，頁371、372。

〔註189〕參見張鳴，〈赤盞侯德政碑記〉，《全元文》，第58冊，頁514～516。

畫墨菊有新意，曾作畫四幅贈翰林學士張以寧，以寧答詩云：「昔人畫梅如畫馬，此意豈在驪黃者，希曾墨菊迺似之，是何奇趣幽且雅」，詩末推崇說「希曾豈是平常畫」。〔註190〕據此知希曾漢學又多才藝，即精於詩、樂、畫。

17. 奧屯贏

字彥高，女真遼東右族。高祖名扎魯，於金朝因功封王，曾祖名相溫為金朝都元帥，歸元後不仕。祖父名布魯，仕至澧州路（湖南澧縣）總管、通議大夫（高官），父親名字、生年不詳，恐任職為總管之類高官，因彥高初仕即「蔭授安東州（江蘇漣水）同知」，後仕容城（河北容城），有善政愛民，後遷懷寧（安徽安慶）縣尹（低官）。彥高「雅好讀書，輕財愛士」，是有其漢學教養。〔註191〕

18. 孛朮魯遠

字明（朋）道，為前述孛朮魯翀長子，少年從師於翰林學士虞集，博通諸經，篤承其父家學。文宗時蔭為秘書郎，後轉任襄陽縣（湖北襄樊）尹（低官），死於地方變亂。〔註192〕

19. 烏古孫良楨

字幹卿，號約齋，前述烏古孫澤之子，史稱其「資器絕人，好讀書」，英宗時蔭補為州判官，後為縣尹、監察御史，頗有名聲。順帝時任肅政廉訪副使、中書省參政、同知經筵事，仕至右丞兼大司農（高官）。良楨於政事上多所建言，任副詹事時，輪直「端本堂」，為皇太子講正心誠意、近君子遠小人之道，又曾重定律書修整《至正條格》，有詩文奏議若干；《宋元學案補遺》將他列入「靜修（劉因）續傳」。〔註193〕良楨有文章二篇今可見到，其一是出

〔註190〕參見張以寧，《翠屏集》（《四庫全書珍本》二集），卷1，頁25下、26下。
〔註191〕參見賈彝，〈奧公去思碑〉，《全元文》，第37冊，頁113、114。
〔註192〕參見《元史》，卷183，〈孛朮魯翀傳〉，頁4223，傳中載其字「朋道」，陳旅，《安雅堂集》《元代珍本文集彙刊》，卷7，〈果育亭記〉，載其字亦為「朋道」，見頁13上，《全元文》所收校本亦作「朋道」，見第37冊，頁313。傳中又言遠以父蔭為秘書郎，但據前揭《秘書監志》，卷十，〈題名〉，未見及，頁197～202。孛朮魯遠的漢學參見《嘉靖鄧州志》（《天一閣藏明代方志選刊》），卷16，頁11下，載其字為「明道」，又載於文宗時授「秘書卿郎」，恐有誤，秘書卿為正三品官職，不可能蔭官至正三品，且其後任襄陽縣尹為下縣從七品官職。又可參見《萬曆襄陽府志》（《四庫全書存目叢書》），卷21，頁43下。
〔註193〕參見《元史》，卷187，〈烏古孫良楨傳〉，頁4287～4290。《宋元學案補遺》，

於《元史》，言求賢進講之法，其二為〈請國從禮制疏〉，言綱常禮制自天子至庶人皆應一體遵守。良楨又善書法，據程敏政《篁墩集》所說，良楨號約齋，仕為中書右丞，其書法「流麗在子山、伯機之間」，〔註194〕子山指康里巙，伯機指鮮于樞，二人皆為元代名家，可見良楨書法之精。

20. 劉廷幹

名貞，廷幹為其字，為元初名將劉國傑（國寶）的後人，本為女真烏古倫氏。其弟廷信為詞曲名家，據孫楷第考證廷信與兄長廷幹、父親克誠都有漢學研習。廷幹仕官至浙東廉訪使，江浙參政，為元末高官，後辭官隱居於閩中，自號知止翁。他嗜好經史漢學，曾刊印《逸周書》、《大戴禮》、《呂氏春秋》、《文心雕龍》等書，則廷幹既有漢學又有倡行之功。又廷幹刊書是父親克誠為之校刊而成。〔註195〕因之克誠、廷信都應列之於下。

21. 劉克誠

如上述，曾仕為御史（低官）。參與校刊諸書，有倡行漢學之功。

22. 劉廷（庭）信

初名廷玉，如上述為著名詞曲家。廷信在家雖排行為五，又身長而黑，故有外號黑劉五，酷好填詞。他在武昌時與另一詞曲名家西域人蘭楚方常賡和樂章，時人比之於元稹、白居易故事。今可見作品小令、套數多首。廷信的詞曲有豪放清逸與細賦流麗兩種類型，有時讀來覺得蒼老中帶清新之氣，其內容多述男女之情，文句俚俗而新巧。《太和正音譜》稱他的詞「如摩雲老鶡」，且錄一首〈赴約〉來看：〔註196〕

　　夜深深靜巧，明朗朗月高，小書院無人到。書生今夜且休睡著，

　　　　見卷91，頁45下、46上。作文見《全元文》，第56冊，頁134、135。
〔註194〕參見前揭《佩文齋書畫譜》，卷38，頁9下、10上。
〔註195〕參見《元曲家考略》，頁150、151。劉國傑見於《元史》，卷162，〈劉國傑傳〉，頁3807～3812。傳末載國傑之子脫歡，為湖廣行省平章，此人或為《錄鬼簿續編》中所說「廷信兄廷幹，任湖藩大參」，見頁167。若脫歡即廷幹則與孫楷第考證不同，或為廷信另一兄弟（廷翰？），或史料漏載仕歷。又廷幹晚號「知止翁」係參見王逢，《梧溪集》，卷4上，〈故南堂治書侍御史劉公挽詞〉，註「諱貞，字廷幹，晚號知止齋」。頁10下。
〔註196〕參見李修生、查洪德編，《遼金元文學研究》（北京市，北京出版社，2001），頁471～473。廷信的詞曲收在《金元散曲》下冊，頁1424～1448。詞句格勢參見《太和正音譜》，譜上，頁9上。

有句話低低道。半扇兒窗櫺，不須輕敲，我來時將花樹兒輕搖。你可使記著，便休要忘了，影兒動咱就到。

23 李儼

字若思，姓蒲察氏。泰定二年（1325）為國子生，受學於曹元用、虞集、陳鐸曾等，仕為總管高麗女直漢軍萬戶府儒學正（低官）。順帝至元初卒於家。李儼以醇儒著名於山東，教子嚴謹篤實。〔註197〕

24. 李之英

字允達，為上述李儼次子，元統元年（1333）進士出身，受同知錦州事（低官）。李儼為儒者教諭，教子嚴篤，家中諸子應接受漢學，但除次子之英外，其餘則不詳。〔註198〕

以上就較明確的資料列出元代女真族的漢學情形，初期二十八人，中期二十四人，晚期二十四人。總共七十六人，但尚有其他三十餘人與漢學有關，但族屬及時間不夠明確，以姓氏而言應都是女真族人。由於金代時有女真姓氏賜予漢族之人，陳述列出的有完顏、夾谷、溫敦、兀林答、禾速嘉、烏古論、女奚烈、顏盞、必蘭、溫撒、蒲察，其中賜蒲察姓者為移剌官奴，原姓即契丹北族之姓，其餘皆為漢族所受賜姓，多者四、六人，通常僅一、二人。賜完顏姓者較多，共二十七人，然其中有五人本為契丹耶律氏。雖然海陵帝時曾下詔賜姓者皆恢復本姓，但宣宗貞祐南渡後又開始有賜姓例格。〔註199〕如此可見賜姓多在金代中晚期以後漸行，故而有女真姓氏未必確為女真之族，除非資料中明言為女真族屬，否則仍難確定。同樣的情形是女真人及其他北族之人改易為漢姓，若未指出原為北族之屬，就無法因漢姓來定為漢族。金元時期改易漢姓的女真族屬有四十二姓，改用的漢族姓氏有五十九姓之多；〔註200〕以姓氏來決定族屬並非易事。元代時這種情形也有，其詳尚未能知，但漢族改姓契丹、女真者除非是頂著先世以來的姓氏，否則應不至於此時去改姓。關於元代賜姓，如前所述，即元朝廷應無必要賜女真、契丹族姓給予漢族。以下將疑是女真族的漢學列出，作為參考。先列出女真族但時間不詳者。

〔註197〕參見蕭啟慶，〈元統元年進士錄校注〉，《食貨雜誌》，第13卷，第3、4期，頁155，註183、184條。
〔註198〕參見同前註。
〔註199〕參見前揭《金史拾補五種》，〈金賜姓表〉，卷1、卷2，頁179～185。
〔註200〕參見前註，〈女真漢姓考〉，頁156～178。

25. 王　　忠

字善道，本為完顏氏。窮究經書，修身律己，盡孝聞名，受官府旌表，擢為學官，任邰水州（陝西邰陽）（低官）教授。〔註201〕

26. 粘合文卿

生平不詳，據周密言其為「北人」，應是女真族，他論述南北名琴，應有漢學教養。〔註202〕

27. 劉若水

字澹齋，女直人，善書法作文。〔註203〕

28. 劉　　墺

即上述若水之子，能作篆書。〔註204〕

（四）推測為女真族之漢學者

1. 完顏貞

生平欠詳。世祖至元末，任為御史，力贊曲阜孔廟添置設備，成宗時按察於會稽，以興學為己任，使學官報於省府，並與郡守協力創建「和靖書院」。〔註205〕完顏貞後為浙東憲僉，又於浙江嵊縣創建「二戴書院」，完成廟學建制，是中期漢學倡行者。

2. 完顏拜都

生平欠詳。於成宗時為海南、湖廣御史（低官），與程鉅夫結識友善。拜都築室堂名「靚淵」，並與鉅夫相談胸懷，鉅夫特作〈靚淵堂記〉。〔註206〕

〔註201〕參見《弘治重修三原志》（《四庫全書存目叢書》），卷5，〈孝行〉，頁18下。另見《嘉靖耀州志》（《天一閣藏明代方志選刊》），卷7，頁18下。
〔註202〕參見周密，《雲煙過眼錄》（臺北市，學生書局影印本），卷下，〈南北名琴〉，頁34下。周密為南宋末元初人，則粘合文卿恐為元初時人。
〔註203〕參見《書史會要》，卷7，頁17下。
〔註204〕參見同前註。
〔註205〕曲阜孔廟禮樂，見李淦，〈闕里廟祭器記〉，《全元文》，第22冊，頁363、364。「和靖書院」參見戴表元，〈和靖書院記〉，《全元文》，第12冊，頁273～285。嵊縣廟學見宇文公諒，〈二戴書院記〉，《全元文》，第39冊，頁209。又載表元作〈美化書院記〉，文中言廉訪僉事完顏公創建「美化書院」於縉雲（浙江縉雲），並書匾額，又書「美化堂」，恐此完顏公即完顏貞，參見《全元文》，第12冊，頁285、286。
〔註206〕參見《全元文》，第16冊，頁251、252。

3. 完顏瑄

生平欠詳。知其父名禿薛，為中山府監，於世祖時任無極縣（河北無極）尹（低官），到任時首拜宣聖文廟，見殿宇設施不備，慨然有規復之志，於是興工庀材，崇殿基、創講堂、建門牆等，使士民有堂可登、有書可讀，有革風易俗之功。〔註207〕

4. 完顏鐸

字振之，生平欠詳，由隆興路（興和路，河北張北）同知除為富州（江西豐城或為廣西富寧）尹（中官），優於治理，「改築公廳、作新文廟，皆不煩民」。〔註208〕是漢學倡行者。

5. 完顏從塘

生平欠詳，成宗時為曲沃縣（山西曲沃）尹（低官），銳意完葺廟學，親董其役，有興學治理之功。〔註209〕

6. 完顏謙

生平欠詳，世祖至元末時任知縣，仁宗時為承直郎（中官）、海北廣東道肅政廉訪使司經歷，於延祐七年（1320）代祀南海王為監祭官，作〈代祀南海王記〉一文，列為中期漢學研習者。〔註210〕

7. 完顏璹

生平欠詳。於至元五年（1268）為永新州（江西永新）知州（中官），關心民瘼，政化大行，又「修葺學宮，作新士類」，「學校多所激勵」，離職時士庶皆不忍其去。〔註211〕

8. 完顏納丹

生平欠詳。英宗時任樞密副使，參與累朝格例修編，仁宗時曾任資善大夫（高官）、江浙行省左丞，作有〈鄞縣普恩寺碑記〉一文，宜為中期漢學研習者。〔註212〕

〔註207〕參見趙琦，〈文廟四至記〉，《全元文》，第19冊，頁610、611。
〔註208〕參見《萬曆南昌府志》（《中國方志叢書》），卷15，頁49下。
〔註209〕參見董九德，〈重修文廟記〉、〈新修文廟碑記〉，《全元文》，第35冊，頁112、113。
〔註210〕參見《全元文》，第37冊，頁7、8。
〔註211〕參見《嘉靖江西通志》（《四庫全書存目叢書》），卷25，〈吉安府〉，頁50下。
〔註212〕完顏納丹參與累朝格例編修，見《元史》，卷28，〈英宗紀二〉，頁628，此當

9. 完顏璧

生平欠詳。約在元中期任德平縣（山東德平）儒學教諭，作有〈重修龍泉院記〉一文，為漢學研習者。〔註213〕

10. 完顏貞吉

生平欠詳。後至元六年（1340），任為奉訓大夫（中官）、懷慶路孟州（河南孟縣）知州，作有〈重修岱嶽廟記〉，為晚期漢學研習者。〔註214〕

11. 完顏沂

生平不詳。元初時為御史（低官），隱士甘泳（東溪子）有詩作〈與危見心同和完顏御史沂聯步踏月韻〉，危見心即宋遺民危復之，《元史》列入〈隱逸傳〉中，二人和詩，足見完顏沂應有漢學教養。〔註215〕

12. 完顏東皋

生平欠詳。仕為湖南廉訪使（高官），有詩作二首，〈蘇山〉、〈郴江〉。〔註216〕其〈蘇山〉詩如下：

> 圖畫天開馬嶺山，仙家白鹿洞中看。
>
> 泠泠瑞露春生樹，冉冉香雲晝繞壇。
>
> 橘井有泉通玉液，桃源無路問金丹。
>
> 他年擬卜烟霞計，祇恐幽人矢解鞍。

詩句清新幽雅，有退隱之感。〈郴江〉江水在湖南郴州，想必是任官湖南憲使時作，故有「荊楚東南地，郴陽據上游」，「我來廉問俗，烟雨漲中洲」之句。

13. 完顏子忠

又名顏性忠，薩都剌（天賜）有詩寄贈，〔註217〕說他「表表堂閣姿，豈

為《大元通制》的修纂。作文參見《全元文》，第39冊，頁259～261。

〔註213〕參見《全元文》，第39冊，頁483、484。

〔註214〕參見《全元文》，第54冊，頁55～57。另見《民國孟縣志》（《中國方志叢書》），卷5，頁38下，言完顏貞吉為「重修嶽雲富碑書人」。

〔註215〕詩見於《元詩選》三集，頁78。危復之見《元史》，卷199，頁4479。

〔註216〕詩見於《元詩選癸集》，上冊，〈癸之丁〉，頁413、414。

〔註217〕參見《薩天賜詩集》（《四部叢刊初編》），前集，〈寄鉛山別駕完顏子忠〉，頁18上、下。但另明抄本《雁門集》（臺北市，學生書局，民國59年），卷2，作〈寄鉛山別駕顏性忠〉，見頁49。完顏改易漢姓有顏姓，當為省稱，故完顏子忠漢姓顏，名惟忠，字子忠；但也有可能性忠為其字。

久州郡間」，當是指其學識人品堪為臺閣清望之職，當時應為元代中晚期，子忠仕為鉛山州（江西鉛山）別駕，別駕為州府佐官，或是無職事的低階官吏。

14. 完顏某

名不詳、生平欠詳，知其於元代初、中期任經歷官（低官），張伯淳有〈次韻完顏經歷〉詩，知為漢學研習者。〔註218〕

15. 夾谷元素

生平欠詳。世祖末成宗初曾任齊東縣（山東濱州南部，河南之地）縣學教諭，為紀念縣學創建，請李謙作〈記〉。〔註219〕元素任教於縣學應有漢學教養。

16. 夾谷希顏

生平不詳，據《書史會要》載其書法藝術：「小篆清勁有法」。〔註220〕

17. 夾谷企徹

生平欠詳。據《濟南金石志》載有元末至正十二年（1352）〈杜候興學記碑〉條，作者為「儒學提舉夾谷企徹」，該文見於《嘉靖長山縣志》，及《全元文》，署名「企徹」，當即夾谷企徹，又於文中知其任河南行省儒學提舉（中官）。〔註221〕為儒學官又能為廟學興建作文，自應有相當漢學程度。

18. 夾谷雪兒哈禿

生平欠詳。英宗至治元年（1321）為蘭谿州（浙江蘭溪）知州（中官），據《萬曆蘭谿縣志》載雪兒哈禿於至治初任知州；重加增拓州學，並註引吳師道〈新學記〉所說，當雪兒哈禿離職時又贈詩以送。〔註222〕雪兒哈禿為漢

〔註218〕參見《元詩選》二集上冊，頁 320。經歷官有從七品、從五品者，但不詳完顏某為何種機構的經歷。

〔註219〕參見李謙，〈始建學宮記〉，《全元文》，第 9 冊，頁 87、88。文作於成宗大德十年（1306）。

〔註220〕參見卷末〈補遺〉，頁 462。

〔註221〕參見《濟南金石志》（《石刻史料新編》），卷 3，〈金石三〉，「長山石」，頁 62上。《嘉靖長山縣志》（《中國方志叢書》），卷 13，〈記〉，頁 14 下～16 上。《全元文》，第 38 冊，頁 663～665。

〔註222〕參見《萬曆蘭谿縣志》（海口市，海南出版社，《故宮珍本叢刊・浙江府州縣志》，2001），卷 2，「知州」，頁 5 上，卷 3，〈官政類〉下，「學校」，頁 1 上、下。另見《萬曆金華府志》（《四庫全書存目叢刊》），卷 12，頁 13 下。吳師道文見《全元文》，第 34 冊，頁 265、266。詩見《吳正傳先生文集》，卷 7，

學研習兼倡行者。

19. 蒲察企仁

生平欠詳。於世祖至元年間任修武縣（河南修武）尹（低官），以治教理民，見學宮傾頹，慨然以風化為己任，與僚屬共捐俸資，修建廡門、學舍等，為漢學倡行者。〔註223〕

20. 富蔡仲敏

富蔡氏即女真蒲察氏。元代中期楊剛中曾為之作〈字辭〉，二人有所交往。而後因文卷遭火焚，仲敏要求剛中之子翩由遺稿中再書，並作〈題富蔡仲敏字辭後〉，推斷仲敏當有漢學研習。〔註224〕

21. 蒲察景道

生平不詳。今可見詩作一首，詩句委婉而宏潤，詩名〈題德風新亭〉：
〔註225〕

> 雄構危亭跨古墉，輦飛輪奐接蒼空。
> 高明地位神仙府，豁達軒窗刺史胸。
> 翠戶曉開晴嶂碧，朱簾暮捲落霞紅。
> 吹噓不啻封疆內，會聽臺章達九重。

22. 蒲察善長

生平不詳。今可見所作詞曲套數〈新水令〉，〔註226〕描述男女相思之情，將女性的孤獨閨怨寫得鮮明不藏，今錄一段〈川撥棹〉調：

> 不由我淚盈盈，聽長空孤雁聲。我與你暫出門庭，聽我丁寧，
> 自別情人。雁兒，我其實捱不過衾寒枕冷，相思病積漸成。

23. 徒單政

生平欠詳。他於順帝至正年間由翰林院編修官調穀城縣（湖北穀城）令（低官），治理有聲望，興利除害，輕徭省刑，於公暇以經史課教群吏及民間

總頁147，〈送夾谷知州〉。
〔註223〕參見李惟深，〈修武縣學重修記〉，《全元文》，第19冊，頁661、662。
〔註224〕參見《全元文》，第60冊，頁464、465。文錄自文淵閣四庫本，楊翩，《配玉齋類稿》，故四庫館臣將蒲察氏作富蔡氏。
〔註225〕參見《元詩選癸集》，上冊，〈癸之己上〉，頁822、823。
〔註226〕參見《金元散曲》，下冊，頁1114、1115。

俊秀之士，免其庸調，使群士知向學。〔註227〕是可知徒單政通漢學且倡行之。

24. 徒單邲

即上述政之子。於至正年間蔭補為穀城令，「興學勸農，不改父政，民樂從之」。〔註228〕同其父為研習、倡行漢學者。

25. 徒單提舉

名字及生平皆不詳。世祖時李思衍有〈次韻徒單提舉〉詩，提舉當是其人官稱，但提舉官職甚多，不詳為何職（暫列為中官）。應具漢學教養。〔註229〕

26. 紇石烈延年

字九齡，成宗大德年間任平原縣（山東平原）尹（低官），增建儒學，勸勉諸生講學，製禮器，勸課鄉村子弟力農並教以忠信孝悌。恭惠寬和、勤政愛民，聲聞省臺，縣民修碑紀念之。〔註230〕

27. 奧屯茂

生平欠詳。世祖時任曹州（山東荷澤）尹（中官），見學宮講堂卑陋，倡同僚友出俸金擴建，命講堂名為「崇化」。〔註231〕重視教學設施，以崇教化，為漢學倡行者。

28. 奧屯明安達兒

生平欠詳，於英宗至治二年（1322）任萊州（山東掖縣）蒙古字教授（低官），當時州監同僚重修大成孔廟，修畢完工，由儒學教授李偓撰紀念文，而書寫此文的即是明安達兒，故知其有漢學研習並能書法。〔註232〕

29. 唐括子舉

生平欠詳。居家於遼東，「好學自修，安於先訓」，築有「遺安堂」，似有

〔註227〕參見《萬曆襄陽府志》（《四庫全書存目叢書》），卷37，〈名宦〉，頁35下。
　　　　文中載徒單政「自翰林出令穀城」，未言翰林何職？穀城屬下縣，縣令為從七品職，翰林兼國史院中「編修官」為正八品（檢閱、典籍官同），調縣令較為恰當。翰林品秩見《元史》，卷87，〈百官志三〉，頁2190。
〔註228〕參見同前註《府志》。
〔註229〕參見《元詩選》，二集，上冊，頁179、180。
〔註230〕參見王構，〈平原縣尹紇石烈君新政碑〉，《全元文》，第13冊，頁143、144。
　　　　另見《乾隆平原縣志》（《中國方志叢書》），卷6，〈職官〉，頁26上。
〔註231〕參見吳衍，〈州學崇化堂記〉，《全元文》，第24冊，頁188、189。
〔註232〕參見李偓，〈重修大成廟記〉，《全元文》，第46冊，頁198、199。

效東漢末管寧（幼安）於遼東之意，程鉅夫為之寫〈記後〉文。〔註233〕

30. 粘合正卿

生平不詳。李庭有〈送宣課粘合正卿北上〉詩二首，〔註234〕詩句中有「文武衣冠舊世家」，應為女真世族，但不知與粘合重山家族是否有關？又不知與粘合文卿是否為兄弟？在詩末有註文「以正卿新請教子，故有是作」，是延請李庭教子，同時詩末句言「未歸頻讀送行詩」，這些應可說明正卿有漢學研習。

31. 僕散祖英

生平欠詳，世祖時曾任隴右河西道、陝西四川道提刑按察使，階嘉議大夫（高官），分別為〈陝西學校儒生頌德之碑〉、〈崇靈廟記〉二碑記書寫碑文，當為儒學研習並善書法者。〔註235〕

32. 完顏某

生平欠詳。於順帝至元五年（1339）任永新州（江西永新）知州（中官），關注民瘼，以廟學久壞不修無以新民教化，於是倡修整理。〔註236〕

以上時間不詳的女真漢學有四人，推測女真族漢學者有三十二人。雖然以女真姓氏為推斷並不完全準確，但如前文所述，在元代漢族似乎不必要改用、冒用女真姓氏。相反地，女真族倒有不少改用漢族姓氏，除前文中所列舉出的漢姓女真族人外，陳述在〈女真漢姓考〉中已列出甚多，不再贅述。若將推斷為女真的漢學加上前此列出的女真族人，總共一百一十二人。綜合而言，女真族的漢學在元代初期為三十七人，中期為三十六，晚期三十人，時間不詳者九人；而三期的分佈大體頗為平均。

四、結　語

元代契丹、女真族的漢學情形概如上述，原則上以具體實據為主，但所取較從寬認定。計契丹人有五十七人可知，女真可知者有一百一十二人，

〔註233〕參見程鉅夫，〈跋唐括子舉遺安堂記後〉，《全元文》，第16冊，頁190。文中言「思德公之言，讀翰林之記」，「德公子孫如何」等，德公似為子舉之父，而子舉又似曾任翰林院之職，且寫有〈記〉文，一時難以考察。管寧之事，見《三國志》，卷11，《魏書・管寧傳》，頁354。

〔註234〕參見前揭《寓庵集》，卷2，頁15上。

〔註235〕參見《金石萃篇未刻篇》（《石刻史料新編》），頁「天十四」、「天卅二」。

〔註236〕參見《全元文》，第39冊，馮翼翁，〈修永新州學記〉，頁143、144。

大約女真人的漢學數量上是契丹人的一倍左右，似乎可以看出女真人是較契丹人來得「漢化」些。現在再以表格方式將相關情形列出，以便有簡明的面貌。

表一：契丹女真族漢學者仕宦出身表

名目\族屬	蔭襲	荐辟	學校	宿衛	降附	科舉	軍功	不詳	總數
契丹	12 21.1%	1 1.8%	7 12.3%	3 5.3%	4 7%	0	0	30 52.6%	57 100%
女真	6 5.4%	10 8.9%	3 2.7%	5 4.5%	2 1.8%	3 2.7%	0	83 74.1%	112 100%

在上表中佔最多者為「不詳」，其中包括未仕者及婦女在內，但大多數為資料未記載其出仕的出身，故而都列入情形不詳。就契丹族而言有出身記載的以蔭襲居多，其次為學校出身入仕，降附的全是在元初時期而授官。就女真族而言，以荐辟（吏進）入仕者居多，其次為蔭襲、宿衛任官。以元代入仕的特色來看，蔭襲、荐辟、宿衛三者較為普遍，至於佔去超過一半比率的未詳者，大多數仍有仕宦的資料，只是未記明其出身，推測這些人應多出於此三種途徑。

漢學者仕宦的情形有未仕或不詳之外，其餘多有仕宦資料，而其家世也有同樣情形，取前一代父輩作觀察，但在元初時，仕宦在金朝者不列入，而列為不詳，若再仕為元朝者，仍以入元仕宦為準。漢學者本人的仕宦以見記載時官職（散官階與職官階）為準。

表二：契丹族漢學者及其家世仕宦表

名目\階	家世（前一代）	本人仕宦
高	25 43.9%(1)	21 36.8%(1)
中	6 10.5%(2)	8 14%(4)
低	0 0	11 19.3(3)
未仕	1 1.8%(3)	5 8.8%(5)

未詳	25 43.9%(1)	12 21.1%(2)
總計	57 100%	57 100%

（表內數字，前為人數，次為百分比，再次為排序。下表同）

表三：女真族漢學者及其家世仕宦表

階　名目	家世（前一代）	本人仕宦
高	15 13.4%(2)	29 25.9%(2)
中	6 5.4%(4)	19 17%(4)
低	11 9.8%(3)	37 33%(1)
未仕	4 3.6%(5)	6 5.4%(5)
未詳	76 67.9%(1)	21 18.8%(3)
總計	112 100%	112 100%

　　上表中在家世方面，契丹人前一代以仕高官者及未詳者相同，共佔去近九成左右，其次為中階官。女真人則未詳者太多，佔接近七成左右，其次為高官，比例只佔一成三多，再次為低官、中官。設若將未詳者不計，契丹、女真的上一代仍以居高官者稍多，似乎家世官高者較有機會影響漢學的研習，是較有利的因素。在漢學者本人的仕宦情形，契丹族以居高官者最多，佔三分之一餘，其次為未詳者，再次為低官、中官等，女真族以低官為多，佔三分之一左右，其次為高官、未詳者、中官；未出仕者在契丹、女真族都甚少而居於最末。由於未詳者佔的比率頗高，在家世中居首位，本人居於前二、三名，對於仕宦方面的統計有相當大的影響，因此對〈表二〉、〈表三〉的觀察產生的結果就頗有不準確性。但同樣地若不計未詳者，契丹、女真族漢學者本人的仕宦，仕至高官者仍有不可忽略的地位，都居於首、次的比率。是否可說明漢學的研習，多少有助於仕宦的前途？

　　在漢學的表現或內容上，分別再列出〈漢學人次表〉。由於漢學表現或有

多種，如博學多才者既能通經、長於文學，又有書畫藝術，恐非一端可以繫，故而以人次來計。又有漢學研習者若明確記載專長在於文學，則列入文學（集部），若不明確言專長者，則列入研習。又若為研習者，又有具體倡行漢學的表現，則同時並列入研習與倡行二欄內，在漢學的成果作品也括弧（作）列入其數。

表四：契丹漢學人次表

種類	研習	倡行	專長（作品）						總計
			經	史	子	集	藝	技	
數量 百分比	38 52.8%	11 15.3%	5 6.9%	0	0	13 18.1% （作 12） 57.1%	3 4.2 （作 1） 4.8%	2 2.8% （作 10） 47.69%	72 100% （作 21） 100%

表五：女真漢學人次表

種類	研習	倡行	專長（作品）						總計
			經	史	子	集	藝	技	
數量 百分比	64 45.1%	29 20.4%	8 5.6% （作 2） 8.3%	2 1.4%	1 0.7%	25 17.6% （作 21） 87.5%	11 7.8% （作 3） 12.5%	2 1.4%	142 100% （作 24） 100%

　　由〈表四〉、〈表五〉中得知契丹、女真族漢學情形都以研習居首位，佔了過半數或近半數之多，倡行漢學居於第二或第三位，與專長的差距不大。在專長表現上，都以集部文學為最多。契丹族專長表現類別較少，除文學外，則為經學、技術與藝術，佔的比例頗少。[註237] 女真族在漢學各類都可看到，除文學外，以藝術與經學較多些。在整體比率上，契丹與女真族文學及其作品以女真族為盛，差距達一倍，經學上女真族尚略勝些許，藝術上仍是女真人較多。至於研習的比例特別高是未見強調其專長之故。

〔註237〕契丹的技術類有二人次，作品也有十種，實際上人數亦僅有二人，一為耶律楚材，一為其子耶律鑄。楚材博學，著作曆書類五種，術數類四種，參見雒竹筠，《元史藝文志輯本》（北京市，燕山出版社，1999），頁 230、235。耶律鑄曾製作〈大成樂〉，故列入技術類。

　　元朝契丹、女真族的漢學不如他們各自建立的遼、金二朝，在數量上大約不及其三分之二，〔註238〕其原因應是在二朝以其族群為主體，資料上也較多其本身的紀錄，故而易於得知相關的資料。在元代二族群都列入漢人，並無特殊地位，也不如蒙古、色目人佔有統治主體的情形，相較之下，資料即顯得不如，更不如過去自身曾建立的朝代。

　　契丹族在元代的漢學最著名者應是耶律楚材家族，家世出自皇族東丹王之裔，而在契丹皇族中，東丹王是最早也最著名的漢化家族。這個漢化傳統延續三百餘年至元代不衰，在近古北族的漢化與漢學上是極特殊的例子。楚材以下的耶律鑄、耶律有尚二代子孫都是元代有代表性的漢學者，尤其是有尚，承程朱理學學脈，並繼其師許衡教學，傳揚義理，殊為難得。石抹繼祖家族為契丹述律后族之裔，繼祖通經而旁涉天文、地理、術數等，為少見的博學之士，他出自元初開國名臣石抹也先，家族中有數人皆為漢學者，如其父親良輔、祖父庫祿滿、子宜孫等，是可見有家族傳統的色彩。契丹族的藝術家在元代以蕭鵬博較著，是金代名儒、書法家王庭筠之甥，受教影響，博學多能，文學之外長於書畫，屬漢學藝術家。

　　女真族在元代的漢學方面，家族的連續性例子較多，如王庭玉、淳、可道三代皆可見到漢學，又如兀林答僖、徽、希靖三代，其他有奧屯世英、貞、金剛奴三代，烏古孫義、澤、良禎三代，夾谷之奇、梁二代，王鐸、世美二代，孛朮魯翀、遠二代，王思孝、大用及大有二代等等。漢學中專於經學的儒者名家如烏古孫澤、良禎父子，孛朮魯翀、遠父子，而澤、翀二人還致力於教學以養育人才。澤的科學技術特長少見，翀曾參與修史、禮制，與耶律有尚同為國學名師，又有文學、藝術之長。良禎也優於文學、藝術，都是博學多才之士。同樣類似的情形在夾谷之奇、紇石烈希元身上也可看到，如希元精通《易》、《春秋》，並通禮學，與孛朮魯翀同為太常禮學專家，又有專著《周易集傳》，雖未能見，但甚為難得。之奇受學於朱子遺緒，立朱子書院講學規制，而長於文學。夾谷安仁長於《語》、《孟》儒學。徒單公履為金末經義進士出身，才高而善議論，與名儒王磐前後講學於衛輝，培育不少高才名士。奧屯希魯（周卿）、蒲察李五（李直夫）、劉廷信皆為元代名曲家，文學史上率多必言及他們。赤盞希曾、張孔孫，二人皆多才藝，琴樂詩書無不精擅。

─────────────────────

〔註238〕參見前揭拙作各篇。

在漢學的著作上而言，以集部的文學佔最多，契丹族有十二種，女真族有二十一種，都佔漢學人次的一成半左右，並不顯著。著作幾乎都是散見的詩文、詞曲之類，而成冊為集的僅得見耶律楚材、鑄、希亮，石抹繼祖、石抹宜孫、紇石烈通甫、孛朮魯翀、烏谷孫澤的八種；但繼祖及宜孫、通甫、澤的集子今無法見到。紇石烈希元的《易傳》，孛朮魯翀的《集禮》是僅能知的經部著作，但可惜今天也都無法見到。藝術類的作品數量甚少，仍是無由見及。較特別的耶律楚材，他本是博學多才之士，四部之學都能精通，而旁及天文、曆法等，故而在技術類作品十種，他即作有九種之多，加上參與政治而推展漢法，無怪乎成為元代獨享大名之士；其家族的漢學也能延續而頗為顯著。

第七篇　元代唐兀人的漢學

一、引　言

　　元代時的唐兀人是泛指西夏國人，也稱之為河西、河申。西夏國是由羌系的党項族所建立，國內還包括有西北的一些少數民族、漢族等。党項政權的建立是由唐代所封都督、節度使等而來，因晚唐至五代的時局紛亂，逐漸發展為西北地方的政權。當時受唐朝賜姓李氏，以定難軍節度使為號，領有夏（陝西靖邊縣）、銀（陝西米脂縣）、綏（陝西綏德縣）、宥（陝西靖邊縣東）、靜（陝西米脂縣北）五州之地。到宋朝時又攻下甘州（甘肅張掖市）、涼州（甘肅武威市）、肅州（甘肅酒泉），統轄至瓜（甘肅安西縣）、沙（甘肅敦煌市）二州，控有河西走廊，並將統治中心移往興州（寧夏銀川市）。又同時並受遼、宋二國的冊封為西夏國王，儼然形成北、南、西三國鼎立之局。當遼與北宋相繼亡於女真的金朝，又形成與金、南宋鼎立之局。直到蒙古興起，屢次受到蒙軍攻擊，終於元太祖二十二年（1227）滅亡。

　　唐兀人或西夏及党項族的歷史與發展，在與之相關各朝的史書中幾乎都有專傳記載，一般通論的西夏史論著也易得見，此處不擬贅述，〔註1〕西夏國的領土，在宋仁宗時有十四州之地，另將其他五處鎮堡改為州，兵馬近四十

〔註 1〕自《北史》、《隋書》、兩《唐書》、《宋史》、《遼史》、《金史》諸史書皆有專傳記載。西夏歷史較早的如林旅芝，《西夏史》（臺北市，鼎文書局，民國 68 年），吳天墀，《西夏史稿》（成都市，四川人民出版社，1980 年），皆足以參看。唐兀人或唐兀的名稱，參見札奇斯欽，〈說元史中的唐古──唐兀惕〉，收入《蒙古史論叢》（臺北市，學海出版社，民國 69 年），下冊，頁 737～751。

萬之眾。〔註2〕由於西夏國境及政區設置時有所變更，總估其境土有「方二萬餘里」，設州郡二十二。〔註3〕大體以河南地為重心，往西延伸至河西走廊及河湟地區，往北入內蒙古地區。西夏除農牧並宜有農牧文明之外，又地近漢、藏而通西域，故而易受遊牧、漢族、吐蕃、西域等文化影響，形成多種文化的交融而又有其獨特性。關於西夏文化的論述頗多，但並非本文的主旨；本文在於探討西夏入元朝後，唐兀人的漢學情形。

　　元代的多元民族與多元文化頗為複雜，尤以族屬常因資料不明而難以考察，錢大昕所作《元史氏族表》，列唐兀二十五族，〔註4〕而後《新元史》、《蒙兀兒史記》，皆作〈氏族表〉，略有增刪。〔註5〕大體已有基礎可查在元朝列入色目族群中唐兀人的人物。湯開建以上述三者不夠完備，作〈元代西夏人物表〉，補正增收達三百三十一人，〔註6〕是目前蒐集元代唐兀人最多的資料，對本文的查閱頗有所幫助。史金波《西夏文化》書中有〈元朝党項人與儒學〉，列出十餘人，大體與陳垣《元西域人華化考》所舉人物相近。〔註7〕一般論及西夏史或民族史書當中，或言及元代西夏遺民時，多採取上述史、陳二氏論述的方式，以例舉人物來言說，而所舉人物也都類同，故不再贅述。至於個別人物相關的漢學討論，將於本文中涉及時提出。

二、西夏國的漢學基礎

　　《宋史》載西夏「設官之制，多與宋同。朝賀之儀，雜用唐、宋，而樂之器與曲則唐也。」說西夏的禮樂制度是近於唐、宋，無疑受漢文化影響，

〔註2〕參見李燾，《續資治通鑑長編》（北京市，中華書局，2004年），卷120，〈仁宗景祐四年〉，頁2845。

〔註3〕參見《宋史》（北京市，中華書局，以下所引史書皆此本），卷486，〈外國傳二〉，頁14028。

〔註4〕參見錢大昕，《元史氏族表》（北京市，中華書局，《二十五史補編》，1998年）第六冊。

〔註5〕參見柯劭忞，《新元史》（臺北市，藝文印書館，《二十五史》），卷29，〈氏族表下〉，頁24下～25上。屠寄，《蒙兀兒史記》（臺北市，鼎文書局，民國79年），卷154，〈表第四之三〉，「色目氏族上」，頁34下～47下。

〔註6〕參見湯開建，〈西夏人物表〉，《甘肅民族研究》，1986年第1期。後又增訂新作〈增訂元代西夏人物表〉，《暨南史學》，第2輯，2003年，頁195～215。

〔註7〕參見史金波，《西夏文化》（長春市，吉林教育出版社，1986年），頁127～131。陳垣，《元西域人華化考》（臺北市，九思出版社，《元史研究》，民國66年），所列人物多在卷四，〈文學篇〉中。

又說：

> 乾順（崇宗）建國學，設弟子員三百，立養賢務；仁孝（仁宗）
> 增至三千，尊孔子為帝，設科取士，又置學官，自為訓導。觀其陳
> 經立紀，《傳》曰：「不有君子，其能國乎？」〔註8〕

意指西夏的崇儒術、立漢學，經由中期崇宗、仁宗二時期的大力提倡，有以成為君子之國，其時大約是宋哲宗至宋光宗之間的百年餘時期；百年的崇尚漢學，其成果應可推知。在《金史》中的記載是從金初的夏國王崇宗乾順開始，敘述金、夏間的關係，直到金亡為止。對於西夏受漢文化影響類同於《宋史》所論，但強調五代之際，禮樂制度毀盡，又說：

> 唐節度使有鼓吹，故夏國聲樂清屬頓挫，猶有鼓吹之遺音焉。
> 然能崇尚儒術，尊孔子以帝號，其文章辭命有可觀者。〔註9〕

因西夏先世曾為唐朝節度使，有鼓吹之樂，由於五代興替紛亂，禮樂毀亡，反而在西北邊區的西夏猶能留存唐代鼓吹之樂，似乎有「禮失，求諸於野」的意味，即正統大唐文化的鼓吹樂在西夏可得其遺音。西夏樂在元代列入「國樂」之中，起於太祖時唐兀人高智耀的建言而「徵用西夏舊樂」，〔註10〕這個「舊樂」當是西夏朝廷的「國樂」，基本上應是依主要的鼓吹樂而來。在元代中央朝廷的官署中有掌樂工、供奉、祭饗職事的「儀鳳司」，其下有「天樂署」（昭和署），是管領「河西樂人」，相應的有管領回回樂人的「常和署」，及管領漢樂的「安和署」等。〔註11〕可知回回、西夏等色目族群的音樂及漢樂都有專屬機構管理，自應是朝廷「國樂」的組成部分。又在世祖時，以帝師巴思八所言，於大明殿御座上設白傘蓋，名之為「鎮伏邪魔護安國剎」，每年舉行祓邪迎福的佛事，儀鳳司掌的漢人、回回、河西三色細樂即參與此大典。〔註12〕上述所舉例証說明西夏制度官方樂曲等，其主體本來自早期唐代節度使中的鼓吹樂，到元代引進為朝廷的「國樂」中。至於西夏樂曲另有其民族音樂，是否也融入其國樂制度之中，則非筆者所能知，無法討論；但推測應該有所融入。

　　《宋史》、《金史》都強調西夏尊孔子為帝，但其事載於《宋史》，於紹興

〔註8〕見同註3，《宋史》。

〔註9〕見《金史》，卷134，〈外國傳上〉，頁2877。

〔註10〕見《元史》，卷68，〈禮樂二〉，頁1691。

〔註11〕見《元史》，卷85，〈百官一〉，頁2138、2139。

〔註12〕參見《元史》，卷77，〈祭祀六〉，頁1926。

十六年（1146），西夏為仁宗人慶三年，並令州郡立廟祭祀，「殿廷宏敞，并如帝制」。〔註13〕孔子封諡為文宣王始於唐制，歷宋、元至明、清不改，而封諡為最高的帝，則僅見於西夏，極為特殊，足見西夏尊孔崇儒之心，故而宋、金二朝史都特別記載此事。雖然西夏的儒學及漢文化推廣也曾歷經挫折與排斥，但整體上而言，除去西域、吐蕃等文化影響外，儒學或漢學影響極大，成為西夏社會與文化的主導思想。〔註14〕

西夏國的漢學較明顯表現在漢籍與教育方面，頗多的四部漢籍（包括西夏文譯書）為研習的基礎，又有制度的各級學校與科舉為選舉之法，在論西夏的文化或儒學中都必然述及。〔註15〕然則西夏的儒學與漢文化並非建政立國後新生創始，此前仍有淵源可溯，即尊孔崇儒有所來自，是為其遂行儒學政策的基礎。廣義上而言，西夏戎羌之地，至少自漢晉以來即已與漢文化接觸。至西晉永嘉之亂，中原文化轉而保存於西北涼州之地，迨北魏取得涼州，河西文化又入於魏，影響北魏及其後北齊典章制度。此則為陳寅恪所論隋唐制度淵源的魏齊之源，所謂河隴秦涼諸州所來的文化淵源。〔註16〕陳氏指出當漢末中原紛亂，以家學替代學校的淪廢，學術中心轉移於家族，而西晉五胡擾攘，中原陷於戰亂，河西張氏前涼之地尚稱治安，本土世家學術得以保存，外來避禍學者也得就往傳學，河隴文化學術能以形成其地區文化，所保存中原文化也較多。隴右晉秦之地因介於雍涼之間，除受中原長安文化外，又以接河西的治安局面，同樣能保存學術於亂世。故河隴西北之地，上續漢、魏、西晉學風，下開（北）魏、（北）齊、隋、唐制度；承先啟後，五百年間綿延一脈。

〔註13〕參見前揭《宋史》，〈外國傳二〉，頁 14025，夏仁宗令州郡立廟，祭如帝制，又可參見戴錫章，《西夏紀》（銀川市，寧夏人民出版社，1988 年），卷二十四，頁 572。

〔註14〕關於西夏儒學並非本文範圍，但略有相關。參見前揭史金波書，第三章部份，另見史金波，《西夏社會》（上海市，世紀書版集團，2007 年），第十章，第二節。西夏受多種外來文化影響，參見張雲，〈略論外來文化對西夏的影響〉，《寧夏大學學報社會科學版》，1990 年第 3 期，頁 90～97。

〔註15〕參見前述各註中相關論著。筆者曾作〈西夏的漢籍與漢學教育〉一文（未刊），以《俄藏黑水城文獻》（上海市，上海古籍出版社，1966 至 2000 年）作為分析，除佛經居多之外，四部古籍皆有。漢學教育則為官學各級學校設置，以研習漢學並配合科舉為主。

〔註16〕參見陳寅恪，《隋唐制度淵源略論稿》（臺北市，台灣商務印書館，民國 55 年），頁 1、2，詳論見頁 18～40。

陳寅恪所論頗為詳盡，此種看法在元初馬端臨已粗具提綱式的觀點：

> 河西在漢本匈奴休屠王所居，（漢）武帝始取其地，置郡縣。
> 自東漢以來，民物富庶，與中州不殊。竇融、張軌乘時多難，保
> 有其地。融值光武中興，亟歸版圖，而軌遂割據累世。其後又有
> 呂光、禿髮、沮渠之徒，迭據其土，小者稱王，大者僭號。蓋其
> 地勢險僻，可以自保於一隅；貨賄殷富，可以無求於中土。故五
> 涼相繼，雖夷夏不同，而其所以為國者，經制文物俱能倣效中華，
> 與五胡角立。中州人士之避難流徙者，多往依之，蓋其風土可樂
> 如此。〔註17〕

馬氏指出河西所行為中華文化，中原人士避難而將學術文化帶往該地。但
他又指出自唐代安史之亂後，河西淪於吐蕃，使中華衣冠淪為左衽，故而
說「自夷變夏，始於漢」，而「自夏復變為夷始於唐」，且僿荒數百年；對
西夏似無視於其文化的發展。實際上，早年移居河西的士族，應已土著化，
家學未廢，仍有所承傳，故元初時，「太宗訪求河西故家子孫之賢者」，〔註
18〕即為一例。河隴文化基礎當安史亂後的情形並不明顯，晚唐至五代時似
未「自夏變夷」，而留存為西夏政權贊治之用，並為後來崇儒興學時的重要
源頭。〔註19〕

三、元代唐兀人的漢學

唐兀人雖是蒙元時期對西夏國人的泛稱，但西夏國的族群複雜，概括來
說即蕃漢綜合體，漢人早在河西地帶有生聚之民，漢姓固然是簡易區別的指
標，但仍不可靠，如西夏王室即可姓李、姓趙，皆需以資料根據來判別；同
樣地，蕃姓也未必定是番族之人。不過改漢姓的蕃族遠多於改蕃姓的漢族，
此為漢族傳統不輕易改其姓氏之故。以下所列唐兀人的漢學，主要是指西夏
國的北族為主，其中或許有少數早期入夏國的漢族；仍分三期論述。

〔註17〕見馬端臨，《文獻通考》（杭州市，浙江古籍出版社，1988 年），卷 322，〈輿
　　　　地八〉，「古雍州」，頁 2537。

〔註18〕見《元史》，卷 125，〈高智耀傳〉，頁 3072。

〔註19〕關於西夏與河隴文化關係，參見李蔚，〈略論西夏文化與河隴文化的關係〉，
　　　　收於《西夏史研究》（銀川市，寧夏人民出版社，1989 年），頁 115～122。唐
　　　　代在西夏地區治理以漢文化以及西夏的漢文化採用，參見顧吉辰，〈孔子思想
　　　　在西夏〉，《史學集刊》（吉林大學），1991 年，第 4 期，頁 32～37。

（一）初期漢學

1. 李　禎

字幹臣，西夏國族後人。當金末時曾以經童中選，投蒙古為質子，因文學得選為宿衛；元太宗賜名玉出干必闍赤，是文書詔令之職。他曾從蒙古伐金，任軍前行省左右司郎中，建言尋訪天下儒士以優養。定宗末時任為襄陽軍馬萬戶（高官），從憲宗攻宋，卒於合州。〔註20〕李禎除漢學研習外，又有倡行之功，在《宋元學案補遺》列他入〈魯齋學案〉中。〔註21〕

2. 李世安

字彥豪，又名散木觷。祖父李惟忠，仕至益都淄萊軍民都達魯花赤。父親李恆，仕至中書左丞（高官）；家世顯赫。世祖時，安世從父親征戰有功，襲萬戶職，父喪後起復為僉江西等處行省、參行中書省。成宗時為湖廣行省左丞，武宗時為平章政事，仁宗時為江西等處行省平章政事（高官）。世安少年時即「務學友士，誦習經史，希古聖賢」，平生澹泊，無所嗜欲，但著重於延名師以訓誨子孫，勸人為善，「勉士宦以忠貞，勉子弟以孝友」，可稱為儒將名臣。〔註22〕

3. 阿里鮮

家世欠詳，知其為河西人，任職元太祖時的宣差（高官）。宣差為可汗親派的節使或地方首長，即後來泛稱的達魯花赤。〔註23〕阿里鮮為河西唐兀人，是在長春真人邱處機與成吉思汗面見於中亞時，他擔任談論中的翻譯，由此知其頗具漢學程度。後來護同邱處機返回燕京，又奉命往山東詔撫人民等。〔註24〕

〔註20〕參見《元史》，卷124，〈李禎傳〉，頁3051。

〔註21〕參見王梓材、馮雲濠，《宋元學案補遺》（臺北市，國防研究院，中華大典編印會，《四明叢書》，民國55年），第五集，第七冊，卷90，頁60下。

〔註22〕李世安生平等見吳澄，《吳文正集》（臺北市，台灣商務印書館，《文淵閣四庫全書》），卷85，〈元故榮祿大夫江西等處行中書省平章政事李公墓誌銘〉，頁7下～15上。李世安家族及文化參見張沛之，《元代色目人家族及其文化傾向研究》（天津市，天津古籍出版社，2007年），頁141～193，文中有頗詳的敘述。

〔註23〕關於宣差及達魯花赤，參見姚從吾，〈舊元史中達魯花赤初期本義為「宣差」說〉，收於氏著《姚從吾先生全集》，第五冊，（臺北市，正中書局，民國70年），頁427～453。札奇斯欽，〈說元史中的達魯花赤〉，收於氏著《蒙古史論叢》，上冊（臺北市，學海出版社，民國69年），頁465～632。

〔註24〕阿里鮮事蹟出於《長春真人西遊記》（王國維注本，臺北市，正中書局，民國

4. 唐兀閭馬

世居於賀蘭山，父親名唐兀台，元初以軍功為千戶所彈壓（低官）。閭馬從父親於軍中，簽往山東河北蒙古軍萬戶府，後遷為侍衛親軍（低官），屢得功賞。閭馬雖在軍中，但「好學向義」，勤於耕稼，「常厚禮學師以教子孫」，又有助援鄉親義舉等事，並購屋設學，初奠基礎，知其為漢學研習並倡行者。〔註25〕其家族後人即濮陽唐兀氏，或稱楊氏。

5. 速哥察兒

河西著族，父親名哈石，受太祖賜號霸都兒，仕歷欠詳。速哥察兒少從軍行伍，定宗時選為宿衛，憲宗時從征，以功任為澧州（河北澧縣）達魯花赤（中官）。後無意仕進，於世祖時退居當地蔡陽山下，「治生教子」，當有漢學教養。〔註26〕

6. 師　某

名不詳，寧夏人，從父親徙居河南濮陽。師某生平不喜浮靡，慎厚尚義，「崇重儒術，教子諄切」，終身不出惡言，鄉里人稱他為「德人」，〔註27〕當為漢學研習者。師氏子孫多受漢學，其中以師克恭最著（詳後）。

7. 朵兒赤

字明道，西夏寧州人。父親名斡札簀，世家主西夏國史，後降於太祖，任為中興路管民官（總管、高官）。世祖時朵兒赤襲父親官職，以政績陞為潼川府尹（四川三台），後官至雲南廉訪使（高官）。史稱朵兒赤十五歲時即「通古注《論語》、《孟子》、《尚書》」，因而得以受世祖召見，當時即有「西夏子弟多俊逸」之說，以朵兒赤而言，是最好的例證。〔註28〕

51 年），卷上，頁 13 下，卷 6 下、9 上、14 下、15 上等，王國維於卷上，頁 13 下，對阿里鮮有所注解並考證。另見前揭姚從吾文，頁 436。

〔註25〕參見楊（唐兀）崇喜，《述善集》（焦進文、楊富學，《元代西夏遺民文獻述善集校注》，蘭州市，甘肅人民出版社，2001 年），頁 49、137。關於《述善集》唐兀家世及西夏遺民等，可參看何廣博編，《述善集研究論集》（蘭州市，甘肅人民出版社，2001 年）。

〔註26〕參見吳澄，《吳文正集》，卷 66，〈元故澧州達魯花赤贈中議大夫河中府上騎都尉追封魏郡伯墓碑〉，頁 8 下～11 上。文中稱「遠」哥察兒，當為「速」之誤。參見《正統大名府志》（中國書店，《稀見中國地方志彙刊》），卷 5，頁 727 上。

〔註27〕參見柳貫，〈師氏先塋碑銘〉并序，收於李修生主編《全元文》（南京市，江蘇古籍出版社，2002 年），第 25 冊，頁 384～386。

〔註28〕參見《元史》，卷 134，〈朵兒赤傳〉，頁 3254、3255。又見《嘉靖慶陽府志》

8. 劉 容

字仲寬，先世是西寧青海人。高祖名阿華，為西夏國王尚食官。父親名海川，西夏亡國時，徙遷至雲京。世祖時劉容以國師推荐為太子宿衛，專掌庫藏，他幼時穎悟，稍長即喜讀書，可能受家教養成。他任職太子東宮時，「每退直，即詣國子祭酒許衡」，從學於名儒。曾奉旨出使江西，不受餽贈，僅載書籍歸獻於皇太子。後任職為秘書監（卿），仕至廣平路（河北永平）總管（高官）。〔註29〕劉容本好讀書，又從許衡遊，應有相當漢學程度。

9. 昔里鈐部

又名益立山、（小）李鈐部，河西世家。父親名答加沙，為西夏國「必吉」（宰相），出為肅州鈐部（總兵馬官），由於家世「七世相夏國」，先世當為西夏高官。鈐部於元太祖時降，後從征西域，以功為千戶，再任為斷事官。定宗時曾任燕京大斷事官（也客札魯火赤），憲宗時任大名路（河北大名）達魯花赤（高官），世祖時以疾卒於家。〔註30〕鈐部少負氣節，通曉儒、釋之學及音律，任職於大名路時，見廟學傾頹，以為風化所繫而新修完治。〔註31〕鈐部不僅有漢學研習又為倡行者。

10. 小鈐部

即上述昔里鈐部之子，曾任大名路達魯花赤（高官），可能是蔭襲父職。憲宗「壬子年（1252），葉可（也客）斷事官小李鈐部其子小鈐部來蒞府事」，請於朝廷，修飾廟學，創建兩廡，繪七十二賢圖像於壁，〔註32〕有倡行漢學之功。

（《稀見中國地方志彙刊》），卷14，〈鄉賢〉，頁9上、下。

〔註29〕參見《元史》，卷134，〈劉容傳〉，頁3259、3260。所任職秘書監，設於至元十年，武宗至大四年改為卿，劉容任職時為至元二十四年，參見王士點、高企翁，《秘書監志》（杭州市，浙江古籍出版社，高榮盛點校本，1992年），卷9，頁165。

〔註30〕參見《元史》，卷122，〈昔里鈐部傳〉，頁3011、3012。另參見王惲，《秋澗集》（臺北市，台灣商務印書館，《文淵閣四庫全書》），卷51，〈大元故大名路宣差李公神道碑銘〉，頁6下～12下。程鉅夫，《程雪樓文集》（臺北市，國立中央圖書館，《元代珍本文集彙刊》，民國59年），卷25，〈魏國公先世述〉，頁16下～18下。姚燧，《牧庵集》（臺北市，台灣商務印書館，《四部叢刊》），卷17，〈資德大夫雲南行中書省右丞贈秉忠執德威遠功臣開府儀同三司太師上柱國魏國公諡忠節李公神道碑〉，頁181下～184上。昔里鈐部的先世族屬及家世等，參見張沛之前揭書，頁88～140。

〔註31〕參見前註，王惲，〈神道碑〉，頁9下。

〔註32〕參見《正統大名府志》，卷8，李謙，〈大名路重修廟學記〉，頁781上、下。

11. 李昌祚

字天錫，族出於沙陀，稱後唐雁門之裔，即沙陀李克用族屬後人。家世為潞州（山西長治）著姓，祖父名禋，仕為金朝進義校尉，父親名執（長卿），曾參加科考不利，以節義聞名。昌祚七歲時能作詩，十歲舉經童，元初時以配銀符為潞州招撫使（中官），頗有惠政。〔註33〕昌祚或受家學而天資聰慧，為漢學研習者。

12. 李　唐

字仲卿，即上述昌祚之子。李唐「博學多藝，於國朝語尤習」，未冠即從軍，憲宗時以才能補為行省吏，受興元行省夾谷龍古帶（忙兀帶）知遇，授萬戶府知事。世祖時歷任知事、經歷、四川行省掾、夔州路總管府經歷（低官）。李唐任職四川行省時，即「結廬教子孫，樹藝以居」，在夔州路時，興作廟學，率師生奠祀講學，風化俗變。成宗初退官而居，平日「杜門端居，獨以經史自遣」，每有所得，寫作成篇，名為《客窗敗衲》，生活風格高曠。〔註34〕李唐研習並倡習漢學於此可見。

13. 黑　斯

名不詳，小字黑斯，遂以字行。至元四年（1267）由內史府諮議出任保定路總管（高官），任內扶弱抑強，勸農興學，有倡行漢學之功。〔註35〕

此次修建廟學事或與昔里鈐部修廟學為同事，但據前揭程鉅夫文，言昔里鈐部於定宗時任大斷事官於燕京，「又以大名隸御前，俾兼大名路達魯花赤」，憲宗時「頒虎符，往蒞大名，遇（過？）至燕，則行也客（大）札魯火赤事」，李謙文中說「葉可斷事官」即指大斷事官，則當時昔里鈐部似在燕京任舊職，而大名路達魯花赤即其子小鈐部「來蒞府事」。王惲前揭文中所述昔里鈐部在大名路的修建廟學，或為其任大斷事官兼大名路時所為。今暫分為父、子二人各自倡行漢學之事蹟。

〔註33〕 參見《元史》，卷 175，〈李孟傳〉，頁 4084。倡李昌祚較詳的身世及其漢學，見劉敏中，《中菴集》（臺北市，台灣商務印書館，《四庫珍本》二集），卷 16，〈敕賜推忠保德佐運功臣太傅開府儀同三司上柱國韓國公諡忠獻李公神道碑〉，頁 4 下～10 上。另參見黃溍，《金華黃先生文集》（《四部叢刊》），卷 23，〈元故翰林學士承旨中書平章政事贈舊學同德翊戴輔治功臣太保儀同三司上柱國追封魏國公諡文忠李公行狀〉，頁 225 上～227 下。《元史》中載昌祚「授金符、潞州宣撫使」，則官階為高官，但黃溍文中稱潞州「招撫使」，又言「配銀符、使潞州」，劉敏中文與黃溍文相同，《元史》當有誤，又《元史》言昌祚父執「金末舉進士」，但劉、黃二文皆作「不第」、「不利」，則《元史》恐又有誤。

〔註34〕 參見前註劉敏中文。

〔註35〕 參見《光緒畿輔通志》（上海市，上海古籍，《續修四庫全書》），卷 28，表 13，

（二）中期漢學

1. 哈剌哈孫

即前述速哥察兒之子。速哥察兒退居黎陽山下時，居家治生教子，哈剌哈孫或即從學於父親所教，故能「讀儒書、通文法」。成宗時授為承事郎、江西行省左右司都事，仁宗後任同知江州路（江西九江）總管府事，泰定帝時以中議大夫、漢陽府（湖北漢陽）知府致仕（中官）。〔註36〕為漢學研習者。

2. 李萬奴

昔禮家族第四代子孫，即前述昔里鈐部之孫，小鈐部之子。曾任宿衛，世祖至元時任大名路達魯花赤（高官），繼續擴建廟學，「嗣承先志，樂於為善，可謂能率前功者也」，得以完成教養士子的任務，〔註37〕有功於倡行漢學，為祖孫三代戮力廟學的盛事。

3. 李教化

昔里鈐部之孫，愛魯之子，又譯作「嘉琿」。「孝友英發，樂問學、有蘊藉」，曾任大名路達魯花赤，江浙行省平章（高官），成宗死時襄助武宗即位而任中書省平章，進位平章軍國重事，後受江南行臺彈劾貪財而罷。〔註38〕教化受漢學教養，功高官顯，但好貨貪財，殊為可惜。

4. 李蘭奚

又名勃，字天廣，昔里家族玉里只吉住支系，為第五代子孫。祖父小李玉，於太宗時鎮守西土。父親乞哈答，世祖時授昭勇大將軍，後歷任路達魯花赤（高官）。李蘭奚由宿衛出身於武宗，仁宗時任河南行省理問官（中官），後所除各官職，皆不行而居於家中。李蘭奚幼從鄉先生學，「讀經務通大義，銳然立志，以躬行為本」，其學識在於好讀《通鑑》，能評古今事。又從方外高士戴蒙菴游，恐受影響而無意仕宦，加之在短暫出仕的經驗中，頗無意於官場。他學顏平原書法，留意醫藥，曾作秘方，嘉惠於人。又好菊藝，故以

〈職官四〉，頁118上，卷186，〈宦蹟四〉，頁641。《萬曆增修保定府志》（《稀見中國地方志彙刊》，卷30，頁22上。
〔註36〕參見吳澄前揭文，《吳文正集》，卷66，〈魏郡伯墓碑〉。
〔註37〕參見李謙前揭文。王惲前揭〈李公神道碑〉稱萬奴為「中朝侍從官」，應是宿衛（怯薛）身份。
〔註38〕參見王惲前揭文。

「菊心」為號。是漢學研習，文人雅士生活而多才藝者。〔註39〕

5. 師克恭

字敬之，又名朵列禿，前述師某之子。成宗時任南臺御史，仁宗時由兵部侍郎遷平江路（江蘇蘇州）總管，泰定帝時為江西廉訪使（高官）。克恭任職平江路時修飾廟學館舍，塑繪聖賢像，以倡行廟學為責任。〔註40〕

6. 楊朵兒只

河西寧夏人，祖父名失剌，父親名失剌唐兀台，先為世祖宿衛，後為真金太子東宮宿衛，但未出任外朝官。朵兒只幼孤，與兄教化分別受隆福太后（察必皇后）派往仁宗、武宗府邸為侍從。朵兒只即為後來仁宗的宿衛，參與迎立武宗繼位之事，任東宮（仁宗）家令丞之職。仁宗繼位任為禮部尚書，因與仁宗的淵源關係極受親信，為官正直敢言，官至御史中丞、平章政事（高官）。英宗未繼皇位時，答已太后所寵信的權臣鐵木迭兒，乘機以太后詔令殺害朵兒只及平章蕭拜住。朵兒只兄弟的漢學情形欠詳，但史載仁宗與朵兒只討論與《貞觀政要》之事，應可知君臣二人都有漢學的研習。〔註41〕

7. 楊不花

即上述朵兒只之子。幼有才氣，「好讀書、善畫」。當仁宗時曾力辭翰林直學士之職，後逢家難，「益自勵節為學」，英宗時蔭補為武備司提點，轉任僉河東廉訪使司事。文宗時任通政院判（中官），但未及上任，死於陝西叛軍

〔註39〕參見歐陽玄，〈元禮儀院判昔李公墓銘〉，收於《正德大名府志》（《天一閣藏明代方志選刊》），卷10，頁40下～45上。又據黃溍，《金華黃先生文集》，卷10，頁98上，〈德清縣學祭器記〉，有縣達魯花赤同名為字蘭奚，為「河西右族」，似名為同一人，但據歐陽玄所記，昔里字蘭奚僅短時間出仕，應非同一人。

〔註40〕參見《洪武蘇州府志》（臺北市，成文出版社，《中國方志叢書》），卷26，頁21下～22下。《正德姑蘇志》（上海書店，《天一閣藏明代方志選刊續編》），卷40，〈宦蹟四〉，頁18上～19上。《至正金陵新志》（中國地志學會，《宋元地方志叢書》），卷6，頁53上，載朵烈禿於成宗大德七年（1303）任南臺御史，家世詳情參見柳貫前揭文，〈師氏先塋碑銘〉，平江路修廟學事見楊載，〈平江路重修儒學記〉，《全元文》，第25冊，頁573、574。

〔註41〕參見虞集，《道園學古錄》（臺北市，台灣商務印書館，《國學基本叢書》），卷16，〈御史中丞楊襄愍公神道碑〉，頁269～273，卷42，〈正議大夫江南湖北道肅政廉訪使特贈宣忠效力翊戴功臣大司徒金紫光祿大夫上柱國夏國公諡襄敏楊公神道碑〉，頁713～716。另見《元史》，卷179，〈楊朵兒只傳〉，頁4151～4155。所載係據上述二神道碑而來。

亂事。不花除有相當漢學水準外，也具有畫藝之才。〔註42〕

8. 唐兀達海

即前述唐兀閭馬的長子，閭馬居家時延師教子，故達海應受過漢學教育。達海蔭襲父親百夫長之職（低官），贈官階忠顯校尉，故又稱他為唐兀忠顯。閭馬當年曾有意於鄉里購屋興學，初奠基礎，但未完成。達海有意於父志擴建興學，仍是未完全實現其理想而卒。達海興學約在泰定帝時間，晚年在順帝至正五年（1341）時創立「龍祠鄉社義約」，斟酌古禮，以禮義聚會鄉社，期能美化風俗，與一般宋元以來鄉約義社近似；興學、鄉約都是倡行漢學事業。〔註43〕閭馬有五男一女，若其延師教子，則子女都應有漢學教養，但惜無具體資料可言，僅第三子閭兒可知。

9. 楊閭兒

即上述達海之弟，閭馬第三子。其漢學或受於家庭教師，僅知他是「天資明敏，性體純粹，儒吏兼優」，保荐為左翊蒙古侍衛親軍令史，但以父母年高，不願遠離，未就任吏職。〔註44〕

10. 楊按札爾不花

家世欠詳，於仁宗延祐年間為行臺御史，曾彈劾權臣鐵木迭兒，後屢任肅政廉訪使，在任內「力農桑、修學政、勵風俗、教戒家」。仕至宣政院使，改陝西行臺治書侍御史（高官）。楊氏掌憲司而致力於倡行漢學。〔註45〕

11. 達實帖木兒

家世欠詳，於文宗大曆年間為南樂縣（河北南樂）達魯花赤，後官至刑部侍郎（中官）。〔註46〕蒞官有善政，具漢學教養而工於詩。《元詩選》錄有〈岐山八景〉詩二首，今舉其〈五丈秋風〉詩如下：〔註47〕

〔註42〕參見前揭〈楊朵兒只傳〉附傳，頁 4155、4156。
〔註43〕參見前揭《述善集》，〈龍祠鄉社義約〉，頁 23，〈自序〉，頁 49、50。達海官階忠顯校尉為從六品中階官，但係因其子崇喜之故而贈封，故不計入其仕官，仍以襲父職左翊蒙古侍衛親軍百夫長為準，參見頁 139，〈大元贈敦武校尉軍民萬戶府百夫長唐兀公碑銘并序〉，此文中也述及〈義約〉之事。
〔註44〕參見前註〈唐兀公碑銘并序〉，頁 141。
〔註45〕參見許有壬，《至正集》（《文淵閣四庫全書》），卷31，〈宣政使楊公行實序〉，頁 5 上～7 上。彈劾鐵木迭兒事，見前揭《新元史》，卷196，頁 12 上。
〔註46〕參見前揭《正德大名府志》，卷6，頁 17 下。
〔註47〕見顧嗣立、席世臣，《元詩選癸集》（北京市，中華書局，2001 年），上冊，〈癸

八陣圖荒認萇痕，當年蜀將駐三軍。

出師不遂中原志，老樹寒煙鎖暮雲。

詩句以蜀漢諸葛亮駐軍五丈原，身死軍中，壯志未酬，為抒感懷古之詠。

12. 李 屺

字伯瞻，號熙怡，又名薛（徹）徹干，前述李世安之子。世安延師教子，其五子應都受過漢學教育。李屺於泰定帝時翰林直學士，順帝初仕至兵部侍郎（中官）。〔註48〕對於李屺的漢學，吳澄有極精簡說法：「伯瞻博儒術，精國語，又工晉人書法」。〔註49〕知道他通博漢學、能蒙古語文，有晉人風格書藝。許有壬又稱他能繪畫「一香圖」（水仙？），並作詞題其畫。〔註50〕伯瞻作有詞曲傳世，《太平樂府》收錄七首小令及殘曲不全者一首。〔註51〕今錄一首參看：

到閑中，閑中何必問窮通？杜鵑啼破南柯夢，往事成空。對青
山酒一鐘，琴三年，此樂和誰共？清風伴我，我伴清風。

詞句洒脫暢快，詞意自適瀟洒，澹泊名利。其他數首曲作，都是同樣胸懷，如「田園成趣知閑貴，今是前非」，「浮生待足何時足，早賦歸歟」，「青山邀我怪來遲」，「無何鄉裏好潛身」等。

13. 安 住

父親名阿闊（贊），由吏員出身，仕為奉訓大夫、中衛千戶所知事（低官）。安住自幼讀書，不愛俗好，少年游太學，訪問求賢，受太學名師教導，學問淵博，泰定元年（1324）進士及第，任為內黃縣（河南內黃）達魯花赤（低官），以教養為務，召縣中子弟為學官弟子員，免除徭役，又舉義行，表彰孝弟，立宣聖加號碑等。安住本身即好學而為進士，又於地方教育養士，倡行漢學。此外，於任內政平訟理，民安物阜，百姓為之立碑。〔註52〕

之丁〉，頁 401。

〔註48〕參見吳澄前揭文〈李公墓誌銘〉，另參見孫楷第，《元曲家考略》（臺北市，文史哲出版社，民國 78 年），頁 94～98，對李屺家世及其本人有頗詳細的考證。

〔註49〕見《吳文正集》，卷 61，〈跋李伯瞻字〉，頁 3 下。

〔註50〕參見《至正集》（《文淵閣四庫全書》），卷 80，〈玉燭新〉，頁 7 上。

〔註51〕見於隋樹森，《全元散曲》（北京市，中華書局，1989 年），下冊，頁 1290、1291。

〔註52〕參見楚惟善，〈內黃縣達魯花赤安住去思碑〉，《全元文》，第 31 冊，頁 140、141。另參見《正統大名府志》（《稀見中國地方志彙刊》），卷 5，頁 16 上。

14. 吉　泰

　　字祐之，家世不詳。虞集記吉泰說：「祐之，西夏之後也。西夏之學，明於佛理，致吉之道亦多術哉。祐之從仕憲府，乃獨於吾《易》有取焉，此善於處泰者也」。〔註53〕可知吉泰有漢學研習；又「從仕憲府」，當是任職於廉訪司，似為低階官吏。

15. 劉完澤

　　字完甫，西夏亡，徙居張掖，元初為安西王宿衛，後入為唐兀衛。武宗時任南臺御史，仁宗時移西臺，泰定帝時入中台，仕至廉訪副使（中官）。辭官後居家教子，奠定子弟漢學基礎，則他本人當有漢學研習，故虞集說其子弟「世家宿衛舊臣，有家學」。〔註54〕

16. 立智理威

　　烏密氏，元初開國名將察罕的後人，父親名阿波古，為西域諸王阿魯忽的怯薛長（高官）。立智理威為裕宗（真金太子）的東宮必闍赤出身，主典文書。後於世祖時曾任刑部尚書，因得罪權臣桑哥，出為江東道宣慰使。成宗時任四川行省參政，武宗時任湖廣行省右丞（高官）。他在江東時，於所治州郡新修學校，謹於教育，拔俊秀之士而用之，都是倡行漢學之舉。〔註55〕有二子，買納、韓嘉納（見後）。

（三）晚期漢學

1. 星　吉

　　字吉甫。曾祖朵吉，祖父搠思吉朵而只，父親搠思吉，三世任為太祖、憲宗、世祖的怯里馬赤（譯史，低官），都具有言語材藝。武宗時星吉襲繼為譯史，通漢語文及諸國語，任為仁宗潛邸宿衛，英宗時出為中尚監丞、右侍儀同修起居注，泰定帝時為監察御史，文宗時為江南行臺治書侍御史，順帝時為大都路總管府監，後任宣徽院使、湖廣行省平章、江南行臺御史

〔註53〕見虞集，〈吉泰祐之字說〉，《全元文》，第26冊，頁417、418。以虞集生平多在元代中期時，故列吉泰於中期漢學。

〔註54〕參見虞集，〈彭城郡侯劉公神道碑〉，〈江西監憲劉公去思碑〉，《全元文》，第27冊，頁318～322，頁257～260。

〔註55〕參見虞集《道園類藁》（臺北市，新文豐出版社，《元人文集珍本叢刊》），卷42，〈立只理威忠惠公神道碑〉，頁25下～35下。《元史》，卷120，〈察罕傳附〉，頁2958～2960。

大夫，江西行省平章（高官）。時元末亂事已起，星吉力戰拒敵，傷重而死。星吉為譯史世家，又參與修起居注，能讀閱秦檜傳記，故知有漢學教養。〔註56〕

2. 福　壽

家世不詳。史稱他「幼俊茂，知讀書，尤善應對」，知有漢學研習。由宿衛為長寧寺少卿，出為饒州路（江西饒州）達魯花赤，後任為監察御史、戶部尚書、同知樞密院事、淮南行省平章等職。元末戰亂，福壽於至正十六年（1356）戰死於江南行臺御史大夫（高官）任內。〔註57〕

3. 六　十

字子約，家世欠詳。六十為國子生出身，順帝時歷任濠州（安徽蚌埠）同知，浦城（福建浦城）縣監、南陽（河南南陽）府同知、監察御史等，至正年間為平江路（江蘇蘇州）達魯花赤（高官）。在南陽府時，六十即致力於延師興學，到平江路時仍以養士興學為己任，增加學子名額，聘名師教考，中試者可補為吏員，又增飾學宮、儲學糧等。他平日又教誨府衙屬吏修身理人，以經史為教材，言教、身教不倦，激勵士子生員。六十於為官涖政本經義而參酌章程，忠貞廉恕，是由於他「學淳識正，性尚寬和」的才性，極得時人的讚譽。〔註58〕

4. 哈　剌

家世不詳。知於順帝元統三年（1335）為南臺監察御史，至正九年（1349）時為信州路（江西上饒）達魯花赤（高官），任內事上馭下皆依中禮法，且尊尚儒雅，為漢學研習者。〔註59〕

〔註56〕參見宋濂，《文憲集》（《文淵閣四庫全書》），卷18，〈元贈開府儀同三司上柱國錄軍國重事江西等處行中書省丞相追封咸寧王謚忠肅新濟公神道碑〉，頁26上～36下。「新濟」即星吉，另參見《元史》，卷144，〈星吉傳〉，頁3438～3440，即據神道碑改寫而成。

〔註57〕參見《元史》，卷144，〈福壽傳〉，頁3441、3442。另參見宋訥於明初時所作〈敕建元衛國忠肅公祠記〉，《全元文》，第50冊，頁102～104。

〔註58〕參見陳基，《夷白齋稾》（臺北市，台灣商務印書館，《四部叢刊廣編》），卷12，〈平江路達魯花赤西夏六十公紀績碑頌〉，頁1上～4下。另參見吳炳，〈南陽縣新建廟學記〉，《全元文》，第46冊，頁493～495。

〔註59〕參見《至正金陵新志》，卷6，〈官守志〉，頁61下。《嘉靖江西通志》（濟南市，齊魯書社，《四庫存目叢書》，1996），卷11，頁28下。

5. 吉　祥

字文卿，家世欠詳，順帝時曾於茶陵州（湖南茶陵）任職，退居於洛陽，築有「知還亭」，取陶淵明高蹈賦歸之意。陳基於至正七年（1347）為他作〈知還亭記〉，文中說吉祥「浩然賦歸，左右琴書，沾沾自適」，〔註60〕是儒士文人優雅生活的寫照。

6. 田　廓

家世欠詳，順帝至元五年（1339）任職昌平縣（屬北京市）達魯花赤（低官），到任後即「課能講學，興利除害」。而後率僚佐祭孔廟，巡歷廟學，見有缺壞不完，於是捐俸規度並興工完繕，頗有功於倡行漢學。〔註61〕

7. 伯　顏

字魯卿，曾祖名刺真，祖父名禿弄歹，父親名赫閭。為元統元年進士，授官成都路同知崇慶州事（四川崇慶）。〔註62〕順帝至正元年（1341）為忠州（廣西上思西北）達魯花赤（中官），任內整修文廟，使合於制度，又招收英才，擇師教育生員，致力於倡行漢學。〔註63〕

8. 墬　儸

又作墬仙，字若思，家世欠詳。順帝時由長慶寺蒙古譯史轉任柘城縣（河南柘城）主簿（低官），精勤於本職，縣賴以治。由於柘城素來崇尚儒學，墬儸又立社學，擇師教育地方子弟，使文風益振。〔註64〕

9. 買　住

字從道，曾祖名業母，為縣達魯花赤，祖父名唐兀歹，父親名□哈答兒，為縣達魯花赤（低官）。買住為元統元年進士，授官保定路同知安州（河北安州）事，〔註65〕調松陽縣（浙江松陽）達魯花赤（低官），於學校尤為加意，整頓學田，加惠學子。賓禮才俊之士，每月必會教官、學生講論經史，立先

〔註60〕見陳基，《夷白齋槀》，〈外集〉，頁39下、40上。

〔註61〕參見李溶，〈重修儒學記〉，《全元文》，第58冊，頁242。

〔註62〕參見蕭啟慶，〈元統元年進士錄校注〉（上），《食貨月刊》，第13卷，1、2期（民國72年），頁75、76。

〔註63〕參見賈元，〈重修父廟繪像置田記〉，《全元文》，第58冊，頁275～277。

〔註64〕參見《嘉靖柘城縣志》，卷5，頁1下、4下，卷9，頁10。另見奴都赤，〈墬儸德政碑記〉，《全元文》，第54冊，頁118、119。

〔註65〕參見蕭啟慶前揭〈進士錄〉，頁75。

賢祠，祀敬周敦頤至朱熹等六子，使士生知理學道統。平日時而集會公堂，「賦詩詠歌，終日忘倦」，公退閒暇時則涵泳於典籍。〔註 66〕除個人喜好讀書外，又興學養士，率先講論學術，立理學學脈，日常生活倡導以文學歌詩為尚，買住很有文儒士大夫的本性，也是治績清明的良吏。在《元詩選》中收有他的詩作一首，是唱和西域人名士伯篤魯丁的詩，錄下作參看：〔註 67〕

馬首山光潑眼青，柳邊童叟遠歡迎。

花飛南苑芳春暮，涼入西樓夜月平。

野鳥喚晴聲正滑，主人留客酒初行。

明年我亦燕山去，稻可供炊魚可羹。

詩句清朗流暢，平遠高澗；可惜僅得見一首。

10. 脫　脫

字清卿，家世欠詳。西域名士迺賢曾有詩二首贈與脫脫，其一為〈送都水大監托克托清卿使君奉命塞白茅決河〉，其二為〈寄浙西廉訪托克托使君〉註文言「字清卿，西夏人」，〔註 68〕都水監是掌治河渠、堤防、水利、橋梁、脯堰等事，為從三品高官，而浙西廉訪使為正三品高官。〔註 69〕迺賢送詩、寄詩，脫脫當有漢學研習，二人相得甚洽，如第二首詩中有「銀牀清夜憶高譚」之句可知。

11. 脫　脫

家世欠詳。順帝至正四年（1344）時任江西廉訪副使（中官）；參與修繕東湖書院，並參與宗濂書院修建完成後的聚會，他「以世家敦歷中外，達於詩禮」。〔註 70〕除有漢學研習外，又能倡行漢學。

12. 愛　魯

家世欠詳。知於順帝元統二年（1334）任為監利縣（湖北監利）達魯花

〔註 66〕參見季仁壽，〈達魯花赤買住公善政碑〉，《全元文》，第 47 冊，頁 32～34。

〔註 67〕見《元詩選癸集》，上集，〈癸之巳上〉，頁 756。陳垣於《華化考》中僅言及於此，其他相關漢學事蹟皆未述及，故補述列入。

〔註 68〕見迺賢，《金臺集》（《文淵閣四庫全書》），卷 1，頁 37 上、下，卷 2，頁 17 下。

〔註 69〕都水監見《元史》，卷 90，〈百官志〉，頁 2295。廉訪使見卷 86，〈百官二〉，頁 2180、2181。

〔註 70〕參見虞集，〈新修東湖書院記〉，〈宗濂書院記〉，《全元文》，第 26 冊，頁 490～494。

赤（低官），因廟學傾頹，愛魯捐俸興修，親自督視，得以完成大成殿興修，「文學、政事二美兼具，故能成其事也」。〔註71〕愛魯有漢學而重於倡行。

13. 脫　因

字宗善，國子生出身，家世欠詳。順帝至元六年（庚辰，1340）任涇縣（安徽涇縣）達魯花赤（中官），致力於興修廟學，且與縣令石珉共同督工，倡行漢學。〔註72〕

14. 王　翰

又名那木罕，字用文。先世為山東漢族，當西夏李元昊時被俘，遂淪為西夏人。曾祖為蒙古千戶，父親名也先不花，襲千戶職而仕至淮西宣慰副使（中官）。王翰少年時即世襲千戶，至正乙巳（二十六年，1365）年任福建行省理問官，任守禦事務，後仕至潮州路（廣東潮州）總管（高官）。元亡後隱居於福建永福（永泰），與樵牧為伍，自號「友石山人」。明初時朝廷徵辟，迫他出仕，王翰不從而自殺死。王翰善於篆書，好友吳海為他寫〈傳〉、〈墓誌〉、〈真贊〉等，說他平日閱讀書史，喜作詩，幼時受繼母孫夫人的教養，並訓導他立節建功以顯親揚名，故而能「好善篤學、居官巖巖，正直不阿，而仁愛惠下」，後終以殉國來明志成仁。〔註73〕

王翰有詩集《友石山人遺稿》傳世，〔註74〕寄情寫意自然流暢，舉〈故人遂初過山居〉為參考：

秋氣誰相同，荒居懶閉門。劍歌雙鬢換，國步寸心存。

漫寫當年事，偏驚此日魂。風流非舊日，有風對誰捫。

著稱的〈自決〉詩，表明其死的心志：

昔在潮陽我欲死，宗嗣如絲我無子。

彼時我死作忠臣，義祀絕宗良可恥。

今年辟書親到門，丁男屋下三人存。

〔註71〕參見孔思明，〈重修監利縣大成殿記〉，《全元文》，第 53 冊，頁 624、625。

〔註72〕參見郭雷煥，〈明倫堂記〉，《全元文》，第 55 冊，頁 125、126。

〔註73〕參見吳海，《聞過齋集》（北京市，中華書局《叢書集成初編》，1985），卷 3、卷 5、卷 6、卷 7 等。關於福建守禦事參見施高，〈蕭王二公惠政碑〉，《全元文》，第 59 冊，頁 194、195。又王翰家世、生平及其詩文等參見蕭啟慶，〈元明之際的蒙古色目遺民〉，收於氏著《元朝史新論》（臺北市，允晨文化實業公司，民國 88 年），頁 131～135。

〔註74〕王翰，《友石山人遺稿》（嘉業堂刊本）。

寸刃在手顧不惜，一死了卻君親恩。

15. 張　訥

家世欠詳，知其歷仕臺省，至於河南行省參政（高官），因夫人張氏之憂而棄官不仕，順帝至元四年（1338）建義學於保定居家地方，「有厚倫之道，有易俗之心」，〔註75〕是漢學倡行者。

16. 賀　庸

號野堂，武威人，曾受經學於余闕，累官至弘文館（或官爵不詳）。元亡明初時寓居於興化（江蘇興化），以教授為業，有文集《野堂集》。今可見其詩一首，〈至正二十三年秋九月同孟知州登玉龍山〉，〔註76〕如下：

東州玉龍山，嵯峨倚雲嶠。黃花傲西風，紅葉映殘照。

屬茲公暇日，登高寄暇眺。萬象入品題，眾賓恣懽笑。

時艱念疲民，材拙愧高調。悠然醉忘歸，隔林響清嘯。

詩句平實清暢，兼寫時局及無奈之情，然而當時已是元朝亡國前四年。

17. 買　納

前述立智理威之子，母親梁氏，治家謹法度，有母道，教二子為學，故知買納與韓嘉納皆曾受漢學。買納以御史起家，但出身欠詳。歷仕為山南江北道廉訪使、翰林學士承旨（高官）。〔註77〕

18. 韓嘉納

上述買納之弟，同以御史起家，出身同樣欠詳。歷仕為西臺侍御史，同知宣徽院事，仕至御史大夫（高官）。〔註78〕

19. 八里顏

家世欠詳。至正十一年（1351）時任崇明州（江蘇崇明）達魯花赤（中官），因州址為海潮侵吞，另擇地遷建，又率丁壯抵禦海寇，在動亂之際仍與知州等謀新建廟學，次年底新學建成，達成重教育才之志。〔註79〕

〔註75〕 參見劉岳申，《申齋劉先生文集》（《元代珍本文集彙刊》），卷6，〈瑞藝堂記〉，頁17上～18下。

〔註76〕 賀庸生平簡述及其詩，參見《元詩選癸集》下冊，〈癸之辛上〉，頁1150。

〔註77〕 參見前揭虞集〈立只理威忠惠公神道碑〉。

〔註78〕 見同前註。

〔註79〕 參見《正德姑蘇志》，卷14，頁34下、35上。張士堅，〈崇明州遷建儒學記〉，《全元文》，第56冊，頁250、251。

20. 恩寧普

字德卿，家世欠詳。至正十二年（1352）時為浙東宣慰使，十四年為江浙行省參政，與右丞阿兒溫沙共同總兵攻討方國珍，後仕至福建行省右丞、行臺御史大夫（高官），曾受皇太子親筆所賜「文行忠信為善最樂」八字。〔註80〕恩寧普任職江浙行省時，名儒王毅曾上書，書中稱恩寧普為勳舊閥閱家世，又「閣下讀聖人之書」，〔註81〕可說明有其漢學研習。

21. 朵而只

家世欠詳，於順帝至元初任曲沃縣（山西曲沃）達魯花赤（低官），因有善政，進士張士元為他作〈德政碑〉，碑文中稱他「外寬裏明，涉獵書史」，以世家而授任職，知為漢學研習者。〔註82〕

22. 觀音奴

字志能，為泰定四年（1327）進士，由戶部主事轉歸德（河南商丘）知府，廉明果斷，判案如神，後仕至都水監（高官）。〔註83〕志能為進士，與當時諸多儒士有詩文往來，如虞集為其寓所「剛齋」作文申論大義，說他曾任應奉翰林文字，以及廣西廉訪司簽事，又因以「剛齋」著名，「中朝學士大夫，又為之賦」。又如薩都剌，與他同榜進士，又同任南臺從事，且有詩贈送等。〔註84〕志能有詩作三首可見，〔註85〕今錄詩二首，其一為〈四見亭〉以為參看：

〔註80〕恩寧普仕歷參見《元史》，卷42，〈順帝紀五〉，頁898，卷43，頁914。其他受皇太子書，參見李士瞻，《經濟文集》（上海書店，《叢書集成續編》，1994），卷6，〈為福建監縣恩德卿作〉，并序文，頁1上、下。

〔註81〕參見王毅，《木訥齋文集》（《續修四庫全書》），卷3，〈上恩寧普元帥書〉，頁7下、8下。

〔註82〕參見張士元，〈元朵公德政〉碑，收於《嘉靖曲沃縣志》（《天一閣藏明代方志選刊續編》），卷19，頁377，卷21，頁501～503。張士元為延祐二年（1315）年進士，參見蕭啟慶，〈元延祐二年與五年進士輯錄〉，收於《台大歷史學報》，第24期，1999年，頁396、397。故知所記至元年號當為順帝之後至元。又文中曾言「至元丁丑遇歲大歉」，當為後至元三年（1339）時，《元史》，卷39，〈順帝紀二〉，載該年由正月至五月，每月皆有大飢荒及救荒事宜，可為旁證。

〔註83〕參見《元史》，卷192，〈觀音奴傳〉，頁4368、4369。

〔註84〕參見虞集，〈剛齋說〉，《全元文》，第26冊，頁404、405。薩都剌，《雁門集》（臺北市，台灣學生書局，景印明抄本，民國59年），卷4，〈送觀志能分題得君字韻，志能與僕同榜又同南臺從事考滿北歸〉，頁83。

〔註85〕見《元詩選癸集》，上冊，〈癸之丙〉，頁322、323。

　　臥麟山前江水平，臥麟山下望行雲。

　　山雲山柳歲時好，江水江花顏色新。

　　長江西來流不盡，東到滄海無回津。

　　我欲登臨問興廢，今時不見古時人。

其二，詩題為〈棲霞洞〉：

　　柱仗訪棲霞，神仙信有家。聽泉消俗慮，拂石看雲花。

　　海內年將暮，山中日未斜。何堪驄馬去，回首一雲遮。

詩句清新高逸，迤灑自暢。

23. 三旦八

　　字山堂，號飛山子，家世欠詳。至正間曾任雲南行省右丞，有善政而得民心，至正十二年（1352）任江浙省平章（高官），統三衛軍專征江南之亂，到十五年功成班師，後又有亂事，仍往江浙任職，似乎長期皆在江浙。楊維禎為他作〈勳德碑〉，文中稱他「自幼警悟，博達載籍，淹貫弢鈐，善劍術騎射」，是為文武雙全的儒將。〔註86〕

24. 元　童

　　河隴人，家世欠詳。順帝至元元年（1335）任長州縣（江蘇蘇州）達魯花赤（中官），興利除弊，有善政，尤以興學著稱。楊維禎記元童勸募興學事於至元三年，其事之詳情則見於鄭元祐為元童所寫〈遺愛碑〉，但文中稱元童為高昌人，而《洪武蘇州府志》則稱他為河隴人，錢大昕〈元史氏族表〉列入唐兀人。據鄭元祐所記，元童建言上級平江府勸募徽州路儒學教授陸德元創建學宮，設禮殿、講堂、學齋、廊廡等，又募民捐田為養士膳費，有倡行漢學之功。〔註87〕

〔註86〕參見《萬曆雲南通志》（《新編中國方志叢刊》），卷 9，〈官師志六之一〉，頁
　　　　13、14。楊維禎，〈江浙平章三旦八公勳德碑〉，《全元文》，第 42 冊，頁 171
　　　　～174。黃溍作〈翰林學士承旨致仕脫脫公塋碑〉，以至正十年時，脫脫女
　　　　婿為宣徽使三旦八，並書寫碑文，若為同人，則三旦八出任江浙平章前曾任
　　　　宣徽使，且知為篾兒乞人脫脫之婿。見《金華黃先生文集》，卷 28，頁 286。
　　　　又《福建金石志》（《石刻史料新編》），載於晉江清源山有〈修彌陀岩記〉，有
　　　　平章三旦八等捐款建塔舍事，〈記〉作於至正二十四年，則三旦八似長期任江
　　　　浙平章，見〈石十二〉，頁 36 下。
〔註87〕參見楊維禎，〈長州縣重修學宮記〉，《全元文》，第 41 冊，頁 336。鄭元祐，《僑
　　　　吳集》（《元代珍本文集彙刊》），卷 11，〈長州縣達魯花赤元童君遺愛碑〉，頁
　　　　11 上～13 下。《洪武蘇州府志》（《中國方志叢書》），卷 26，頁 24 上、下。錢
　　　　大昕，〈元史氏族表〉，頁 61。

25. 卜元吉

家世欠詳，知其為吉祥贅婿，家居天台（浙江天台），曾中鄉試副榜舉人，後為慶元路（浙江寧波）錄事（低官），又任翁州書院山長，元亡明初時，仍以舊職起任。〔註88〕卜元吉為舉人又主持書院，當為漢學研習有水準之士。

26. 亦憐真

字顯卿，家世欠詳。順帝至正九年（1349）任旌德縣（安徽旌德）達魯花赤（低官），才具幹略，勸民務本，又「崇學育民」、「善教惠民」，卓然有政績，倡行漢學。〔註89〕

27. 石　賢

又名傑烈，字安卿，家世欠詳。於順帝至正十九年（1359）任崑山州（江蘇太倉）同知（中官），倡議修整三皇廟，以為教化勸民，又致力於學田土地、帳籍，考察追究，歸之於學宮之用，對倡行漢學有所貢獻。〔註90〕

28. 囊加歹

家世欠詳，知其為宿衛出身，順帝至元元年（1335）出任永城縣（河南永城）達魯花赤（低官），任內勸農興學，抑豪強、直冤獄，舉廢興墜，有循吏之風，人民為之立碑，碑文說他資器遠大，儀容嚴雅，以興校為首務。每月朔望親奠祭文廟，鼓勵學生而課講讀，頗能見其成效。〔註91〕

〔註88〕參見《天台山志》（《四庫存目叢書》），卷10，頁7下。卜元吉為吉祥贅婿，此吉祥未知是否為趙孟頫所作〈大元贈嘉議大夫禮部尚書上輕車都尉追封馮翊郡侯吉公墓誌銘〉中之吉祥，但文中未見卜元吉之名，見《山右石刻叢編》（《石刻史料新編》），卷32，頁26下～28下。又據《延祐四明志》（《宋元地方志叢書》）載慶元路錄事司，有卜元吉曾任錄事司，為正八品官職，或即為同一人。見卷2，頁29下。

〔註89〕參見《嘉慶旌德縣志》（上海市，江蘇古籍出版社，《中國地方志集成》，1998年），卷6〈職官表〉，頁13上，〈政績〉，頁45下。

〔註90〕參見許規五，〈崑山州重修三皇廟記〉，《全元文》，第59冊，頁127、128，文中稱石賢為西夏人，又據《江蘇通志稿》（《石刻史料新編》）載〈三皇廟記〉為江浙行省參政陳秀民所撰，文中稱石傑烈，又稱鞏昌人，錢大昕〈跋尾〉言「鞏昌蓋亦河西之族矣」，見〈金石二十四〉，頁17上～18下。二文作者不同，內容幾乎一致，錢穀，《吳郡文粹續集》（《文淵閣四庫全書》），卷17，載〈記〉為許規五撰，朱珪，《名蹟錄》（《石刻史料新編》），卷1，載〈記〉為陳秀民所撰，有所不同。至於鞏昌人未必即西夏人，亦有汪古族在該地，暫以之為西夏人。

〔註91〕參見《嘉靖永城縣志》（《天一閣藏明代方志選刊續編》），卷4，〈政事〉，頁

29. 順　昌

家世欠詳，泰定二年（1325）曾任南臺御史，於順帝至元四年為浙東廉訪副使（中官），見學舍衰敝，與總管共商恢復，於是縮省浮費供作修整之用，殿堂廡宇至於祠堂齋舍、門窗全易壞更新，以為講學養士之用，廟學由是大備。〔註92〕

30. 楊衍飭

字弘正，號靜隱，即前述楊朵兒只侄子，教化之子。幼受母教力學，清明端直，順帝至元六年授為儒林郎、南臺監察御史（中官），才氣茂宏，為漢學研習者。〔註93〕

31. 楊崇喜

字象賢，即前述唐兀達海之子，世襲百夫長（低官），前此曾為國子生，受學於國子司業潘迪，潘迪為崇喜父親達海所創龍祠鄉社約寫〈序〉，又為崇喜居所齋舍寫〈靜止齋記〉，以及崇喜所創辦「觀德會」作〈跋文〉，當時名士儒者多有為他作文章，如危素、陶凱、張以寧、張翥等。崇喜家世三代經營鄉里於濮陽甄城，建鄉社約會，敬宗收族，而以建「崇義書院」最著，他不但為漢學研習者，且是倡行漢學於鄉里者，同時又留下相關文章於《述善集》中，可供參看。〔註94〕

崇喜在《述善集》中除與父親達海聯名作〈鄉社義約〉外，又有七篇文章收入，詩則僅見一首，題為〈唐兀公碑〉，詩如下：

> 欲鐫金石記宗枝，特特求文謂我師。
>
> 為感念親無可報，且傳行實後人知。

崇喜之師潘迪為唐兀家世作碑銘及序文，故以詩為記。

---

25 上、下，碑文見范圭，〈達魯花赤囊加歹公樹政之碑〉，卷6，〈藝文〉，頁27 上～31 上。

〔註92〕參見陳旅，〈慶元路儒學新修廟學記〉，《全元文》，第37 冊，頁340～342。順昌任南臺御史見《至正金陵新志》，卷6，頁58 下。

〔註93〕參見虞集前揭〈襄敏楊公神道碑〉。南臺御史見《至正金陵新志》（《宋元地方志叢書》），卷6，頁63 下，又見大訢，〈靜隱字說〉，《全元文》，第35 冊，頁445。

〔註94〕參見前揭《述善集》，相關各卷文。家世以潘迪，〈唐兀公碑銘〉為據。崇義書院參見湯開建、王建軍，〈元代崇義書院論略〉，收於《元史論叢》，第9 輯（北京，中國廣播電視出版社，2004 年），頁151～161。

32. 唐兀敬賢

又名卜蘭台，上述象賢之弟。敬賢習儒書及蒙古文字，通曉水利農務，授為敦武校尉、百戶（低官），潘迪視他如國子生，並為他作〈孝感序〉言其孝義，又作〈知止齋記〉言其能適時知止，其他有張禎、程徐等也為之作箴、銘，張以寧作〈知止齋後記〉說到象賢興學實得力於敬賢提議及資助。〔註95〕兄弟二人皆為研習並倡行漢學者，然則象賢有兄弟十四人，理應都受漢學教養，但大多數情形不詳。

33. 唐兀伯都

為國子生出身，博學高識，曾任濮陽縣達魯花赤，密州（山東諸城）學正（低官），後應約為崇義書院師席。〔註96〕在《述善集》中收有他為〈鄉社義約〉而作的詩兩首，錄其一為參考：

> 雖假龍祠立社名，本書相約正人情。
> 祈晴禱雨非淫祠，勸善懲邪實義盟。

34. 楊雙泉

家世欠詳，順帝至正年間為都水庸田使（高官）居於江蘇吳縣，寓所建水雲亭，江浙平章儒臣慶童為之題扁，陳基為之作〈記〉，文中稱他居家「讀古人之書，求古人之心」，〔註97〕知有漢學研習。

35. 何伯翰

先世西夏人，祖父名息簡禮，曾掌杭州錄僧事，父親早逝，因而依舅家生活，姓母姓何氏，何氏賢慧且通文史，伯翰於日間出外就學於楊維禎，夜間由何氏督課所學。十六歲時伯翰即通《春秋三傳》、《毛詩》，尤長於《易》。平日除奉養母親、讀書之外，閒暇則整理其師楊維禎遺散文章，編成《古樂府集》刊行於世。〔註98〕

36. 常方壺

西夏名族，少有高世之志，方壺為其別號。博學好古，工於詩文，「下筆驚人，如不食煙火之語」，喜遊歷四方，以充學廣見，所著述短章、大篇，矩

〔註95〕參見同前註。

〔註96〕參見《述善集》，頁36，註5。

〔註97〕參見陳基，《夷白齋槁》，卷27，〈水雲亭記〉，頁2上、下。

〔註98〕參見楊維禎，《東維子文集》（《四部叢刊初編》），卷8，〈送何生序〉，頁57、58。

度可觀，但終似未出仕。〔註99〕

37. 高納麟

字文璨，為元初名臣高智耀之孫，南臺御史中丞高睿之子。成宗時入為宿衛，武宗時為宗正府郎中，仁宗時為河南省郎中，英宗時為都漕運使，泰定帝時為湖南、湖北廉訪使，文宗時任湖廣省參政，順帝時歷任中央、行省要職，仕至御史大夫（高官）。〔註100〕納麟退居於蘇州時，地方人士作有詩歌頌其「耆德夙望」，而他本人也留有詩一首，是贈給名士、同為西夏人的余闕，詩如下：〔註101〕

> 一山松檜勸歸鶴，五塔香燈送落暉。
>
> 惟有玻瓈同我志，閒來時復濯纓歸。

詩句清遠有潤氣，詩意取玻璃清亮滌塵喻其志。

38. 劉中守

家世欠詳。知於文宗時參加撰修《經世大典》，且善於書法。順帝時任宣文閣博士（原奎章閣），工部員外郎，僉福建廉訪使司事（中官），後以言去職，遂返回京師，閉門讀書，日夜不已，「興至，即賦詩寫字，或援筆畫山水，意趣天出」。〔註102〕中守有詩文之才，善書畫，故能參與修《經世大典》，又為鑑書博士，為文藝之士。〔註103〕

〔註99〕參見胡行簡，〈方壺詩序〉、〈方壺記〉，二文皆收於《全元文》，第 56 冊，頁12、18、19。

〔註100〕參見《元史》，卷 142，〈納麟傳〉，頁 3406～3408。其祖高智耀及父高睿參見卷 125，〈高智耀傳〉，頁 3072～3074。陶宗儀，《輟耕錄》（臺北市，台灣商務印書館，《叢書集成簡編》），卷 23，載有〈譏省台〉條，言納麟再任江南行臺御史時，以其子安安為判行樞密院，「大夫之政，一聽於院判」，時人作詩譏諷行省達朱帖木兒好財貨，及行臺納麟。見頁 338，其事是否可靠，可待探討。

〔註101〕蘇州士人作詩事，參見李祁，〈美太尉高公詩序〉，《全元文》，第 45 冊，頁441。納麟詩作，詩名〈題第一山答余廷心〉，見《元詩選癸集》，下冊，〈癸之庚上〉，頁 942。

〔註102〕參見貢師泰，〈送劉中守僉事還京師序〉，《全元文》，第 45 冊，頁 147、148。

〔註103〕《經世大典》修於文宗至順元年（1330），劉中守參與工作不詳，但修纂中似未見及，參見蘇振申，《元政書經世大典之研究》（臺北市，中國文化大學，民國 73 年），頁 11～13。宣文閣鑑書博士，姜一涵於《元代奎章閣及奎章人物》（臺北市，聯經出版事業公司，民國 70 年），書中論宣文閣中的鑑書博士，列有「劉某」，並舉王偁《盧舟集》，言劉某為其外祖父，「由宣文閣博士出僉閩憲」即合於前註貢師泰所言，但又記「再召入為秘書丞，沒王事」，則有待

39. 劉伯溫

又名沙剌班，父親即前述劉完澤，由唐兀衛軍出身，後多任為台憲官職，仕至廉訪副使（中官）。〔註104〕伯溫為長子，國子生出身，順帝時為甘肅省檢校官，續升為監察御史、廉訪副正使、江浙省郎中、陝西行臺侍御史（高官）。〔註105〕伯溫既為國子生受業於黃溍，且嗜好古書，雄文博識，於居所長安建有「養正堂」、「學齋」，以示「求聖賢之學，成養正之功」，其好學涵養之心可知。〔註106〕他對於興學養士，教化風氣，極為費心著力，於江西廉訪使時修廣東湖書院，並親至學宮教學，參與宗濂書院士大夫聚會，又於宣慰山南道時，建請地方官修陸九淵祠堂等。〔註107〕在閒居時，以四書教導鄉中子弟，從之求學者甚眾。興學教育頗影響風氣，又命提舉學校事者，取經義、治事文義，列條目以頒布給學官，便於求學者。又禮敬士人，用程子教學法「開待賓吏師齋於東湖，致耆老以居，親與客主人之禮」等等。伯溫不僅通經學，且以程朱理學為主，另外還「觀史傳，得古今之變」，參與修《金史》。虞集為他作〈去思碑〉有較詳地說明，又作〈畫像贊〉，概括說其生平與貢獻：〔註108〕

> 執簡筆削之功，持節湖江之轅。
>
> 大興學以成化，蒙稽古之三復。

40. 劉仲賓

上述伯溫之弟，又名觀音奴。曾任御史，中書右司郎中，刑、兵部郎中（中官）。為御史時上言請修遼、金、宋三史，又善於楷書、行草，文學彰著，

考察，或劉中守退居京師後，再受召，終死於國難。又王偁之父即友石山人王翰，劉中守為其岳父，有線索可查，據前揭吳海，〈友石山人墓誌銘〉中載王翰元配夏氏卒後，再聚劉氏，生子三人，即偁、脩、偉，當王翰自殺死時，劉氏自裁、絕食但皆未達成殉夫之志。以上當可補鐳書博士劉某的考察。

〔註104〕參見虞集，〈彭城郡侯劉公神道碑〉，《全元文》，第27冊，頁318～322。

〔註105〕劉伯溫仕歷參見陳旅，〈江浙省郎中沙剌班伯溫之官序〉，《全元文》，第37冊，頁234、235。虞集，〈清獻室銘〉、〈新建陸文安公祠堂記〉，《全元文》，第27冊，頁62、62，17、18。

〔註106〕參見虞集〈學齋記〉、〈劉氏長安園池記〉，《全元文》，第26冊，頁630、631，652、653。黃溍，〈學齋記〉，《全元文》，第29冊，頁294、295。

〔註107〕參見虞集，〈新修東湖書院記〉、〈宗濂書院記〉，《全元文》，第260冊，頁490～494。〈新建陸文安公祠堂記〉，《全元文》，第27冊，頁17～19。

〔註108〕參見虞集，〈江西監憲劉公去思碑〉、〈劉伯溫畫像贊〉，《全元文》，第27冊，頁257～260，頁129。

又能畫，是多才之士，風采英名一如其兄伯溫。〔註 109〕

41. 鄔密仲貞

家世欠詳。但知家世富貴，居於江蘇吳縣，建居舍名「聽雪齋」，左右琴書，陳基曾作歌賦以應鄔密公所奏白雪之曲，並書寫於屋壁間，知仲貞有漢學教養。〔註 110〕

42. 亦憐真班

父親名俺（暗）伯，世祖時為知樞密院事（高官）。他於仁宗時任宿衛，不久超拜為翰林侍講學士，英宗時任唐兀親軍都指揮使，文宗時任同知樞密院，順帝初為翰林學士承旨，受權臣伯顏忌害，謫居於海南，伯顏敗後召還為御史大夫、知經筵事，後仕至浙江、江西行省左丞相（高官）。亦憐真班任職翰林，又知經筵，當有漢學研習，且於進講時「必詳必慎，故每讀譯文必被嘉納」，其所講所讀皆為漢學。〔註 111〕

43. 拓跋元善

西夏龍川公姪子，先世顯官，但家世欠詳。曾歷仕象州監（廣西象州），湖廣省理問官，至正二十四年（1364）任為平樂府（廣西平樂）監（中官），到任後見府學傾圮，以崇興學校為責任，遂與學官各自捐俸，選匠購材，修建殿堂館廡，學宮煥然一新，有功於倡行漢學。〔註 112〕

44. 唐兀天祐

家世欠詳。為泰定元年進士，順帝至元六年（1340）任新城縣（何北新城？）達魯花赤（低官），見縣學廟宇摧敝，毅然以興造為己責，捐俸為倡，僚吏與民間相應共助，撤舊成新，增廣殿屋，俾廟學相依，以達教育風化之效。〔註 113〕

〔註 109〕參見虞集前揭〈劉公神道碑〉，另文〈雪山記〉，《全元文》，第 26 冊，頁 651、652。

〔註 110〕參見陳基，《夷白齋稿》，卷 28，〈聽雪齋記〉，頁 1 上、下。另見鄭元祐，〈聽雪齋記〉，《全元文》，第 38 冊，頁 693、694。

〔註 111〕參見《元史》，卷 145，〈亦憐真班傳〉，頁 3445～3447。家世見卷 133，〈暗伯傳〉，頁 3237。至正十一年任江浙行省丞相，見《萬曆杭州府志》（《中國地方志叢書》），卷之九，〈會治職官表二〉，頁 42。

〔註 112〕參見常挺，〈平樂府學記〉，《全元文》，第 59 冊，頁 149、150。

〔註 113〕參見黃溍，《金華黃先生文集》，卷 10，〈新城縣學大成殿記〉，頁 97 下、98 上。

45. 脫因不花

家世欠詳。知為國子生出身，於至正中任澤州高平縣（山西高平）達魯花赤（低官），見學宮及孔子廟毀壞，倡議修建，更新孔廟，並學宮堂舍等，完成興學事業。〔註114〕

46. 也兒吉尼

字尚文，元末為監察御史，以劾丞相別兒怯不花著名。至正十一年為廣西廉訪副使，以平地方亂事升湖廣省平章（高官），後與明軍攻戰，被俘而死。在廣西任內作新三皇、孔子廟以廣教化，「稽古敬先，尊德尚賢，禮樂有容，講肆有筵」，是漢學倡行者。〔註115〕

47. 鄔密執理

字本初，河西人而隱居於賀蘭山。順帝至正初召為集賢翰林待制，後為行簽書樞密院（高官）。元末名儒見心禪師與文人儒士多有交往，其中即有鄔密執理作詩四首，題為〈滿上人歸定水謾賦五言四絕奉寄見心禪師方丈〉，〔註116〕其一如下：

> 一室桂花下，天香滿衲衣。

> 何時解簦笠，來觸箭鋒機。

詩句清新，頗有棄官交游於方外之想。

48. 邁里古思

字善卿，至正十四年進士，授紹興路（浙江紹興）錄事司達魯花赤，江南行臺移治紹興，因功為行臺鎮撫，再任為行樞密院判官治紹興分院（中官）。當時方國珍降順朝廷，但仍擴充勢力侵擾地方，邁里古思有舉兵問罪意圖，而朝廷正倚重方國珍，御史大夫拜住哥又與國珍通賄賂，遂以擅兵壞事為由，誘殺之。〔註117〕據楊維禎為邁里古思所寫的〈墓銘〉及〈哀詩序〉，說他曾祖父、祖父皆不仕，父親別古思曾在杭州任官。他初任官為紹興錄事司錄事，鎮撫之

〔註114〕參見宋紹昌，〈重建高平孔子廟記〉，《全元文》，第56冊，頁165、166。
〔註115〕參見《新元史》，卷219，〈也兒吉尼傳〉，頁8上～9下。其倡行漢學見鄧魯，
　　　　〈奉議大夫嶺南廣西道肅政廉訪司副也兒吉尼公德政碑〉，載於《永樂大典》
　　　　（臺北市，世界書局景印本），卷2343，頁18上～19下。
〔註116〕鄔密執理生平簡述及其詩，見於見心，《澹游集》(上海古籍，《續修四庫全書》)，
　　　　頁222。
〔註117〕參見《元史》，卷188，《石抹宜孫附邁里古思傳》，頁4311、4312。

後曾任江東道廉訪司經歷。又稱他雖善於搏技，但以為「伎勇有敵，聖賢之學無敵也」，於是從師學習，通《詩》、《易》二經，以《詩經》登進士第。〔註118〕邁里古思於元末對浙江紹興路一帶有禦敵平亂之功，且約束吏卒，同時注意收羅人才，在地方及時人言說中都贊譽其貢獻，而對其遭遇也大為哀挽。〔註119〕

49. 必申達兒

字號樵隱，家世欠詳。至元六年時曾任南臺御史，前此於文宗時任奎章閣中藝文監轄下的藝林庫提點，又攝為授經郎，當為文藝之士；至正年間為奉訓大夫、西臺御史（中官）。〔註120〕必申達兒任職御史時，前後各有一文，其一為〈棲霞洞題名〉，時為南臺御史時與行臺官員遊歷所作，且以行書題寫，可知其書藝必佳。其二為〈涇渠圖序〉，時為南臺御史時，為行臺治書侍御史李惟中所著《涇渠圖說》寫序，序文中有「走年二十餘，從先臣宦遊於關中」，可知他父親曾在關中地區為官，但一時難以考察。〔註121〕

50. 也憐帖木兒

字文卿，家世欠詳。起身為譯史，至正年間因功任為浙西廉訪司經歷（中官），楊維禎稱他「性忠朗峻直，有文武才略」，〔註122〕推知有漢學研習。

51. 明安帖木兒

家世欠詳。於至正五年（1345）任為贊皇縣（河北贊皇）達魯花赤（低官），以孝悌忠信治導人民，先教化而後刑禁，以先儒格言為政，懲貪愛民，有德政碑紀念。〔註123〕於漢學方面有倡行之功，起於元初名臣趙良弼，以私

〔註118〕參見楊維禎，〈故忠勇西夏侯邁里公墓銘〉，《全元文》，第 42 冊，頁 54、55。《九靈山房集》（《四部叢刊初編》），卷 13，〈邁院判哀詩序〉，頁 92 上、下。〈跋墓銘〉見卷 31，頁 233 下、234 上。

〔註119〕參見同前註，另見《萬曆紹興府志》（《四庫存目叢書》），卷 37，〈人物志三〉，頁 62 上、下。馬道貫，〈邁里古思與元末兩浙地方的守護〉，《蒙元史暨民族史論集》（北京市，社會科學文獻出版社，2006 年），頁 282～295。

〔註120〕必申達兒任職奎章閣官職參見虞集，《道園學古錄》，卷 3，〈題張希孟中丞送畢題點申達卷後〉，頁 54，揭傒斯，〈送藝林庫提點畢申達棄官歸養詩序〉，《全元文》，第 28 冊，頁 382、383。任職御史參見《至正金陵新志》，卷 6，頁 63 下，《全元文》，第 55 冊，頁 96、97。

〔註121〕參見前註《全元文》第 55 冊。又〈題名〉以行書題寫，參見《粵西金石略》（《石刻史料新編》），卷 14，頁 16 下。

〔註122〕參見楊維禎，《東維子集》，卷 12，〈浙西憲府經歷司提名記〉，頁 84 下。

〔註123〕參見《嘉靖真定府志》（《四庫存目叢書》），卷 24，〈名宦〉，頁 37 下、38 上。

財購地興學，贊皇縣分得田地，又為築學宮、殿廡、講堂等。明安帖木兒於元末時任縣監，詢知縣學之所以建立實為良弼之功，念其德澤地方，於是在學宮旁邊立祠崇祀，使師生邑人歲時致祭。同時又重修學宮敝壞之處，至於鄉野各學堂，以完備教養。〔註124〕

52. 孛羅帖木兒

字存中，號一齋，家世欠詳。於至正元年為崑山州（江蘇崑山）達魯花赤（中官），開疏河渠，嘉惠於官民，又修舉廟學、禮樂等，力善愛民，有仁恕之風，為漢學倡行者。〔註125〕

53. 禿滿歹

為赫思之孫，父祖皆未仕，宗室魯王宿衛出身。禿滿歹幼涉書史，又長於蒙古語，於文宗至順二年（1231）時任濟寧路（山東巨野）達魯花赤（高官），任內興學勵士，倡行漢學，有子三人，皆好學。〔註126〕

54. 燕不花

字孟初，知為張掖人，出於河西貴胄，雖家貧但有操守。據《輟耕錄》載，名士杜清碧（本）應朝廷徵召，旅次於浙江錢塘，士子儒生爭趨往其門，燕不花因此景象，作詩句諷嘲之，有「紫騰帽子高麗靴，處士門前當怯薛」，傳為士人笑趣。〔註127〕杜本為博學隱士，朝廷屢次徵召不出，元末至正三年，右丞相脫脫又以隱士荐召，杜本行至杭州，致書丞相而返。〔註128〕故推斷燕不花為晚期漢學人物。《元詩選》收有燕不花詩作一首，並稱他「讀書為文，最善持論，嘗建月旦人物評，人以其言多中云」。〔註129〕其詩題為〈西湖竹枝詞〉，錄之如下：

> 湖頭春滿藕花香，夜深何處有鳴榔。
>
> 郎來打漁三更裏，凌亂波光與月光。

一派清雅悠閒，寫景而融入其中，平淡有興緻。

〔註124〕參見張曾，〈趙文正公祠記〉，《全元文》，第58冊，頁746、747。
〔註125〕參見《正德姑蘇志》（《天一閣藏明代方志選刊續編》），卷41，〈宦蹟五〉，頁32上。
〔註126〕參見《道光鉅野縣志》（《新修方志叢書》），卷20。
〔註127〕參見《輟耕錄》，卷28，〈處士門前怯薛〉條，頁427、428。
〔註128〕參見《元史》，卷199，〈杜本傳〉，頁4477。
〔註129〕參見《元詩選癸集》上冊，〈癸之已下〉，頁888、889。

除上述所列西夏漢學人物及其漢學情形外，另有少許人物在時間上不易明確，列之如下。

1. 卜 顏

家世欠詳，以進義副尉（低官）知龍泉縣（江西遂江），任內「賦役均、詞訟簡、開農田、崇學校，民到於今稱之」，可知卜顏於地方倡行漢學。〔註130〕

2. 山 馬

家世欠詳，為澧州路（湖南澧縣）同知（中官），其人「好學不倦，治行卓異」，人民立碑紀念其政績，當為漢學研習者。〔註131〕

3. 拜帖木兒

生平不詳。《元詩選》收其詩作一首，題為〈溪山春晚〉，詩作工整，成熟而淡雅。

> 興來無事上幽亭，雨過郊原一片春。
> 路失前山雲氣重，帆收遠浦客舟亭。
> 笛笙野館二三曲，燈燭林坰四五星。
> 坐久不堪聞杜宇，東風吹我酒初醒。

4. 帖木兒不花

河朔人，家世欠詳。曾任林州（河南林縣）達魯花赤（中官），因政績良好，又勸農興學，州民刻石頌其德。〔註132〕是倡行漢學者。

元代中央及地方皆立學校，承金、宋制度，又有書院、鄉邑村里之學，教學內容以傳統漢學為主，即如蒙古國子學，也教授漢文化的部份經典。〔註133〕因此，可以說凡入國子學者都曾受過漢學教養；而地方各種學校，也應如此。元代科舉雖實施不長，但科舉入仕仍為士子所嚮往，又以分榜考選，北族不需與漢人較試，右榜所取進士為蒙古、色目人，北族進士仍大有人在，而國子生榜為進士考選，也不乏由國子學而爭取進士的機會。地方各種學校

〔註130〕參見《嘉靖江西通志》（《四庫存目叢書》），卷25，〈吉安府〉，頁49下、50上。
〔註131〕參見《萬曆湖廣總志》（《四庫存目叢書》），卷66，〈宦蹟十一〉，頁43上。
〔註132〕參見《嘉靖彰德府志》（《天一閣藏明代方志選刊》），卷5，頁34下。
〔註133〕參見蕭啟慶，〈大蒙古國的國子學〉，收於氏著《蒙元史新研》（臺北市，允晨文化實業公司，民國83年），頁65~94。

就學之士，人數應相當龐大，但若無記載，則不易確知。今將這類對漢學研習者列出，他們都是未見其他漢學有關的情形，故不便列如前面的論述方式。

在進士、國子生方面，除列入陳垣《華化考》數人之外，另有下列資料可知：

1. 師孛羅

泰定元年（1324）進士，為前述師克恭的侄子，父親名脫脫木兒。孛羅仕為承事郎、同知滁州事（低官）。〔註134〕（擬列入中期）。

2. 丑 閭

泰定四年進士，為前述師某的外孫，克恭的甥子。授滑州白馬縣（河南滑縣）丞（低官）。〔註135〕（中期）

3. 美里吉台

字洪範，至順元年（1330）進士，仕為秘書監校書郎（低官）。〔註136〕（晚期）

4. 丑 閭

字時中，元統元年進士。至正十二年（1352）任安陸府（湖北鐘祥）知府（中官），死於兵亂。〔註137〕（晚期）

5. 明安達兒

字士元，元統元年進士，至正十二年為潛江縣（湖北潛江）達魯花赤（低官），死於兵亂。〔註138〕（晚期）

6. 安篤剌

元統元年進士，授輝州（河南輝縣）判官（低官）。〔註139〕（晚期）

7. 塔不歹

字彥輝，元統元年進士。至正年間仕為襄陽縣（河南襄陽）錄事司達魯

〔註134〕參見柳貫前揭文，〈師氏先塋碑〉。
〔註135〕參見同前註。
〔註136〕參見王士點，《秘書監志》（浙江古籍出版社，1992），卷10，頁205。
〔註137〕參見蕭啟慶前揭〈元統元年進士錄校注〉，頁76。《元史》，卷195，〈忠義傳三〉，頁4417。傳文中稱丑閭為蒙古人，有誤，見傳文〈校注〉（三）條。
〔註138〕參見前註《元史》，頁4415。
〔註139〕參見前揭〈進士錄校注〉，頁77、78。

花赤（低官），死於兵亂。〔註140〕（晚期）

8. 教　化

即前述速哥察兒之孫，哈剌哈孫之子。泰定四年鄉貢進士，仕為瑞昌縣（江西瑞昌）達魯花赤（低官）。〔註141〕（中期）

9. 同　某

名字缺，為至正年間國子試進士副榜。〔註142〕（晚期）

10. 張長吉

字彥中，至正間進士，仕為宣城縣（安徽宣城）錄事（低官）。元亡後，於江蘇松江任教。〔註143〕（晚期）

11. 師　晉

即前述師克恭之子，為國子生公試入等，授承事郎、同知泗州事（江蘇臨淮）（低官）。〔註144〕（晚期）

12. 師　升

師克恭之子，國子生。〔註145〕（晚期）

13. 安　兒

即前述師克恭的甥子，為國子學高等生，出為承務郎、江州彭澤縣（江西彭澤）達魯花赤（低官）。〔註146〕（晚期）

14 至 22。前述濮陽唐兀楊氏

以楊崇喜同堂兄弟共十四人，其中知為國子生者有換住（思賢）、留住（繼賢）、教化（居賢）、伯顏（希賢）、春興（高賢）、朵僧（世賢）、廣兒（志賢）、拜住（好賢）等八人；另知崇喜之子理安共為九人。全部可列入晚期漢學研習者。〔註147〕

〔註140〕參見前揭〈進士錄校注〉，頁79，另見《元史》，卷194，〈忠義傳二〉，頁4398。

〔註141〕參見吳澄前揭〈魏郡伯墓碑〉，頁10下。

〔註142〕參見〈元國子試題名記〉，《金石萃編未科稿》（《石刻史料新編》），頁2下。

〔註143〕參見蕭啟慶，〈元明之際的蒙古色目遺民〉，收於氏著《元朝史新論》（臺北市，允晨文化實業公司，民國88年），頁142、143。

〔註144〕參見柳貫前揭文〈師氏先塋碑〉。

〔註145〕參見同前註。

〔註146〕參見同前註。

〔註147〕參見前揭《述善集》，潘迪〈唐兀公碑銘〉，另見〈附錄〉二，平昇，〈楊氏重

23. 趙德平

先世為唐兀人，居於開平（內蒙古多倫），以儒業為學，泰定年間科舉不利，朱德潤為作〈送趙德平下第序〉，〔註148〕知其為中期漢學研習者。

其他西夏漢學如高智耀、余闕、斡玉倫徒、張翔、完澤、甘立、孟昉昂吉等人，陳垣《華化考》皆已收入，不再贅述。但依其漢學情形採計入統計數中。

四、結　語

元代唐兀（西夏）人的漢學情形已如上述，總計 115 筆資料（人）可知，其中初期為 13 人，中期為 21 人，晚期為 77 人，不詳時期者 4 人（屬於晚期可能居多）。明顯呈現愈往後愈增多的情形，且到元末晚期時增多為五倍上下，似可說明西夏亡後入元，愈往後相關於漢學的情形愈受到重視。若再計入《華化考》中 8 人，初期有 1 人（高智耀），不詳者 1 人（完澤），中期 1 人（甘立），餘皆為晚期。則總計初期 14 人，中期 22 人，晚期 82 人，不詳者 5 人，總數可得 123 人。綜合所述，作成幾種表格，以便參閱。

表一：元代唐兀漢學者家世表

期別	高官	中官	低官	未仕	不詳	總計
初	4 28.6	1 7.1	1 7.1	0	8 57.1	14 100
中	6 27.3	2 9.1	3 13.6	1 4.6	10 45.5	21 100
晚	7 8.5	5 6.1	15 18.3	0	55 67.1	82 100
總	17 13.8	8 6.5	19 15.5	1 0.8	72 58.5	123 100

①列入時間不詳者 5 人，而此 5 人家世皆為不詳。

②格內前面數字為人數，其次為比率。以下皆同。

上表中列入家世不詳者接近或超過半數，而且在三期中都是如此，限於史料難以考察，但為數過多，故表中的統計不易反映出更確實的情形。初中

修家譜序〉，頁 273～275。
〔註148〕參見《全元文》，第 40 冊，頁 512。

期的唐兀漢學者家世以高官居多，似可說明家世為高官較易栽培下一代研習漢學的機會。到晚期時高官家世仍居於其次，比率上以低官家世為首位，不知是否到元代晚期漢學風氣已盛，漢文化薰染已久，低官家世多投入其中。或者說明在重門閥的元代，低官家世不易有「出頭」的機會，而元代中期以後，並無元初時可以軍功獲官爵的環境，故低官家世多鼓勵或栽培子弟們研習漢學，可多出仕至騰達的機會；而又與科舉憑個人努力以取功名有關。

表二：元代唐兀漢學者出身及仕宦表

出　身								
時期	蔭襲	荐辟	宿衛	學校	科舉	降附	無	不詳	總計
初	3 21.4	1 7.1	3 21.4	0	0	2 14.3	1 7.1	4 28.6	14 100
中	2 9.1	3 13.6	6 27.3	0	4 18.2	0	2 9.1	5 22.7	22 100
晚	6 7.3	3 3.7	4 4.9	17 20.7	22 26.8	0	4 4.9	26 31.7	82 100
總計①	11 9.3	7 5.9	13 11	17 14.4	26 22	2 1.7	7 5.9	35 29.7	118 100
總計②	11 8.9	7 5.7	13 10.6	17 13.8	26 21.1	2 1.6	7 5.7	40 32.5	122 100

仕　宦						
	高官	中官	低官	未仕	不詳	總計
初	9 64.3	2 14.3	2 14.3	1 7.1	0	14 100
中	6 23.8	6 28.6	8 38.1	2 9.5	0	22 100
晚	21 23.8	19 23.8	24 30	4 5	14 17.5	82 100
總計①	36 28.7	27 23.4	34 29.6	7 6.5	14 13	118 100
總計②	37 30.1	29 23.6	35 28.5	7 5.7	15 12.2	123 100

①未列入時間不詳者 5 人

②列入時間不詳者，其中高、低階官各 1 人，中官 2 人，不詳者 1 人。

　　〈表二〉中出身不詳者佔最高，是受史料的侷限所致。降附者僅見於初期，即元初攻滅夏國的時代因素。初期出身學校、科舉者皆未見，也是時代因素，科舉未行，學校未廣之故。中期仍無學校出身，較為意外，但已見行科舉後有唐兀子弟應舉出身，至於晚期，科舉出身入仕者佔最高，學校則佔其次，說明唐兀漢學者較習於漢文化社會中視為「正途」的方法，而元代晚期這兩者的發展已普遍受到重視，且為獵職求官的途徑，也或許是在漢文化社會中士大夫們於各方面的眼光及態度仍是傳統式的，即由學校、科舉出身者較受到「正視」，在士大夫交往與生活圈裡，往往會重視這類出身者，表示入仕不是靠「身份」取得，而是靠「成就」取得，至少表示出一種身份。但以「身份」取得者在元代也不容輕視，元代重身份取向，故而蔭襲、宿衛仍可以佔有相當的比重，這是元代的複合體制或說「征服王朝」的特色，自然這種色彩也易於在此出現。同時荐辟也是元代的特色，即以吏進入仕，在其時是相當普遍且重要的一種方式，不過在唐兀人的漢學之士所佔的比重頗低，須連同不在漢學者的唐兀人入仕來併作考察，始能瞭解荐辟這種方式與入仕的關係。

　　無出身身份者即為仕宦欄中「未仕」的數人。其餘仕宦的情形在初期高官居多，其中有一半是家世本即高官子弟，一半家世不詳，而出身也一半是宿衛與蔭襲的特殊身份，很能表現蒙元初期的特色。中期三階層官職差別不大，而低層漸有居上的趨勢，到晚期則成為低、高與中的排序，整體仕宦的結果是高低中排序，但其間的差別也並不大。似乎與漢學相關的情形並不能太多的決定其仕途，應尚無其他因素。

〈表三〉：元代唐兀人漢學人次表

分類 時期	研習	倡行	經學	史學	子學	文學	藝術	技術	總計
初	14 63.6	5 22.7	1 4.6	1(1) 4.8	0	0	1 4.6	0	22(1) 100
中	12 44.4	6 22.2		1 3.7	0	4(3) 14.8 (100)	3 11.1	1 3.7	27(3) 100
晚	36 40.5	24 27	4 4.5	1 1.1	0	18(14) 20.2 (100)	6 6.7	0	89(14) 100

總計①	62 44.9	35 25.4	5 3.6	3(1) 2.2 (5.6)	0	22(17) 15.9 (94.4)	10 7.3	1 0.7	138(18) 100
總計②	63 44.1	37 25.9	5 3.5	3(1) 2.1 (5)	0	24(19) 16.8 (95)	10 7	1 0.7	143(20) 100 (100)

①未列入時間不詳者

②列入時間不詳者，計研習 1、倡行 2、文學 2（作品 2）

註欄內括弧數目爲作品數。又列入研習者即不再列入經、史、子、文四類

　　由〈表二〉可看出唐兀人在元代的漢學情形，各期其整體看來都以研習者居多，也就是得知有漢學基礎或教養者最為多數，一方面表示能具有漢學教養應相當普遍，一方面是史料中未載明其專長或具體表現之故。倡行漢學者居於其次，與研習情形相同，每期及整體皆如此。倡行的範圍較廣，包括倡導、鼓吹、實行三種表現，其中又往往同具二、三種表現者。故最多見的是興學養士，即致力於教育方面，如興修學宮（包括孔廟），延師教學，整治學田，勸讀勵學，親臨講學等等，都是在倡行漢學。元代各路、州、縣正官、監官對於興學養士頗為常見，尤其在中、晚時期，似乎成為一種興學的風潮，這也與地方官員的考績有關，可待進一步的專題探討。在倡行之中，以觀音奴、六十、賢住、劉伯溫等人較值得注意，他們修建學校外，還親臨講學或教育吏員、鄉人子弟、極為投入。

　　在專長方面以文學居首，幾乎全為詩歌專擅，而作品也幾乎全在於此，這是士大夫作文吟詩的傳統，凡文人士子莫非都能寫詩作文一樣。詩歌為情感胸懷的抒發，也是士大夫生活與交往的普遍現象，在漢學中佔有最基礎、最普遍的地位。唐兀人既習染漢文化，研習漢學，作詩為文應不足怪，於漢學專長中居於首位應屬當然。藝術類居次，除元初昔里鈐部通音律外，多在於書畫，書畫藝術在漢學中有長遠的發展，尤其兩宋書畫極盛，金、元皆大受習染。以筆墨為書寫工具，習漢學者焉有不能書寫？普遍日常的生活工具對於學者而言，易於養成興趣，揮筆熟練之餘，或能出書法名家，當然這也與個人的興趣有關。

　　在漢學專長中，子學未見到，甚為特殊。史學、技術類各一，是昔里家族的孛蘭奚，其技術是他通醫學、作樂方又有「菊藝」，暫將之列入。史學如

劉伯溫，他參與修《金史》，故列入史學中，而他又通經且主程朱理學，為經史之才。經學中朵兒赤以十五歲之年即通古注《論》、《孟》、《書》，是唐兀俊逸，何伯翰也是以十六歲之年通《三傳》、《毛詩》，又長於《易》，邁里古思通《詩》、《易》，而以《詩》登第。這些學術精通不易，可惜都未有著作能見。文學中以王翰《友石山人集》最著，他又不仕於明朝而自殺，頗有其人格的特質。其餘漢學者多為詩作但僅少許能見到。在興學方面要以濮陽唐兀（楊）崇喜最著，家世並不顯赫，但數代以來於地方聚族而居，立鄉約，辦觀德會、建崇義書院等，教化鄉里，極具有代表性，又其族人可知者，也多受漢學教育。

綜觀元代唐兀人的漢學，數量不多，可知者僅百餘人，主要是受限於資料。原來西夏國已倡漢學百年餘，在研習漢學上具有基礎及風氣，入元以來，士大夫及民間應尚能延續此種求學風氣，理應在北族群中有較突出的表現，但實際情形似不如預期。初步的設想其原因有幾：其一是蒙元大帝國由多元族群構成，唐兀人不過是其中之一，影響到資料的分散，所載有限。其二是唐兀人在元代雖列入色目族群之中，但在色目族群裏，唐兀人遠不如西域地區如畏吾兒來的「重要」，因此資料所載也遠不及。其三的原因恐怕就是唐兀人的漢學情形可考察者大體即為如此，不如想像的情形。事實上尚有許多中央、地方各學校的士子，科舉的鄉貢進士、進士登第的人數，以及家學、私學的受教者都不能掌握，唐兀人在元代的漢學應是不止這些有資料的百餘人而已。

第八篇　元代蒙古人的漢學補述

一、序　言

　　十二世紀晚期蒙古族興起於塞外草原，在孛兒只斤·鐵木真的領導下，進行民族的統合。到十三世紀初時，鐵木真受各部推戴為成吉思汗，同時繼續進行塞外的統一，建立起草原帝國。元太祖成吉思汗時期是以塞外的北方民族為主體的大蒙古國，可概括為後來所稱的蒙古、色目人共同組成體，雖說也含有多元民族與文化，但總體上仍是北亞遊牧圈的民族與文化為主體，兼有西域部份城市文明，對於農業或稍有認知，但對於漢文化幾乎未有多少接觸，故缺乏較多認知。隨著國勢的擴張，尤其是太宗窩闊臺汗以後對南方金朝的攻戰，逐漸有大量的漢人（廣義的漢人）以及隨之帶來的漢文化因素加入。到世祖忽必烈汗滅南宋而統一中國後，蒙元帝國與漢文化、漢化的關係成為不可分割的趨勢。也即是忽必烈汗時面臨全面的與漢文化關係，在前朝過去的基礎上，因而發展出「複合體制」的國家架構。〔註1〕

　　關於元代的漢文化問題論述者多，此處不加列舉。在非漢族建立的朝代中，是「胡漢」關係的大課題，在這課題裡可從政治、制度、社會、民族、文化等方面作各種的探討，或者作綜述通論性的研究。蒙元帝國較諸五胡、北魏等北朝時期，以及遼、金二代在疆域範圍上要廣闊許多，國家體制、社會也較複雜，故可討論者也較多。以漢文化在蒙古人漢化的議題上而言，有陳衍，《元詩記事》，孫楷第，《元曲家考略》，白特木爾巴根，《古代蒙古作家漢文創作考》，楊鐮，《元詩史》，桂栖鵬，《元代進士研究》，陳高華，〈元泰

〔註 1〕參見拙作，〈十三世紀之蒙元帝國與漢文化〉，收於《遼金元史論文稿》（臺北市，槐下書肆/花木蘭文化工作坊，2005 年），頁 341～362。

定甲子科進士考〉，蕭啟慶，〈元統元年進士錄校注〉、〈元延祐二年與五年進士輯錄〉、〈元至正十一年進士題名記校補〉等，所論述的專題與蒙古漢學有關，在各論題中都部份指出研習漢學或著述的作品，在整體上的觀察則有蕭啟慶先生所作〈元代蒙古人的漢學〉、〈論元代蒙古人之漢化〉，〔註2〕前者將資料中關於元代蒙古人對於漢學研習的由來作一分析，其次對蒙古人在儒學的研習、倡導、鼓吹、實行者及其情形分別列出，持續及於詩歌、散文、戲曲等文學方面，繪畫、書法等美術方面，共列出一百五十六人，除去兼具數種專長而至互見者外，實得為一一七人。後文綜述元代蒙古人漢化的背景、社會交流及其局限、漢文化的吸收等方面論述，在漢文化的吸收中，就有採用前文關於漢學的部份。蕭先生對於蒙古人的漢學課題有其開創性，所論也有全面性，但筆者在讀書之際，隨手記下的材料中，發現可以略作增補之用，目的不過對蒙古人的漢學「壯大陣容」而已。此外，筆者於本篇增補並蕭先生所作，滙整再作綜合的觀察，俾便對元代蒙古人的漢學有較全面的了解。

二、蒙古人的漢學補述

本文既是以補述為主，故而在分期、漢學內容的分類大體依〈元代蒙古人的漢學〉而作，以方便觀察。不過在漢學的內容欠明，無法確認其專長時，則皆列入研習類之中，反之，能確認其專長時，則分別置於儒學、文學、藝術（美術）類，而不再列為研習；至於倡導、鼓吹、實行類，本文皆整合為倡行類，不再細分。若兼得二類以上的漢學內容，仍加以列明，但求不沒其實。

（一）初　期

1. 孛蘭奚

雍吉烈（弘吉剌）氏，世居應昌（治所在內蒙赤峰市克什克騰旗，達來諾爾西，巴彥門都西北）。祖父忙哥，以后族故得以為太祖宿衛，父親律實為

〔註2〕陳衍書見（臺北市，鼎文書局，民國60年），孫楷第書（臺北市，文史哲出版社，民國78年），白特木爾巴根書見（呼和浩特，內蒙古教育出版社，2002年），楊鐮書（北京市，人民出版社，2003年），桂栖鵬書（蘭州市，蘭州大學出版社，2001年），陳高華文見《內陸亞洲歷史文化研究》（南京市，南京大學，1996年），頁148～164，蕭啟慶進士校注、校補二文見《食貨月刊》復刊第13卷，1、2合期，3、4合期；以及第16卷，7、8期，〈輯錄〉見《臺大歷史學報》，第24期，1999年。另二文皆收於蕭啟慶《蒙元史新研》（臺北市，允晨文化實業股份有限公司，民國83年），頁95～216，217～293。

太宗時千戶（中官）、宿衛。孛蘭奚雖幼孤，但能自我刻厲，受母親教誨。後從世祖征乃顏之叛，因功授信州路（江西上饒市）達魯花赤、宣威將軍（高官）。理政有聲，郡中大治。史稱他幼少年時「暇日習弓馬，夜則讀書」，〔註3〕或受其母教的關係，可視為漢學研習者。

2. 乃 燕

札剌兒氏，為木華黎國王家族後人；祖父孛魯，父親速渾察國王，為「大根腳」的名門鉅族家世。憲宗時以其兄忽林池襲爵國王，總中都行省蒙漢軍，乃燕則代理軍國事，與忽林池謀議政事（高官）。世祖在潛藩時，常與乃燕議事，乃燕能敷陳大義，又明習典故。常誨訓子弟勿以家世顯赫而驕惰，看出他有睿智厚重的教養。史稱他「性謙和，好學，以賢能稱」，〔註4〕雖未明言乃燕的漢學情形，但推測他應有漢學的研習。

3. 答祿別的因

乃蠻氏，據黃溍所作〈答祿乃蠻氏先塋碑〉所載，〔註5〕別的因之父抄思為隨、穎等處征鎮萬戶，後襲父職為副萬戶（高官），仕至池州、台州兩路總管府達魯花赤兼管內勸農事（高官）。其生母為康里氏某，養母為代州名門張氏，當係漢人，其教子以知畏懼、知羞恥、知艱難以成人，別的因深受飭厲。而後因「居張夫人之喪始，悉用中國禮」，以改變乃蠻的北俗喪禮，是受漢文化所致，也可說是漢學的倡行者。別的因之妻為大名貴族梁氏，應是漢人，生四子，孫男有七人，其中守恭為天曆三年（1342）進士。答祿家族在漢學方面頗有可稱之處，尤以答祿與權為著；〔註6〕而別的因則有倡行漢學之功。

4. 塔本默色（塔必迷失）

蒙古人，父親伊垿烏蘭為憲宗時御前總執法（高官），塔本陰為世祖宿衛出身，後為衛州路（衛輝路，治所汲縣，今河南汲縣）達魯花赤（高官），王惲說他於監路政時「政令修舉，豪強斂跡，賦役均簡，俗興禮讓，河淇間民物雍熙，風化大行」。又說衛州經戰亂，孔廟廢撤已五十年，塔本默色首倡修

〔註3〕參見《元史》（北京市，中華書局），卷133，〈孛蘭溪傳〉，頁3235。

〔註4〕參見《元史》，卷119，〈木華黎傳附乃燕傳〉，頁2941。

〔註5〕參見黃溍，《金華黃先生文集》（臺北市，臺灣商務印書館，《四部叢刊初編》），卷28，頁287上～289下。

〔註6〕關於乃蠻達祿家族的進士守恭、守禮、與權等事，蕭啟慶先生曾論及。與權在儒治鼓吹、詩歌、散文各方面皆有其表現。參見前揭〈元代蒙古人的漢學〉。

復孔廟，並捐財興建，「壯麗甲於諸郡，釋菜告朔，文物煌，其闡厥民彝，思樂泮水，貽謀後來，有深意存焉」，是倡行儒學，又行儒治之地方官員。王惲並指出當時陳祐任衛輝路總管，塔本知其賢，與之「敬讓歡洽」，共商設施路政。〔註7〕

5. 哈 觲

度禮班（朵兒班）氏，世祖至元間為濮州（山東甄城）達魯花赤（中官），因學宮經籍不足，師生學者無能學業，於是結合官僚求書得萬八千卷以藏，並日集學子講求經義，論討古今，不廢寒暑，教化養士，敦厚風俗，為漢學倡行者。〔註8〕

6. 野 慶

蒙古人氏，生平欠詳，至元間為堂邑縣（山東堂邑）縣監（低官），在任內修學宮、建講堂，倡行漢學。〔註9〕

7. 息剌忽

玼魯古氏，即八魯（喇）忽氏，生平欠詳，知其祖父以功鎮守魯東。至元年間出任均州（湖北均縣）監守（中官），作有〈武當事績序〉一文，文中自道曾受學，頗涉獵三教之書，是知其為漢學研習者。〔註10〕

8. 脫脫出

度禮班氏，生平欠詳，與上述哈觲為家族兄弟。初任濮州監，後仕至上都（河北正藍旗）留守（高官）。世祖中統元年（1260）時任職濮州，增修州學，而後其弟錫理（禮）門、哈觲相繼任為州監，皆致力於營修廟學，構屋儲書，延鄉賢教學等，有功於倡行漢學。〔註11〕

〔註7〕參見王惲，《秋澗集》（臺北市，臺灣商務印書館，《文淵閣四庫全書》），卷51，〈大元國故衛輝路監郡塔本公神道碑銘〉，頁12下～18上。陳祐可另參見《元史》，卷168，〈陳祐傳〉，言其為衛輝路總管時，創立孔子廟，與王惲所言相符，見頁3940。

〔註8〕參見呂衍，〈濮州廟學記〉，收於李修生主編，《全元文》（南京市，鳳凰出版社，原江蘇古籍出版社，2005年），第22冊，頁476、477。馬豫，〈濮州增修宣聖廟學記〉，《全元文》，第47冊，頁40、41。

〔註9〕參見《光緒堂邑鄉土志》（海口市，海南出版社，《故宮珍本叢刊》，2001年），〈志二〉，「政績錄」，頁2上。

〔註10〕參見《全元文》，第31冊，頁81、82。

〔註11〕參見前揭馬豫〈廟學記〉，呂衍〈廟學記〉二文。

9. 錫禮門

度禮班氏，如上述兄弟興學養士。

10. 柘里察

蒙古人，生平欠詳。至元中任為寧晉（河北寧晉）縣尹（低官），以重修廟學為漢學倡行者。〔註12〕

11. 哈剌台

蒙古人，據王惲酬答詩中說他「系出中朝勛族」，故當為蒙古人，又稱他為斷事官，此斷事官實難以知其所指，以詩中文句衡量，「妙齡英發」當為青年任官，恐為低階掌刑憲之官。詩序文中說他「喜讀書，溫雅尚禮，樂與賢士大夫相接」，當為漢學研習者。〔註13〕

12. 倒剌沙

蒙古人，生平欠詳，知於至元初任樂安縣（江西樂安）達魯花赤（低官），任內措置有法，民人心服，重修縣府並修大成殿，倡行漢學教化。〔註14〕

13. 米惠迪

燕然人，指外蒙古匈奴之地，知為溯漠蒙古人。至元十九年（1282）作有〈重修三公神廟碑〉，為河北元氏縣封龍山神廟所作，文中熟諳典故，筆勢壯麗，頗具漢學研習水準。〔註15〕

14. 斡朵忽都

蒙古人，為朔方右族，祖、父為高唐武毅王（汪古部阿剌兀思惕吉忽里家族，駙馬孛要合）家族封地高唐州（山東高唐）的達魯花赤（中官）；斡朵忽都承襲為州監。他「讀書通大義，體貌謙恭，尊賢容眾」，嚴於律己，寬以待人，獲士民敬愛，號為不愛錢總管。除去勤政愛民、政績斐然外，他興修州學，宏敞壯麗，講堂、鄉賢祠、藏書樓、禮器等無不具備，又推廣鄉里學校，致弦歌廣備。是以斡朵忽都本人研習漢學又有倡行之功。〔註16〕

〔註12〕參見《嘉靖真定府志》（濟南市，齊魯書社，《四庫全書存目叢書》）卷4，〈官師〉，頁28下。

〔註13〕參見王惲，《秋澗集》，卷18，頁19下。

〔註14〕參見《同治樂安縣志》（臺北市，成文出版社，《中國方志叢書》），卷6，〈職官志〉，頁25下。

〔註15〕參見《全元文》，第31冊，頁50～52。

〔註16〕參見閻復，〈高唐斡朵忽都政績碑〉，《全元文》，第9冊，頁274～276。另參

15. 撒的里迷失

蒙古人，生平欠詳，知於世祖至元年間任堂邑（山東堂邑）縣達魯花赤（低官），任內謝絕請託，懲兇除惡，免窮困秀民的徭役，興倡文學，當為倡行漢學者。〔註17〕

16. 也里不花

蒙古人，生平欠詳，知於世祖至元末任彰德路（河南安陽）達魯花赤（高官），於至元三十一年（1294）作〈老君觀寶爐識〉文，此文是為上清正一官祈雨，得感應而申答謝而作，為漢學研習者。〔註18〕

（二）中　期

1. 答祿文圭

即上述別的因之次子，字章瑞，號橫溪，一名囊加觮。為梁夫人所生，「篤學而尚志」，知文圭應有漢學之研習。方回在〈題答祿章瑞淨香亭〉詩註說：「名文圭，號橫溪，蒙古人台州守子」，〔註19〕台州守即上述別的因曾監台、池二州。惜方回詩句不全，未能多得資料，但至少可知文圭篤於學又能讀賞詩歌，有漢學的文學教養。

2. 千　奴

伯牙吾台氏，父和尚，世祖時官至江南浙西道提刑按察使（高官）。千奴以宿衛出身，受御史大夫月魯那延的推荐，襲父親提刑按察使官職，而後歷任各道肅政廉訪使；史稱他「七持憲節，剛正不撓」。成宗時任大都路總管兼大興府尹，為首都之治，「馭吏治民有方，暇日正街衢，表里巷，國學興工，尤盡其力」。武宗時任平章政事（高官），仁宗時致仕，退居於濮上（濮州，黃河南岸，今山東鄄城北），築先聖宴居祠堂於歷山之下，又聚書萬卷，延攬名師教育鄉里子弟，並出私田百畝以給養供學。千奴以私己之力興學養士，後獲朝廷頒賜「歷山書院」額，為漢學倡行的最佳範例，而在他任廉訪使時，

　　　見《嘉靖高唐州志》（臺北市，國立故宮博物院藏本），卷5，頁2下。
〔註17〕參見《光緒堂邑鄉土志》，〈志二〉，「政績錄」，頁2上。
〔註18〕參見《全元文》，第28冊，頁78。另見《安陽縣金石錄》（上海古籍出版社，《續修四庫全書》），卷8，頁9上、下。
〔註19〕見黃溍前揭書〈先塋碑〉，頁289上。見方回，《桐江續集》（臺北市，臺灣商務印書館，《四庫全書珍本》初集），卷27，頁15下、16上。

又曾為南陽書院聚書以供師生之用。〔註20〕千奴興學以范秀為教習，子弟與鄉人來學，又與子姪約束就學，暇日習射御。另設醫學舍、聚方書，以周文勝為醫師，以待來學者。可知千奴興學重家族、鄉人儒、醫二學，他本人則「篤於學問，博通古今，有經濟之具」，〔註21〕又為儒學經史之研習者。

3. 禿不申

札剌兒氏，為木華黎國王家族後人，先世出於木華黎之弟帶孫郡王族系。父親塔塔兒台，與上文所引的乃燕為同輩，仕官世襲山東東平達魯花赤（高官）。塔塔兒台有子四人，其中只必、禿不申有略傳記其事。禿不申襲其兄只必浙西提刑按察使，史稱他「性淳靖，喜怒不形，知民疾苦，而能以善道之」，他於任內友睦同僚，興辦學校，士民碑石記其政績，〔註22〕可知禿不申為漢學倡行者。其兄只必於東平亦置廟學養士，是為儒學倡行者；〔註23〕兄弟二人都在漢學倡行方面有功。

4. 脫　脫

默而吉台氏（篾兒乞氏），世居范陽（屬大都路，今河北涿縣），父親帖古迭兒，仕為忠顯校尉、平江路吳縣達魯花赤（低官）。脫脫承襲為達魯花赤，後任吏部尚書御史中丞、陝西行台御史大夫等職，仕至翰林學士承旨、知制誥、兼修國史、奎章閣大學士（高官）。順帝至正元年（1341）致仕。黃溍說他「其在中臺則入仕經延，其在翰苑則總裁三史」。〔註24〕講學經延即為漢學經史之內容，「兼修」國史也須有漢學教養，不比於一般宰職的「監修」名銜。

〔註20〕 參見《元史》，卷134，〈千奴傳〉，頁3257～3259。王梓材、馮雲濠輯《宋元學案補遺》（臺北市，國防研究院，中華大典編印會，《四明叢書》本，民國55年）〈別附〉，卷3，列有「景憲先生齊諾」條，載文皆用《元史》簡傳，但附於「張氏講友」，原因未詳，或以張養浩曾為山東東平學正之故，因而千奴於歷山書院興學養士，引以為講友。見頁36下～39上。為南陽書院聚書之事，參見程鉅夫，《程雪樓文集》（臺北市，國立中央圖書館，《元代文集珍本彙刊》，民國59年），卷23，〈尊經閣銘并序〉，頁2上～3下。

〔註21〕 程鉅夫有〈歷山書院記〉，對千奴的興學有較詳細的記載，參見《程雪樓文集》，卷12，頁13下～14下。

〔註22〕 參見《元史》，卷119，〈木華黎傳附禿不申傳〉，頁2943。

〔註23〕 只必倡導儒學，已收入蕭啟慶〈元代蒙古人的漢學〉。只必與禿不申兄弟興學倡行漢學事，可另見《山東通志》（嘉靖十二年刊本），卷36，頁15下。

〔註24〕 參見黃溍，《金華黃先生文集》，卷28，〈翰林學士承旨致仕脫脫公先塋碑〉，頁286。

奎章閣則是「命儒臣進經史之書，考帝王之治」，〔註25〕實際上其職責與功能包括宮廷教育、參與議事、蒐集經史典籍、編譯皇室典章、管理並鑑定內府文物書畫等，而充任大學士者（兼領學士院除外）全部都是漢學名望之士，〔註26〕故可推知脫脫當不例外，否則無法符合奎章閣的職責功能。兼修國史部份在元制是以翰林學士承旨兼修，應有漢學文史水準，〔註27〕雖然在世祖滅宋之後，即開始修宋、遼、金三史，但以正統之論未能決定，以致各朝有修三史之名，卻未正式展開完整的修史工作，到順帝至正三年（1343）始下詔設局修三史。〔註28〕故而脫脫的兼修並未完全展開其工作，或僅在準備階段。

5. 脫　脫

　　雍吉剌氏（弘吉剌氏），字德新，家世不詳。吳澄有〈雍吉剌德新字說〉，說他是貴戚鉅族，任為江南等處行御史台經歷（中官），餘則不詳。吳澄為脫脫的字號「德新」寫解說，闡發其義蘊，則脫脫當有漢學的教養，否則豈能瞭解所說？吳澄又說「吾將見其學之益新，而德之常新也，其可量也哉？」〔註29〕足見脫脫是有漢學的研習，而吳澄更加以鼓勵，亦有所期望，但惜其後缺資料可考察。

6. 嶽　柱

　　又作岳柱、咬住，弘吉剌（泓吉哩）氏，事母至孝，悌友諸弟，始終無間言，曾任懷慶路（今河南沁陽）達魯花赤，後仕至翰林侍讀學士（高官）。文宗時將其出居懷王時潛邸建康集慶路（今南京）之所改為大龍翔集慶寺，命嶽柱前往測圭考景以為築基營造，至順辛未（二年，1331）年返朝；嶽柱生平大體如此。集慶寺主持釋大訢，因嶽柱任懷慶路監時，為蝗蟲之災而禱於唐太宗廟，「一夕大雨，蝗盡死」，歲獲豐收，士人作詩讚美，大訢亦追賦

〔註25〕參見《元史》，卷88，〈百官志四〉，頁2222、2223。

〔註26〕參見姜一涵，《元奎章閣及奎章人物》（臺北市，聯經出版事業有限公司，民70年），頁76。本書中所收奎章人物大學士中未見有脫脫收入，恐有所遺漏。大學士諸人見頁86～100。

〔註27〕元代修史及史官制度，參見拙作，〈元代之史館與史官〉，收於《遼金元史學與思想論稿》（臺北市，花木蘭文化出版社，2009年），頁52～70。

〔註28〕元代修三史及正統爭議問題，參見陳芳明，〈宋遼金史的纂修與正統之爭〉，收於《宋史研究集》第七輯（臺北市，中華叢書編審委員會，民國63年），頁205～232。

〔註29〕參見吳澄，《吳文正集》（《文淵閣四庫全書》），卷10，頁1上～2上。

詩。〔註30〕又有〈送嶽柱留守還朝序〉知嶽柱的氏族、孝友、捕蝗等事，同時對他的孝友行誼特別作〈高門一首贈嶽柱公〉。〔註31〕雖然孝友事蹟未必是漢文化獨有，捕蝗則是受漢文化影響，而能受贈詩、讀詩，似可說明嶽柱有漢學的研習。子阿殷圖於至正九年任慶元路總管，興學養士，行鄉飲賓興之禮，尊正風俗，勸學有功，或受家庭漢學之薰陶有關。〔註32〕

7. 埜（也）先帖木兒

忙兀氏，先世畏答兒，為開國元勳，曾與太祖約為兄弟（按達）。父親博羅歡，仕為御史大夫、諸行省平章等，封泰安王（高官）。埜先帖木兒仕至河南河北等處行省左丞相、知樞密院事、開府儀同三司、翰林承旨（高官）。〔註33〕程鉅夫有〈應州覺興寺長明燈記〉，言埜先帖木兒過應州（今山西應縣）覺興寺，因感念子孫宜忠孝傳家，無忝於先世，遂捐款以續長明燈，並請程鉅夫為文記之，俾「賴子之文，昭吾之志」。因程鉅夫與帖木兒為鄰居，並有再世之好，故將帖木兒所敘述的心志等記之成文。鉅夫又曾有〈壽也先帖木兒知院〉詩。〔註34〕大體可知埜先帖木兒應有漢學的研習。

8. 達實特穆爾

蒙古人，即前述塔本默色之子。世祖宿衛出身，官衛輝路監、懷遠大將軍（高官）。王惲稱其「材識明敏，臨事善裁決，止酒十年，讀書無倦，秉志挺特，有過人者」，可知他勤於讀書修志，為漢學研習者。又曾修建醫學及三皇廟，當有倡行漢學之舉。〔註35〕

9. 慕顏鐵木

怯烈氏，為昂實帶之子，景袞之父，此二人蕭啟慶已收入蒙古漢學之中，

〔註30〕參見大訢，《蒲室集》（《四庫全書珍本》二集），卷2，〈嶽柱留守捕蝗詩〉，頁5下～6下，詩序中知嶽柱曾任慶元路達魯花赤。

〔註31〕參見前註，卷7，頁17下～19下，卷一，頁3下、4上。又文宗為懷王，出居建康事，參見《元史》，卷32，〈文宗紀一〉，頁704，改集慶（建康）潛邸建大龍翔集慶寺，參見卷33，〈文宗紀二〉，頁732。

〔註32〕阿殷圖事參見范鋆，〈至正九年記〉，《全元文》，第58冊，頁549、550，又蕭啟慶，〈元代蒙古人的漢學〉已收入阿殷圖，列之為儒學倡導者，不贅述。

〔註33〕參見《元史》，卷121，〈博羅歡傳〉，頁2992。

〔註34〕參見程鉅夫，《程雪樓文集》，卷13，〈應州覺興寺長明燈記〉，頁7下～8下，詩見於卷29，頁12下。

〔註35〕參見前揭《秋潤集》，卷51，頁16上、下。卷59，〈大元國衛輝路創見三皇廟碑銘〉，頁1上～4上。

同時言及慕顏鐵木，但未單獨論述，亦未計入統計數中，今補於此。據程鉅夫為舃實帶所寫〈碑銘〉，說慕顏鐵木「賢而有文，藏書萬餘卷，無不究覽」，當其父舃實帶死後，築「春露亭」於墓側，以為思念致祭。他所藏書是充實父親所建的「伊川書院」，父子皆致力於漢學研習及倡行，舃實帶官至砲手千戶（中官），慕顏鐵木襲嗣千戶。〔註36〕

10. 八　札

蒙古人，為朔方世族，文宗時任嘉興路（江蘇嘉興）達魯花赤（高官），有意於廟學的重建，公帑不足，率先倡導以私俸興造，得僚佐、士儒贊助，使廟學宏奐，規模壯偉，以建造學宮為務，是漢學倡行者。〔註37〕

11. 八　剌

蒙古氏，生平欠詳。知於世祖至元末任大名路清河縣（河北清河）縣尉（低官），會同縣達魯花赤、縣尹等共興廟學，各出俸一年，為工匠之資，便學宮煥然一新，有功於倡行漢學。〔註38〕

12. 八　都

蒙古氏，生平欠詳。即參與上述興建縣學者，其時任職為縣儒學教諭（低官，教諭未入官品，估計為低階），任儒學教諭則知為漢學研習者，又為倡行者。〔註39〕

13. 八　剌

生平不詳，為泰定元年（1324）右榜進士狀元，當為蒙古人，〔註40〕自應是漢學研習者。

14. 塔　海

蒙古人，世居關中，父親哈苔孫，武宗時為中書右丞高官。塔海幼時受世祖命入國子學受業，後入宿衛掌膳食，武宗時任大司農，同知宣徽院事，

〔註36〕參見蕭啟慶前揭文，頁124。程鉅夫，《程雪樓文集》，卷22，〈故砲手軍總管克烈君碑銘〉，頁6下～8上。

〔註37〕參見《弘治嘉興府志》（濟南市，齊魯書社，《四庫全書存目叢書》），卷7，張采，〈嘉興路重建廟學記〉，頁25上～27上。此文又見於《全元文》，第54冊，頁12、13，但缺「八札公」之名。

〔註38〕參見魏天章，〈重修廟學記〉，《全元文》，第36冊，頁218～220。

〔註39〕參見同前註。

〔註40〕參見《元史》，卷29，〈泰定帝紀一〉，頁645。

仁宗時仕至翰林學士承旨、知制誥兼修國史（高官），為漢學研習者。〔註41〕

15. 完者徒

蒙古人，生平不詳，知為國子生，為陳旅任教國子學時之學生，言其貌偉善祥，言暢縝理，是漢學研習者。〔註42〕

16. 疊卜泰（塔不台）

字允恭，為泰定元年蒙古進士，初仕為耀州判官，後為陝西行省掾曹、烏江縣（安徽烏江）達魯花赤，後仕為應奉翰林文字（低官）。任職烏江時，以禮義法制為教，民服而免訟；春季勸課，自裹糧以從。民立去思碑言「允恭之治，以彰儒效」，為研習兼倡行者。〔註43〕

17. 阿察赤

生平欠詳，字仲深，為泰定四年（1327）丁卯拜右榜狀元，則知其為蒙古人，為歐陽玄國子學學生。後張以寧曾有詩悼其死。詩中言「麒麟墮地天不惜」，對其早死，深為惋惜。〔註44〕

18. 伯岳觿

蒙古人，生平欠詳，以小字名。知於至元庚寅（二十七年，1290）年任縣達魯花赤，於成宗元貞乙未年（元年，1295）任嘉祥縣（山東嘉祥）達魯花赤（低官），在縣前後九年，任內剛正廉幹，見廟學缺略，以為宣明教化，作養人才之地，當作整修，出俸創構齋堂，又招民俊秀者，寬免戶役，激勵勸學，使民知所歸而文風大變，為漢學倡行者。〔註45〕

〔註41〕參見程鉅夫，《程雪樓文集》，卷8，〈秦國昭宣公神道碑〉，頁4下～6下。

〔註42〕參見陳旅，〈送完者徒還河陽序〉，《全元文》，第37冊，頁227、228。

〔註43〕參見《嘉靖和州志》（北京市，中國書店，《稀見中國方志滙刊》）卷11，頁367上，〈去思碑〉，載卷16，頁409。泰定六年進士及第及其任官為應奉翰林文字，參見宋褧，〈祭中書左丞王儀伯文〉，《全元文》，第39冊，頁383。此文為在京甲子科（泰定元年）進士，為該科讀卷官王結所作（祭文），由宋褧代作，列名者皆為該科進士，其中有「應奉塔不台」，當即為疊卜泰。

〔註44〕參見歐陽玄為泰定丁卯八月十二日崇天門傳臚賜進士所作詩，序文中述阿察赤右榜狀元，顧嗣立，《元詩選》（臺北市，世界書局，《秀野草堂》本），〈丁集〉，選《圭齋集》詩，頁4下、5上。張以寧悼詩見《翠屏集》（《四庫全書珍本》二集），卷2，〈過觀州悼阿仲深狀元〉，頁68上。

〔註45〕參見趙之敏，〈嘉祥縣達魯花赤碑〉，《全元文》，第37冊，頁201、202。另參見《濟寧直隸州志》（臺北市，學生書局，《新修方志叢刊》）卷6，〈職官六〉，頁21下。

19. 鐵木兒（鐵木迭兒）

蒙古人，為木兒火赤之子，世祖時宿衛，武宗時為宣徽使，深受答己太后寵信，於仁宗時官右丞相（高官），曾因公幹至江西樂安，客於樂安名士夏友蘭（幼安）家講學，但無人知其身份，辭別不受贐贈。後友蘭受推舉，鐵木兒荐之於仁宗潛邸，授為會昌州同知，當仁宗初即位時友蘭卒，鐵木兒有輓聯：「鍾山川秀氣出來，功施社稷。帶日月恩光歸去，名滿乾坤」。此聯於清朝同治年時，尚掛在樂安夏氏祠堂。由此知鐵木兒為漢學研習者，能講學、作聯文，尚有相當程度。〔註 46〕關於鐵木兒當為鐵木迭兒，武宗時任江西省平章，後加官為右丞相，故可能去到江西樂安夏氏，時仁宗在潛邸，夏友蘭為吳澄弟子，吳澄為其作〈墓誌銘〉，文中言受李孟推荐，未言及鐵木迭兒，或因他為權臣之故。〔註 47〕

20. 按攤不花

蒙古人，生平欠詳，知於仁宗皇慶二年（1313）任平江州（湖南平江）判官（低官），以教化為先務，修葺忠孝雙廟（屈原、羅氏二子）、上公亭（王旦），以為教化，並分別作文〈上公亭記〉、〈忠孝祠記〉二篇以記。又博考古蹟、群書，修《成州志》，為地方史志文獻之作。後入祀名宦，是文史、倡行的良吏。〔註 48〕

21. 鐵木答兒

札剌兒台氏，生平欠詳，知曾任河津縣（山西河津）達魯花赤，於成宗大德八年（1304）任安平縣（河北安平）達魯花赤（低官），與縣官僚重修大成殿講堂、鄉賢祠、東西齋廊等，又於公暇親至講論，以為勸學，並優待通經學子，是知其為研習、倡行者。〔註 49〕

22. 睹魯蒙古

蒙古人，生平欠詳，約於成宗大德二年任屯留縣（山西屯留）監（低官），

〔註 46〕參見《同治樂安縣志》，卷 8，〈人物〉，頁 51 上。
〔註 47〕鐵木迭兒參見《元史》，卷 205，〈姦臣鐵木迭兒傳〉，頁 4576～4581，其任職江西行省見吳廷燮，〈元行省丞相平章政事年表〉，收在《二十五史補編》（北京市，中華書局，1998 年），第 6 冊，頁 14。吳澄，《吳文正集》（《文淵閣四庫全書》），卷 74，〈元將仕郎贛州路同知會昌州事夏侯墓誌銘〉，頁 8 下～10 下。
〔註 48〕參見《乾隆湖南通志》（《四庫全書存目叢書》），卷 104，〈名宦〉，頁 5 上，所作文二篇，〈上公亭記〉、〈忠孝祠記〉見於《全元文》，第 36 冊，頁 367～370。
〔註 49〕參見趙居仁，〈安平縣廟學記〉，《全元文》，37 冊，頁 203～205。

與縣官僚重修陋圯的廟學，不傷財害民，擴建禮殿、廊廡，立講堂、齋舍，並祭器、庫廚等，使廟學一新，為漢學倡行者。〔註50〕

23. 伯帖木兒

蒙古人，生平欠詳。知為富貴之家，於成宗大德十一年任溫州路（浙江溫州）達魯花赤（高官），任內禁苛暴、抑強豪，興學校，勸農桑，又建忠臣、孝子祠墓，求遺跡及山川之勝，修為《圖志》。程鉅夫稱他「孝友諄篤、好賢下士」又「本仁遷義、履公律廉」。〔註51〕

24. 方脫脫木兒

蒙古人，為朔方腴族，家世為魯國大長公主魯王藩臣。曾任濟寧路（山東巨野）諸色人匠總管府監司，後於武宗至大辛亥（四年，1311）任濟州（山東濟寧）達魯花赤（中官），見宣聖廟聖賢像飾繪未加，於是首倡捐俸新作，又得官、士捐助，繪飾完成。平日宣揚德化，敦勸學校，禮敬文儒之士，於公暇講讀書史，是研習兼倡行者。〔註52〕

25. 塔　海

蒙古人，生平欠詳。知為進士，任嘉定府路（四川樂山）同知，有善政，民為立功德碑，於文宗天曆時，因川貴間驛站不通，奉命深入蠻荒之地；申張信義福禍，感悟諸蠻酋，開通驛轉，後升任羅羅斯宣慰司（四川西昌）同知（高官）。為漢學研習者。〔註53〕

（三）晚　期

1. 栢帖穆爾

字君壽，蒙古人，家世不詳。順帝至正年間任福建行省左右司郎中（中官），至正二十七年（1369）明兵攻福州城，自焚殉國。〔註54〕李士瞻有〈冑

〔註50〕參見楊仁風，〈新修文廟記〉，《全元文》，第 31 冊，頁 6～8。

〔註51〕參見程鉅夫，《程雪樓文集》，卷 15，〈溫州路達魯花赤伯帖木兒德政序〉，頁 12 下～14 上。又參見《萬曆溫州府志》（《稀見中國方志匯刊》），卷 9，頁 7 下。

〔註52〕參見陳儼，〈從祀繪素記〉，《全元文》，第 28 冊，頁 97、98，另見《濟寧直隸州志》（臺北市，學生書局，《新修方志叢刊》），卷 6，〈職官六〉，頁 16 下。

〔註53〕參見《嘉靖貴州志》（《四庫全書存目叢書》），卷 10，〈流寓〉，頁 11 下、12 上。

〔註54〕參見《元史》，卷 196，〈忠義傳四〉，頁 4433、4434。傳文係據王褘，〈書閩

監群英（雅）集為相（栢）帖木兒君壽題〉、〈題員外栢君壽字卷〉。〔註55〕李士瞻曾以戶部尚書出使於閩省，〔註56〕時栢帖穆爾或任職為員外郎，而後升任為郎中，第二首詩當係其時所作，則栢帖穆爾應有漢學研習。又李士瞻第二首題字卷詩，或為栢君壽的書法而言，則君壽能有書法的漢學教養。第一首「冑監」詩，指栢帖穆爾出身國子學，同學為祝壽之詩。

2. 孛顏忽都

字元卿，孛牙吾氏，為前述千奴之子，登泰定四年（1327）進士。曾仕為國史院經歷，台州路達魯花赤，後任江浙省宣政院判（中官），順帝壬辰年（至正十二年，1352）紅巾軍進犯江浙，元卿奉命總制三關兵馬，三年後，以謗去官而歸台州。〔註57〕上文曾述千奴的興學時，要約子姪們入學受教，則元卿或即在其時受學，而後中進士第，當為儒學的研習者。楊維楨又稱他「為文博極經史，諸子百家，古詩人騷選、樂府、歌行，出語務追古人」。〔註58〕元卿可謂元末的博學儒士，經史之外，諸子、文學皆為其專長。

3. 脫　因

字明善，蒙古人，氏族不詳。歷仕為福建廉訪使、浙東宣慰使、樞密院斷事官、海道都漕運萬戶府達魯花赤，至正十五年（1355）任江浙行省參知政事（高官）。〔註59〕吳人因感念至正十四年飢荒時，脫因任職海漕萬戶府，

中死事〉記錄，見《王忠文集》（《文淵閣四庫全書》），卷18，頁41、42。
〔註55〕見李士瞻，《經濟文集》（上海市，上海書店，叢書集成續編，《湖北先正遺書》），卷6，頁22上，詩題缺「雅」集字，又做「為相帖木兒」，「相」當為「栢」字之誤，據四庫本（《四庫全書珍本》十一集）卷6，頁22上改補。另詩見卷6，頁5下。
〔註56〕參見陳祖仁，〈元翰林學士承旨楚國李公行狀〉，《經濟文集》附。
〔註57〕孛顏忽都生平參見程鉅夫前揭〈歷山書院記〉，另見楊維楨，〈孛元卿墓銘〉，《東維子文集》（《四部叢刊初編》），卷24，頁184下、185上。周伯琦，〈台州路重建天妃廟碑〉，《台州金石錄》（臺北市，新文豐出版公司，《石刻史料新編》），卷12，頁24～28，文中載有孛顏忽都時任台州路達魯花赤，及其生平簡歷。元末胡希聖作〈中興路重修江陵縣儒學記〉，載「北庭孛顏忽都以進士來監縣」，若為同人，則孛顏忽都為西域（北庭）人，有待考察。見《全元文》，第54冊，頁143、144。
〔註58〕見前註，楊維楨文。
〔註59〕脫因生平仕歷參見陳基，《夷白齋稿》（臺北市，臺灣商務印書館，《四部叢刊廣編》），卷12，〈海道都漕運萬戶府達魯花赤脫因公記績頌〉，頁4下～7上。另見鄭東，〈海道都漕運萬戶府達嚕噶齊托音公政績碑〉，收於朱桂，《名蹟錄》（《四庫全書珍本》二集），卷1，頁7上～10下。

糴米賑災，因而有〈吳儂謠〉歌頌其功。〔註60〕陳基將脫因比之於唐代名臣說：「制權宜如裴耀卿，謀經久如劉晏，處身清潔、仕不廢學如韓滉，⋯⋯三人之長，公實兼之」，又讚他是「公文且武，公允且平」，〔註61〕文中所說裴、劉且不論，仕不廢學的韓滉，是以其好〈易象〉、〈春秋〉之學，且有著述之故。〔註62〕喻脫因與唐代三名臣，皆有功於漕運財糧之故，而韓滉事史載好學之故。陳基讚譽脫因盡其誇獎，在所難免，但至少可知脫因是有所學者。其漢學的研習，陳基說他「讀書知古今」可証。顧瑛所作的歌頌中說他是「讀書有志文武充」，〔註63〕亦可証脫因是漢學研習者。

4. 達禮麻識理

字遵道，怯烈台氏。先世為北方大族，六世祖之後遷居於開平（上都路，內蒙古正藍旗）。父親阿剌不花，仕至江西行省參知政事（高官）。達禮麻識理由譯史出身，歷仕監察御史，中書省參知政事、上都留守、翰林學士承旨、知樞密院事（高官），曾一度主持元末皇太子的核心機構大撫軍院，成為其時的重臣。史稱他自幼穎敏，「從師授經史，過目輒領解」，當是對於漢學有其天份才華，而初仕選為經筵譯史，亦可知有儒學的相當程度，但他又能「益自砥礪于學」，故而「搢紳先生皆以遠大期之」。〔註64〕

5. 達里牙赤

蒙古族，生平欠詳，知於後至元二十一年任雲南都元帥，開府於曲陀關（雲南通海），任高官而能以武將「投戈講道，崇尚斯文」，於當地修文廟、立廟學，為漢學倡行者。其子旃檀襲職，亦為漢學研習者。〔註65〕

〔註60〕參見前註《夷白齋稿》，〈補遺〉，頁1上。

〔註61〕參見陳基前揭文。

〔註62〕韓滉事見《舊唐書》（北京市，中華書局），卷129，〈韓滉傳〉，頁3599～3606。

〔註63〕參見顧瑛，《玉山璞稿》（臺北市，學生書局，歷代畫家詩文集影印《知不足齋叢書》，民國60年），卷2，（至正乙未），〈君臣同慶樂送脫因萬戶〉，頁18上～20上。

〔註64〕參見《元史》，卷145，〈達禮麻識理傳〉，頁3451～3454。

〔註65〕李泰，〈都元帥府修文廟碑記〉，《全元文》，第58冊，頁124、125。阿喇帖木兒於文中作「阿喇帖木」，紀年載至正二十二年作〈碑記〉，當為順帝至元年，其子旃檀收入蕭啟慶前揭文〈元代蒙古人的漢學〉，文中言及阿喇帖木兒，但未單獨列出，亦未計入，故補於此，見頁159。

6. 薛朝晤

字子顯，遼東蒙古人，生平欠詳，至正十四年（1324）右榜狀元。〔註66〕
與朝晤為同年進士的陳高，有〈聽鶴樓記〉，記朝晤解說取名「聽鶴」樓之意，
以《易》與《繫傳》等說明心志，陳高又加以引申義理，以為朝晤是「善學
而深得於《易》者矣」。〔註67〕朝晤為進士及第，當有儒學教養，加上陳高又
特別推崇他，由二人談言《易》理可知。

7. 篤列圖

字彥誠，號敬齋，蒙古遜都臺（思）氏。為開國四大功臣之一，赤老溫
家族後人，脫帖穆爾之子。家世漢化頗深，皆受名師教育，其兄月魯不花為
元統元年（1333）進士，他本人為至正五年（1345）進士。〔註68〕彥誠曾以
《詩經》領江浙省鄉試，但至正初科未及第，至正四年又領鄉試，於次年及
第。初授衡陽縣丞，以母憂未赴任，改紹興錄事司長官，再任為江南行御史
臺照磨。後為南臺御史、江浙省員外郎、行宣政院判官（中官）。〔註69〕彥誠
與其兄月魯不花皆為文學之士，月魯不花有詩作傳世，言及彥誠兄弟，〔註70〕

〔註66〕薛朝晤進士及第為右榜狀元，依元代國制右榜狀元必以蒙古人居之，故知朝
晤為蒙古人。參見《福建金石志》（臺北市，新文豐出版公司，《石刻史料新
編》），〈石十二志〉，「薛朝晤等鼓山題名」，在閩縣題：「至正二十五年，秋八
月朔日，遼東薛朝晤、靈武王用文、濟南李君憲、會稽胡溫來遊」，註記指出
薛朝晤為至正十四年狀元，見頁39上、下。其他尚有薛朝晤題名於永福方廣
巖、連江寶華山、永福高蓋山等處；朝晤字子顯，見於「莴仲溫等補（普）
陀峯題名」。另參見《元史》，卷43，〈順帝紀六〉，頁914，載至正十四年，
廷試進士，賜薛朝晤、牛繼志進士及第。
〔註67〕參見陳高，《不繫舟漁集》（臺北市，新文豐出版公司，《元人文集珍本叢刊》，
民國74年），卷12，頁16下～18上。
〔註68〕參見黃溍，《金華黃先生文集》，卷35，〈明威將軍管軍上千戶所達魯花赤遜都
臺公墓誌銘〉，頁360上～361上。篤列圖字彥誠，以「敬齋」號其居所，見
劉基，《誠意伯文集》（《四部叢刊初編》），卷8，〈敬齋銘並序〉，頁191上。
〔註69〕參見陶安，《陶學士集》（《四庫全書珍本》七集），卷12，〈送篤彥成赴官紹興
序〉，頁20上～21上。任職江南行臺照磨事，見劉仁本，《羽庭集》，卷4，〈送
篤彥誠赴南臺照磨任〉，頁4上。來復，《澹游集》（上海市，上海古籍出版社，
《續修四庫全書》），卷上，頁223。
〔註70〕月魯不花詩作言及彥誠兄弟為見心（來復）禪師索詩，題為〈四明定水寺天
香室見心禪師居之吾弟彥誠御史為索詩勉賦一首以寄〉。見前註《澹游集》，
頁221。月魯不花詩作收於《元詩選》中，有十首，但不花的詩文集《芝軒集》
已佚，其漢學之倡導研習，參見蕭啟慶，〈元代蒙古人的漢學〉，頁130、152。

彥誠則未受人注意，他的詩作有數首流傳，為來復的《澹游集》所收，〔註71〕
如其一首〈蒲庵為見心禪師題〉：

> 編蒲築室近招提，一日思親十二時。
>
> 江右風塵歸未得，白雲林下且栖遲。

文句平實清淡，頗有宋儒風味。又如〈定水寺述懷奉呈見心方丈〉，借詩敘說
見心（來復）的定水寺，實在於舒懷個人。詩句如下：

> 定水源深湛不波，老禪每愛客相過，
>
> 山連乳竇人烟僻，地接蓬萊海氣多，
>
> 金殿春明曾射策，玉堂天近想鳴珂，
>
> 却愁道路風塵隔，驚見蕭蕭兩鬢皤。

8. 亦速台

札只剌歹氏，字鼎實，號西坰。曾祖為密州達魯花赤，祖、父似未仕宦。
亦速台為元統元年（1333）進士，初授瑞州路新昌州（江西宜豐縣）同知，
後仕至武州（山西忻州五寨縣北）長官（中官）。〔註72〕亦速台既為進士，當
有經史儒學的教養，今尚可見其文學作品，所存詩二首皆是游定水山所作。〔註
73〕其一題為〈游定水山訪見心禪師浸成口號錄呈一咲〉，中有詩句似透露元末
社會已呈動亂，亦速台有所感觸而生避世之意，句子如下：

> 四海風烟猶格鬪，諸天日月自清閒。
>
> 欲陪缾錫逃危世，布襪青鞋共往還。

另一首詩是重遊舊地，却不見方外之交，同樣說出心頭感懷與退隱之意，詩
句高逸清遠，以蒙古學者而言，甚為難得。詩為〈重游定水登樵隱亭有懷見
心方丈〉：

> 不見高人何所之，閒登樵隱坐移時。
>
> 略無塵土侵衣袂，時有風颸亂鬢絲。

〔註71〕篤列圖詩作啟發自白特木爾巴根，參見其前揭書，頁92、93。詩句取自前揭
　　　　《澹游集》，頁223、224。篤列圖詩作可見者四首，另二首詩題為〈奉題見心
　　　　禪師天香堂〉，〈慈溪訪見心禪師于定水天香室論文敘舊歡聚累日漫成唐律四
　　　　韻以為後會張本云〉（至正二十三年三月）。

〔註72〕參見蕭啟慶，〈元統元年進士錄校注〉上，頁75，亦速台字鼎實，原〈進士錄〉
　　　　作鼎安，蕭先生引〈元史氏族表〉註為鼎實，今據前揭《澹游集》，亦作鼎實，
　　　　並有簡略生平，見頁220。

〔註73〕詩作見於前揭《澹游集》，頁220。

清響繞林人伐木，綠蔭滿地客哦詩。

平生亦有雲泉興，擬約陶潛訪遠師。

亦速台生平資料有限，僅就所見可知他是具高逸情懷的文學之士。

9. 徹　臺

乃蠻人，字文德，為元統元年進士，父親那海，仕為忠顯校尉（中官），[註74] 順帝至正八年（1348）任為南陽府魯山縣（河南魯山）監（低官），與縣主簿協力修學宮殿廡、講堂、宮牆等，又於明倫堂前起建涼棚，供學生習業，又教學生於廟學空地栽種。凡朔望日親率僚屬各保社學師生於文廟行香，會集於講堂，「講明道義、問難義理，考正課業」，又與學官完澤溥化共定學生高下，善賞訓誨等。徹臺為漢學研習並倡行者。[註75]

10. 那　懷

蒙古瓮吉剌氏，生平欠詳，泰定初任崑山州（江蘇太倉）達魯花赤，有善政，創建公署，設置義塾，後出任福寧州（福建霞浦）州監（中官），任內均賦革濫，刑措訟簡，於學校事尤加注意，化解地方爭地糾紛，而使所爭之地捐供為學田。那懷於兩州任內皆有倡行漢學之功。[註76]

11. 壽　安

蒙古酎溫臺氏，字仁輔，順帝至正庚寅（十年，1350）任玉山縣（浙江玉山）縣監（低官），任內敦勵士行，創立「汪文定公書院」（端明書院），以斯文為己任，不久縣政百廢俱興，後因地方動亂而死。其創書院有蘇天爵為之作〈記〉。[註77]

12. 芒文縝

蒙古人，氏族不詳，父親忙哥帖木兒，任為臨川縣（江西撫州）達魯花赤（低官），為漢學研習並倡行者。文縝因父名而姓芒，並承父業，研習漢學，為至正年鄉貢進士，於元亡後明初時，任教於國子學。明初宋濂為忙哥帖木

〔註74〕參見蕭啟慶，〈元統元年進士錄校注〉上，頁79。

〔註75〕參見張溪，〈重修宣聖廟學記〉，《全元文》，第58冊，頁593、594。

〔註76〕參見《至正崑山郡志》（《宋元地方志叢書》），卷2，頁5上、下。張復，〈福寧州增置儒學田記〉，《全元文》，第53冊，頁614、615。

〔註77〕參見《同治玉山縣志》（臺北市，成文出版社，《中國方志叢書》），卷6上，〈職官〉，頁4上，卷4下，〈學校〉，頁13上。蘇天爵〈汪文定公書院記〉，《全元文》，第40冊，頁174、175。

兒的「正心堂」寫〈銘〉文，盛贊其父子相繼漢學事等。〔註78〕

13. 達禮壁

蒙古外馬氏，生平欠詳，登至正二年（1341）進士，入為翰林院編修官。後於至正十四年為永和縣（山西永和）達魯花赤（低官），以廟學狹隘，於是割俸以倡修建，作禮殿、兩廡，立聖賢像，又規建學院、講堂、齋廬畢備，以待學子來學，有倡行之功。〔註79〕

14. 甕吉剌

蒙古人，氏族不詳，先世從太祖伐金，以下歷代皆有軍功，父親阿爾答，仕為肅政廉訪使（高官）。甕吉剌曾任數縣縣監，元末為檀州（屬北京市）達魯花赤（中官），政績可稱，賦役均平，田野開闊，詞訟簡、興學校，在倡行漢學方面，有充實州學廩給，鄉鎮民眾而不知學，因建廟立學，又創帝師（八思巴）殿立國字（蒙古字）學等。〔註80〕

15. 塔察兒

蒙古人，氏族及生平皆不詳，知其於至正己酉年（五年，1345）任丹徒縣（江蘇丹徒）監（低官），仁宗時曾建有廟學，但已陳舊不堪，塔察兒撤舊建新，倡行漢學。而後六年，有繼之者取得學田以養士。〔註81〕

16. 買來的

蒙古翁吉剌氏，字誠甫，家世為國朝右族，勳德名臣之後。至正八年時任江西廉訪使（高官），時江西清江縣縣學謀買學田以供贍用，買來的素重道崇儒，協助成就學田百數十畝，勉勵盡責，成就倡行漢學。〔註82〕

17. 普顏不花

蒙古人，字希古，家世欠詳。至正五年由國子生登右榜進士第一，初授翰林修撰，後出調河南、江西行省任官，時社會已動亂，不花多有戰功，升任中書省參政，後至山東省任平章政事，與明軍對抗，城陷不屈而死。不花

〔註78〕本條參引自蕭啟慶前揭〈元代蒙古人的漢學〉，頁127。
〔註79〕參見趙承禧，〈永和縣重修廟學記〉，《全元文》，第58冊，頁234、235。
〔註80〕參見危素，〈檀州達魯花赤甕吉剌君去思碑〉，《全元文》，第48冊，頁462～464。
〔註81〕參見謝震，〈丹徒縣學田記〉，《全元文》，第58冊，頁646、647。
〔註82〕參見趙浚明，〈臨江路清江縣儒學買田記〉，《全元文》，第58冊，頁520、521。

為漢學研習者，進士狀元出身而殉國。在山西澤州（晉城）的地方志中載有普顏帖木兒，又名不花，至正間曾任澤州達魯花赤，任內勸農桑，作興學校，教民忠孝節義，民多感悅等，若此不花即狀元不花，則知他早期曾於地方倡行漢學。〔註83〕

18. 撒兒塔溫

蒙古人，籍居河北博野，家世欠詳。至正二年由百夫長任安平縣（河北安平）縣監（低官），任內生養民力，除民困擾，又乘豐熟，勸課農桑，崇興學校，養老敬長，便民知孝悌，循誘而行教化，所為皆在倡行漢學。〔註84〕

19. 脫歡溥化

蒙古人，字慎之，祖父曾任樞密副使高官，父親仕歷不詳，他以蔭官任為寧陵縣（河南寧陵）縣監（低官），讀書篤行，為政有廉聲。順帝至元初到任時，以大成殿規制未宏，屋宇簡陋，與縣尹共謀新建，立門建屋，擴講堂、起學齋，添設備、置學田等，捐俸集資，推倡漢學。〔註85〕

20. 脫穎溥化

蒙古瓮吉剌氏，祖父律實仕為千戶，父親孛蘭奚為信州路（江西上饒）達魯花赤（高官）。溥化於至正四年任湖廣行省郴州路（湖南郴州）路監（高官），前此曾任御史，注重維持世教，在郴州路任上，以興舉學校為先務，以學校禮義所出，風化所繫，於是禮聘師儒，廣增生員，學宮易舊更新，寬庭修廊，設像丹青，倡行漢學。〔註86〕

21. 兀納古赤

塔塔兒人，字承道，家世欠詳。為國子生出身，曾任州判官，元末至正十年時任烏程縣（浙江湖州）達魯花赤（低官），任內釐田均役，重修縣治府衙，創建譙樓，設置學田供師弟教養，勸學勵士，士民為之立德政碑。〔註87〕

〔註83〕參見《元史》，卷196，〈忠義傳四〉，頁4429、4430。方志所載普顏帖木兒，參見《萬曆山西通志》（《稀見中國地方志匯刊》），卷17，頁21下，又見《雍正澤州府志》（臺北市，學生書局，《新修方志叢刊》），卷33，頁18下。
〔註84〕參見王鏞，〈達魯花赤撒兒塔溫公德政記〉，《全元文》，第56冊，頁183～185。
〔註85〕參見辛明達，〈重修廟學碑銘〉，《全元文》，第54冊，頁123～125。
〔註86〕脫穎溥化，家世參見錢大昕，〈元史氏族表〉，（《二十五史補編》），頁15。陳元明，〈脩州學記〉，《全元文》，第56冊，頁201、202。
〔註87〕參見《萬曆湖州府志》（《四庫全書存目叢書》），卷10，頁4下。

22. 特穆爾布哈

蒙古人，字德剛，家世欠詳，知於至正中任嘉定州（江蘇嘉定）達魯花赤（中官），由於州學設置不完，遂與州府同僚相與完成，「追理學租以廩生徒，廣購書籍，以資經訓」，又禮請經師教學，與學子討論道義、勵忠孝等，是漢學倡行者。〔註88〕

23. 囊加德普化

克烈歹人，家世欠詳，為至正四年鄉貢進士，是漢學研習者。〔註89〕

24. 察罕帖木兒

乃蠻人，或為西域北庭人，字廷瑞，又有漢姓李氏。先世有軍功，後居籍河南沈丘，父阿魯溫為大司徒（高官），察罕帖木兒幼篤於學，有高視遠瞻，不為流俗之儒，曾應鄉貢進士第，頗有時名，慨然有當世之志，因其時社會動亂，至正十二年，察罕起義兵參與元末的戡亂，以善戰有功，仕為陝西、河南平章、行樞密院事等方面統帥，至於中書省平章（高官），後為部將叛亂刺死。〔註90〕察罕讀書應舉，雖時局造就為名將，後皆在戰亂軍旅中，但仍應為漢學研習者。

25. 答蘭鐵睦爾

蒙古人，生平欠詳。至正時任秘書卿（高官），於至正十五年（1355）代順帝祀西鎮，作〈祀西鎮碑記〉，列為漢學研習者。〔註91〕

〔註88〕 參見楊維禎，《嘉定州修學記》，《全元文》，第 42 冊，頁 507、508，文中稱特穆爾布哈為「鐵侯」，即特穆爾或譯作鐵木兒之故，又稱其為「國族」，故知為蒙古人。

〔註89〕 參見《萬曆南昌府志》（《中國方志叢書》），卷 17，〈科舉〉，頁 23 下。

〔註90〕 參見《元史》，卷 141，〈察罕帖木兒傳〉，頁 3384～3389 所載，傳中稱察罕為「北庭人」，則當為色目族群。前揭錢大昕〈元史氏族表〉記為畏兀氏，「或云本姓李」，見頁 53，但不知所據為何？屠寄，《蒙兀兒史記》（臺北市，鼎文書局，民國 79 年），卷 129，頁 4 上，〈察罕帖木兒傳〉載為「乃蠻種人，徙居別失八里」，亦不知所據？或綜合二說資料而作。柯紹忞《新元史》（臺北市，藝文印書館，二十五史本），卷 220，〈察罕帖木兒傳〉，頁 1 上，載其為「本乃蠻氏」，後以先世居河南沈丘，改姓李氏。據元末當時人歸暘，〈迺蠻公生祠記〉，以察罕為乃蠻人，見《全元文》，第 51 冊，頁 109～112。又下文列〈賽因赤答忽墓志銘〉，可証其為乃蠻氏。其漢姓李氏，於明初太祖有〈奠忠襄王李察罕文〉，《明太祖御製大集》（臺北市，臺灣學生書局，民國 54 年），卷 20，頁 1 上、下。

〔註91〕 參見《全元文》，第 59 冊，頁 19、20。答蘭鐵睦爾任秘書卿事於王士點、商

26. 賽因赤答忽

伯野台氏，先世居於河南固始縣，皆以功為高官，父親伯要兀歹為行省平章（高官）。賽因赤答忽據張翥所作〈墓志銘〉說他喜讀書、習吏事而有遠略，因至正間劉福通起兵，他召義兵從察罕帖木兒征戰，以功升河東道廉訪副使、宣慰使，後仕為河南省平章、翰林學士承旨（高官），死於至正二十年。有子三人，其長子即元末著名將領擴廓帖木兒，他的母親為乃蠻氏，舅父即上述察罕帖木兒，察罕被刺死後，即由擴廓領軍征戰，他有漢名王保保。賽因赤因墓葬發現得知其家世、生平等，為漢學研習者。〔註92〕

27. 札剌爾國王

危素有〈送札剌爾國王詩序〉，說「王純雅好讀書，通知古今」，以國王初嗣位受命安集流亡，訓練甲兵，京師士人作詩歌送行。當時應為至正中時社會動亂之際，但此札剌爾國王名字不知。札剌爾國王為元初開國功臣木華黎國王後裔，其世系分支分支人眾，嗣國王號者數人，一時難以考察。〔註93〕

以下又有時間不詳者數人：

1. 窮閭律

先世蒙古人，字紹祖，後改字榮祖，為勳臣忻都之後（或即為征日本統帥忻都）。榮祖好學能文，為進士出身，但時間不詳。仕為安慶路（安徽安慶）達魯花赤（高官），但未及上任而病卒，其居所為「恩桂坊」。〔註94〕

2. 許盧馬

蒙古人，生平欠詳。知其曾仕為衡州衛萬戶（高官），除軍政嚴肅外，又

企翁《秘書監志》（杭州市，浙江古籍出版社，《元代史料叢刊》，1992年）中並未見及，當可補書中所漏。

〔註92〕賽因赤答忽墓葬發現於1990年洛陽東郊邙山南麓，中有張翥所作〈墓志銘〉，參見洛陽市鐵路北站編組站聯合考古發掘隊，〈元賽因赤答忽墓的發掘〉，《文物》，1996年，第2期，頁22～33。趙振華，〈元賽因赤答忽墓志考〉，對於墓志有頗詳考證，見《內蒙古社會科學》，1944年第2期，頁64～70。又張翥所作〈墓志銘〉，其《蛻菴集》及《全元文》皆未收入。擴廓帖木兒事蹟可參見前揭〈察罕帖木兒傳〉。

〔註93〕危素〈詩序〉，參見《全元文》，第48冊，頁245、246。關於木華黎後裔國王位號，參見蕭啟慶，〈元代四大蒙古家族〉，收於氏著《元代史新探》（臺北市，新文豐出版公司，民國72年），頁141～230，文中〈表十二〉可見。

〔註94〕參見《成化中都志》（《四庫全書存目叢書》），卷5，頁5上。

興立學校，士民稱便，為漢學研習者。〔註95〕

3. 也真不花

蒙古人，氏族及生平不詳，知其居於燕山，「洞達經史」，當為漢學研習者。〔註96〕

4. 明理善化

蒙古人，氏族及生平不詳，知其曾任沁水縣（山西沁水）縣學教諭（未入品官，估以低官計），任教學校應為漢學研習者。〔註97〕

以下尚有進士、鄉貢、國子生等，當為漢學研習者，前已述及者不再列入，知其名者列入。

1. 虎理翰

弘吉刺氏，字仲桓，曾祖、祖父皆為高官，父親伯家奴，仕為宣撫司同知（高官）。為元統元年（1333）進士，授為應奉翰林文字、同知制誥、兼國史院編修官（低官）。〔註98〕

2. 敏安達爾

亦乞列思氏，字達夫，曾祖、祖父皆出仕為低官，父親唐兀歹，仕為人匠達魯花赤（估為中官）。為元統元年進士，授河間路莫州（河北任邱北）同知（低官）。

3. 阿虎歹

為蒙古軍戶，字士傑，父、祖等仕歷不詳或未仕。為元統元年進士，授益都路莒州（山東莒縣）同知（低官）。

4. 完者□先

忙兀台氏，字進道，祖、父皆仕為低官。為元統元年進士，授為南陽府鄧州（河南鄧縣）同知（低官）。

5. 朵列圖

乞失里台氏，祖父仕為昭信校尉（中官），父親完者都為忠顯校尉（中官）。

〔註95〕參見《萬曆湖廣總志》（《四庫全書存目叢書》，卷66，〈宦蹟十一〉，頁46上。
〔註96〕參見《康熙平陽府志》（《稀見中國方志匯刊》），卷20，16下。
〔註97〕參見《雍正澤州府志》（《新編方志叢刊》），卷35，頁29下。
〔註98〕參見前揭蕭啟慶，〈元統元年進士錄校注〉，以下同年進士皆本此，不再註明。

為元統元年進士，授太常禮儀院太祝（低官）。

6. 買 閭

斡羅台氏，字世傑，曾祖、祖父皆為千戶中官，父親唐兀歹，仕歷未載，或未仕。為元統元年進士，授太常禮儀院太祝（低官）。

7. 博顏達

札剌亦兒人，字孝友，曾祖為高官，祖父官不詳，父親也先，仕為務使（估為低官）。為元統元年進士，授徽州路婺源（安徽婺源）州判官（低官）。

8. 博顏歹

札剌亦兒人。字士貞，祖父官歷不詳或未仕。為元統元年進士，授益都路莒州（山東莒縣）判官（低官）。

9. 脫 穎

札剌亦而氏，字尚賓，祖、父官歷不詳或未仕。為元統元年進士，授大都路通州（北京通州）判官（低官）。

10. 野仙脫因

蒙古人，字友賢，祖父仕為中官，父親哈剌不花，仕為武略將軍（中官）。為元統元年進士，授為太常禮儀院太祝（低官）。

11. □□達

燕只吉歹氏，字兼善，曾祖為武職高官，祖父為武職中官，父親伯都，為從仕郎（低官）。為元統元年進士，授國史院編修官（低官）。

12. 燕質傑

怯列歹氏，字道亨，祖父為投下官吏，父親官歷不詳或未仕。為元統元年進士，授益都路密州（山東密縣）判官（低官）。

13. 壽 同

達魯乃蠻氏，字仲舉，曾祖、祖、父三代皆不詳仕歷，或未仕。為元統元年進士，授安豐路濠州（安徽鍾離）判官（低官）。

14. 伯 忽

弘吉剌氏，附見於前述元統元年進士虎理翰，為虎理翰之兄，曾兩舉鄉貢，但其後生平不詳。

15. 帖　哥

捏古氏，為至順元年右榜狀元篤列圖（敬夫）族弟，登至正五年（乙酉，1345）進士，授朔州（山西朔縣）同知（低官），其餘則不詳。〔註99〕

16. 帖謨補化

蒙古人，為至正二年進士，初授為龍興路（江西南昌）錄事司錄事，後歷仕縣達魯花赤，出任淮南行省元帥府都事（中官），時余闕為行省右丞，守安徽安慶，至正十八年為亂兵攻陷，與余闕等同時殉國。〔註100〕

17. 阿魯輝帖木兒

為至正八年右榜進士第一，當為蒙古漢學者，但其生平事蹟不詳。〔註101〕

18. 朵列圖

蒙古人，字仲容，父親曾任監察御史（中官）。至正十一年登進士，初授官集賢院撰修，至正十七年任兵部郎中，後升為某部尚書（高官）。〔註102〕

19. 虎都達兒

蒙古人，即上述朵列圖之兄，至正十一年國子學貢試第一，後仕為承務郎、絳州（山西新絳）同知（中官）。〔註103〕

20. 倪　徵

為至正十七年右榜進士第一，是蒙古漢學者。〔註104〕

〔註99〕 參見王逢，《梧溪集》（《知不足齋叢書》本），卷3，〈故內鄉御史捏古氏篤公輓詞〉序文，頁4上。

〔註100〕 帖謨補化於至正元年中南昌鄉試，參見《萬曆南昌府志》（《中國方志叢書》），卷17，〈科第〉，頁23。《嘉靖南畿志》（臺南縣，莊嚴文化事業公司，《四庫全書存目叢書》，1996年），卷42，頁4上。余闕殉國事，見《元史》，卷143，〈余闕傳〉，頁3428，傳中載帖謨補化為「帖木補化」。又〈重修祝融廟記〉署名「國子進士承事郎晉寧路同知遼州事帖睦爾補化撰」，未知是否為同一人？其時為至正十一年，見《山右石刻叢編》（《石刻史料新編》），卷39，頁1。

〔註101〕 參見《元史》，卷41，〈順帝紀四〉頁881。

〔註102〕 參見蕭啟慶，〈元至正十一年進士題名錄校補〉，刊於《食貨》復刊，第16卷，7、8期，民國76年，頁325～340。

〔註103〕 參見前註。又見趙恒，〈絳州同知虎公聖母廟禱雨靈廟碑〉，收於《山右石刻叢編》，卷39，頁10上～11下。

〔註104〕 參見《元史》，卷92，〈百官志八〉，「選舉附錄」，頁2345。

21. 買　住

為至正二十年右榜進士第一，是蒙古漢學者。〔註105〕

22. 寶　寶

為至正二十三年右榜進士第一，是蒙古漢學者。〔註106〕

23. 赫德溥化

為至正二十六年右榜進士第一，是蒙古漢學者。〔註107〕

24. 燮理翰

先世蒙古人，字文軌，登進士第時間不詳。曾任雲南中慶路（昆明市）儒學提舉（中官），至正二十三年，明玉珍攻雲南，城陷而死。〔註108〕

25. 潮　海

札剌台氏，由國子生入官，當有漢學研習。元末任靖安縣（江西靖安）達魯花赤（低官），至正十二年地方動亂，死於亂事。〔註109〕

26. 五　兒

蒙古人，字達道，為至正二十年國子試進士。〔註110〕

27. 虎　□

蒙古人，為至正二十年國子試進士。

28. 脫□溥化

蒙古斡羅納氏，字元善，為至正二十年國子試進士。

29. 脫　歡

蒙古乃蠻氏，字企顏，為至正二十年國子試進士。

30. 必禮圖

蒙古乃蠻氏，字善道，為至正二十年國子試進士。

〔註105〕參見前揭「選舉附錄」，頁2346。
〔註106〕參見同前註。
〔註107〕參見同前註。
〔註108〕參見《正德雲南志》（《天一閣藏明代方志選刊續編》），卷17，〈名宦二〉，頁16上，又見卷29，支渭興，〈中慶路增置學田記〉，頁8上～10下，文中言燮理翰為學宮提舉。
〔註109〕參見《元史》，卷195，〈忠義傳三〉，頁4424、4425。
〔註110〕參見前揭〈至正庚子國子生貢試題名記〉，以下所列數人皆據此，不再註。

31. 溥　顏

蒙古人，為至正二十年國子試進士。

32. 字羅帖木兒

蒙古人，為至正二十年國子試副榜進士。

33. 關　奴

蒙古人，為至正二十年國子試副榜進士。

34. □　位

蒙古人，為至正二十年國子試副榜進士。

35. 希鶯吉□

蒙古人，為至正二十年國子試副榜進士。

36. 捏古思

捏克觲氏。父忽都達而，為中期高官漢學者。至正七年山東鄉試第二名，以特恩出任清州（河北清州）儒學正，後仕為平江路同知吳江州（江蘇吳江）州事（中官），為漢學研習者。〔註111〕

三、其他相關漢學的討論

蕭啟慶先生在〈元代蒙古人的漢學〉中，曾指出以現存史料考察得出的蒙古漢學者與實際人數應相差甚遠，並說角逐科場的逾萬蒙古士子在漢學上都應有相當的造詣，由於未能有具體的資料，故難以列入。此說甚確，元代科舉雖僅有十六科，錄取進士一千一百三十九人，十六科中最少者三十五人，最多者百人，平均每科率取進士為七十一人餘。〔註112〕若加上國子生科舉，每科取十八人，自延祐五年（1318）始，共十五科，共取二百七十人，但自至正十一年（1351）始的六科又多錄取副榜二十人，且最後一科至正二十六年，正榜國子生錄取名額為二十人，則多出一百二十二人，總共國子生榜計為三百九十二人。〔註113〕以進士、國子生及第者已知有一千五百三十一人，

〔註111〕參見黃溍，《金華黃先生文集》，卷 27，〈嘉議大夫婺州路總管兼館內勸農事捏克觲公神道碑〉，頁 227 下。忽都達而已為蕭啟慶收入為中期漢學者，見前揭文，頁 115。

〔註112〕元代科舉開科及錄取人數，參見《元史》，卷 81，〈選舉志一〉，頁 2026，卷 92，〈百官志八〉，「選舉附錄」，「科目錄」，頁 2344～2347。

〔註113〕國子生貢試與科舉大比選士，始於延祐二年之後，「與天下士同試於禮部，策

這些高級知識階層，蒙古、色目科舉進士可考知者有二百四十人，〔註114〕國子生依規定是蒙古、色目各六名，漢人、南人共取六名，副榜是蒙古、色目各四名，漢人十二名。〔註115〕即便如此，整體上這些及第者仍無法完全知道他們的漢學情形。

在〈元代蒙古人的漢學〉中，收錄進士及第者有二十一人，若加上文中所言及的答祿守恭、守禮兄弟二人，則為二十三人，鄉貢進士五人，漏記至正十六年的忙文縝，當為六人。在蒙古進士方面，蕭啟慶先生作〈元統元年進士錄校注〉，除去已列入〈漢學〉文中的六人外，可確知為蒙古人者為虎理翰、亦連歹、敏安達爾、阿虎歹、朵列圖、買閭、徹臺、博顏達、博顏歹、脫穎、野先脫因、艾□達、燕質傑、壽同等十四人，總共二十人，而色目人有二十三人，不明者六人。右榜錄取五十人，蒙古、色目各半，考察的結果大體符合。〔註116〕再以〈元至正十一年進士題名記校補〉文中知此科共取進士八十三人，右榜蒙古、色目列名全或不全者有三十三人，加上脫落空名位者，應共取三十八人，漢人、南人榜則有四十五人，皆未取滿應取額數，是殿試黜落之故，在右榜中能確認族屬者僅三、二人而已。〔註117〕若以元統元年之例，大約至正十一年的右榜，應是蒙古、色目皆為十餘人，二者名額相當。延祐二年（1315）乙卯科進士，錄取五十六名進士，有姓名者四十人，其中蒙古、色目人所知者僅六人，有蒙古一人，色目五人；其餘卅四人為漢人、南人。〔註118〕此次首科右榜的「國人暨諸部」（蒙古、色目人）錄取者應有十六人，〔註119〕錄取頗少，能知其名者更少，

於殿廷，又增至備榜而加選舉焉」，見前註，〈選舉志一〉，頁 2031、2032。所謂「備榜」即「副榜」，始於至正八年四月，中書省所奏，「陳例取十八人外，今後再取副榜二十人」，見前註，〈百官志八〉，頁 2344、2345。至正二十六年末科，國子生員取二十名，見頁 2347。

〔註114〕參見蕭啟慶，《元代的族群文化與科舉》（臺北市，聯經出版事業股份有限公司，2008 年），第五章，〈元代蒙古色目進士背景的分析〉，頁 120。

〔註115〕參見前揭〈選舉附錄〉，「科目之條」。

〔註116〕參見蕭啟慶，〈元統元年進士錄校注〉，《食貨月刊》復刊，第 13 卷，1、2 合期（民國 72 年），頁 72～90；3、4 合期（民國 72 年），頁 47～62。

〔註117〕參見蕭啟慶，〈元至正十一年進士題名記校補〉，《食貨月刊》復刊，第 16 卷，7、8 合期（民國 76 年），頁 69～84。

〔註118〕參見樓占梅，〈伊濱集中的王徵士詩〉，《史學彙刊》，第十二期（臺北市，中國文化大學史學研究所與史學系，民國 72 年），頁 57～76。

〔註119〕參見許有壬，《至正集》（《文淵閣四庫全書》），卷 33，〈張雄飛詩集序〉，頁 14 上。

是否亦各取半數則不能得知。泰定元年（1324）甲子科進士共取八十六人，有姓名可考者四十九人，所知右榜十七人中有蒙古三人，色目七人，餘則不詳。〔註120〕

　　照上述幾個進士名錄看來，雖有原則上錄取的比例，往往卻未能清楚，元統元年、至正十一年資料較足夠看出其大約比例，右、左榜各佔其半為原則，雖經廷試後有所黜落，但取名額應不致相差太大，右榜中蒙古、色目各居其半的原則，似亦可作如是觀。但是在延祐二年的首科，右榜僅十六人，而左榜高達四十人，相差甚多，是否首開科舉，蒙古、色目人未有考試及漢學的長期文化背景，難以及時準備至理想程度，其次，北族之人或與漢人、南人對科舉的觀念差異有關。元代科舉雖開科少、錄取人數亦不多，對於學術、教育自有其正面的影響。〔註121〕對於蒙古、色目等北族而言，至少增加其漢學的研習及漢文化的教養。以角逐科場的士子數目來看，會試選合格者三百人，就中有蒙古人佔七十五人，〔註122〕元代共開十六科，則有一千六百人參加會試，而會試前的鄉貢進士候選者為數更多，恐不下萬餘人之譜。右榜進士在元代理應佔五百人左右，但可考知者為二百四十人，其中蒙古人為六十五人，色目人為九十六人，不詳者為七十九人。〔註123〕以目前此狀況來看，最易於尋找出的漢學研習情況者應在於其中，但卻僅寥寥六十餘人，殊為可惜之至。

　　元代蒙古人的漢學，除去家庭教育（包括父母、兄長、家庭教師）教養，自修學習外，主要在於學校。元初太宗窩闊臺時蒙古汗廷已設立國子學，以貴臣子弟受學，蒙古子弟以學漢語文為主，內容則是《孝經》、《四書》等漢學；也有醫藝在內。自世祖忽必烈以後，制度漸趨完備、擴張，成為中央培

〔註120〕參見陳高華，〈元泰定甲子科進士考〉，頁148～164。此次錄取進士人數，根據《元史》，卷29，〈泰定帝一〉所載，元年三月「戊戌，廷試進士，賜八剌、張益等八十四人及第、出身有差」，見頁645，與〈選舉志一〉所載八十六人有差。

〔註121〕元代的科舉及影響，參見丁崑健，〈元代的科舉制度〉，《華學月刊》（臺北市，中華學術院國際華學會議秘書處，民國71年），第一二四期，頁46～57，第一二五期，頁28～51。

〔註122〕會試名額及各地的分配，參見前揭〈選舉志一〉，頁2021。

〔註123〕參見蕭啟慶，〈元代蒙古色目進士背景的分析〉，收在氏著《元代的族群文化與科舉》（臺北市，聯經事業出版公司，2008年），頁119、120。文中言可考的蒙古進士五十六名，惜未見其名單。此外，陳高華前揭文、桂栖鵬前揭書中，皆有對蒙古進士的補輯。

育文化菁英之所，國子生員全是漢學研習者，蒙古、色目人出於國子學若非釋褐補官即科舉搏名。〔註124〕國子學在世祖以後逐漸制度化，以名師大儒教授，所讀習者除《小學》、《孝經》課外，並通習四書五經，蒙古、色目、漢人皆如此，惟考試法蒙古生從寬，色目生稍密，漢人則全依科舉之制。國子學生生員額也漸加多，由世祖晚期的百人起，成宗時的二百人，武宗時的三百人，仁宗時的四百人，大約蒙古人佔其半數，又有陪堂生、伴讀等。地方上的路、府、州、縣學（包括書院），有多少北族子弟入學，一時難以考察。國子生的蒙古生粗略推算共約有近五千人之眾。〔註125〕這些國子生都是漢學的研習者，推算的數目雖是以理想的人數而言，但可供為參考。

元代國子生員在至正二年（1342）開始亦隨同科舉試參加科考，同樣錄取進士，但名額另計，每科取十八人，蒙古、色目各取六名，漢人、南人共取六名。每年監生先取及分生四十人，三年應貢科舉會試者為一百廿人，由其中錄取進士十八人。到至正八年，因中書省奏請除正榜外，加取副榜二十人，其中蒙古、色目各取四名，漢人取十二名。如此往後國子生參加科舉錄取的人數有所增加。而至正二十六年最後一科的正榜國子試又增加二人，成為二十人。〔註126〕通計國子生貢試的正榜進士共取一百六十四人，副榜一百二十人，其中蒙古生有正榜者五十六人，副榜二十四人，共為八十人。若以前揭至正二十年庚子科國子進士榜為例，錄取人數正是蒙古、色目各六人，漢人六人，副榜蒙古、色目各四人，漢人十二人。〔註127〕其蒙古人正榜名字

〔註124〕國子學在元初時情形，參見蕭啟慶，〈大蒙古國的國子學—兼論蒙漢菁英涵化的濫觴與儒道勢力的消長〉，收於氏著《蒙元史新研》（臺北市，允晨文化實業公司，民國83年），頁64～94。世祖以後國子學的發展及其制度，參見袁冀，〈元代的國子學〉，收於氏著《元史研究論集》（臺北市，臺灣商務印書館，民國63年），頁203～235。

〔註125〕參見前揭〈選舉志一〉頁2029～2033。粗略推算，生員數由至元廿四年（1287）定制，但入學生僅百人，蒙古生居半，到成宗大德十年（1306）定生員數二百人，二十年之間估計以三年一屆，蒙古生約有千人左右。到武宗至大四年（1311）增至三百人止，蒙古生員數約三百人。到仁宗延祐二年（1315）又增至四百人止，期間蒙古生員數約四百人，延祐之後至順帝至正廿七年（1367），期間蒙古生員數約三千餘人，總計約近五千人。

〔註126〕參見《元史》，卷92，〈選舉附錄〉，「科目」條，頁2344、2345。

〔註127〕參見〈至正庚子國子生貢試題名記〉，收在《金石萃編未刻稿》（石刻史料新編），頁86、87。至正紀年有庚寅（十年）、庚子（二十年），但至正科舉有十一年辛卯榜，二十年庚子榜，並無庚寅十年榜。故此題名記當為至正二十年庚子榜。榜上人名間有名字不全或空缺者，漢人副榜有空行。

為伍兒（字達道）、虎□、脫□溥化（字元善），斡羅納氏）脫歡（字企顏，乃蠻氏）、溥顏、必禮圖（字善道，乃蠻氏）。副榜為孛眾帖木兒、關奴、□住、布鸞吉。這十人在所有的蒙古國子進士八十人中，僅佔八分之一而已，而且其生平事蹟及漢學專長上並不清楚，暫供參考。

　　原來在科舉及國子生進士是較易於察知其漢學情形，但如上述來看，可參考姓名蒙古人不過七十餘人，其中尚有部份無法知其漢學情形，蒙古科舉進士以二百五十人計，國子進士以八十人計，全部三百三十人中，知姓名者不足四分之一。可知有待考察處甚多。此外，進士之中略有身世資料但未有關漢學情形者，亦難以討論，如虎篤達爾，由資料中可知其字仲亨，落籍於濟寧，其先為至正十一年（1351）辛卯榜右榜狀元朵烈圖，可知他是蒙古人，而他本人為國子生科舉榜首，雖然「名動京師，四海固已拭目以觀其展采錯事」，〔註128〕但他後來除知道任絳州（治所正平，今山西新絳）同知外，其他仕歷、漢學方面的表現，卻無法得知，殊為可惜。又如札剌台氏潮海，由國子生入官，仕為靖安縣（江西行省龍興路屬縣，今江西靖安）達魯花赤，死於元末兵亂。〔註129〕雖知為蒙古國子生，必有漢學研習，但其情形則不知。再如郭庸，字允中，蒙古人，由國子學出身，元末仕至中書省參知政事，明兵入京師，不屈而死。〔註130〕其情形同於潮海，有漢學研習但未知詳情。

　　蒙古人漢學的研習除學校教育外，亦有鄉里、家庭教育的部份，或由家中長輩教習，或延師授業，如池州（江浙行省池州路，治所貴池，今安徽貴池）馬馬家族，哈兒柳溫台氏，仕為管軍中千戶所達魯花赤，孫男哈睦那海，「治進士業」，那可赤博洛，「亦習進士」，這二人在何處習進士業並未說明，或即在地方學校、鄉里、家庭中讀書，以備考進士。另一孫哈剌台受祖母張氏（或為漢人）鼓勵，資助他「從師授業」，而於泰定四年（1327）進士及第。〔註131〕馬馬一門七孫，三人皆治進士，研習漢學。此例說明在地方上仍有為

〔註128〕參見趙恒，〈絳州同知虎公聖母廟禱雨靈廟碑〉，《山右石刻叢編》，卷三十九，頁 10 上～11 下。

〔註129〕參見《元史》，卷 195，〈忠義三〉，頁 4424、4425。

〔註130〕參見《元史》，卷 196，〈忠義四〉，頁 4437。此人可列入晚期漢學。

〔註131〕參見蘇天爵，《滋溪文稿》（《元代珍本文集彙刊》），卷廿一，〈元故贈長葛縣君張氏墓誌銘〉，頁 14 下～17 上。原文中以哈剌台為泰定三年二甲進士榜首，然泰定三年未有進士科考，應為四年丁卯科。馬馬孫三人可列入中期漢學。

科舉的漢學研習，其途徑不外在家庭、鄉里或投師學藝所謂「治進士業」者，應所在不少，雖或在科舉之途歷鄉、會、廷三試，中有幸與不幸者，但都是對漢學有所研習無疑。

蕭啟慶先生的蒙古漢學未收入蒙元諸帝后及皇太子，係因已有數篇著作論述及此，本文補述亦不再論，但計數中仍擬乃採入，因具體明確的資料已有其侷限，若能知些許似不宜閒置。蒙元諸帝有世祖、仁、英、文宗、順帝較為論者所重，此外，世祖皇太子真金，順帝皇太子愛猶識理達臘皆為著名的漢學研習者，也在相關論述中常被舉為例子，於此本文不再贅述。〔註132〕由於其他諸帝並無明確資料可確認其漢學情形，故而不易討論，或即視之為不知漢學者。在本文而言，對漢學研習從寬認定，則可將諸帝及若干宗室視為知漢學者，如太祖成吉思汗，他與漢文化接觸應是透過轉譯而來，著名的長春真人雪山講道之事，即透過轉譯而來，〔註133〕甚至常侍左右的耶律楚材，所言說的漢法制度等，也應是如此，雖說可汗未通漢法語文，但長春真人與耶律楚材所言說的內容卻是漢文化的內容無疑，故而從寬來看，可汗仍接觸到漢學的內容，勉強算作粗淺的漢學研習，應尚能接受。依此，其他諸帝也可推作漢學研習者，但本文中並不作討論，亦未將諸帝計入。

宗室方面尚有資料可供參考，如：

1. 阿里不哥（初期）

為忽必烈之弟，後來因皇位爭奪，雙方各有支持集團，爆發大規模爭戰，此處不論。據史載，真定名士李槃曾奉莊聖太后（睿宗拖雷王妃，名唆魯和帖尼）之命，「侍阿里不哥講讀」，〔註134〕是阿里不哥能通諳漢語文得以受學？或透過轉譯而讀？不能確知，但講讀內容應是漢學。又拖雷妃的湯沐邑在真定路，「首務立學養士」，〔註135〕是重視漢學教育的作為，如阿里不哥受漢學

〔註132〕參見蕭啟慶文，〈元代蒙古人的漢學〉，頁99、100所引諸註各論著。較早且較全面探討元代諸帝漢學，有吉川幸次郎〈元の諸帝の文學〉五篇，刊於《東洋史研究》第8卷3至6期，1943年，第9卷，1、2期，1945年，論世祖、真金太子、仁宗、英宗、順帝等頗詳，文中兼述及其他北族漢學者。Herbert Franke "Could the Mongol Emperors Read and write Chinese？",In"China under Mongol Rule". Published by VARIORUM, 1994. Ashgate punlishing Limited. pp.28-41.文中所述類同。

〔註133〕參見前述〈元代唐兀人的漢學〉，所列初期漢學「阿里鮮」條。

〔註134〕參見《元史》，卷126，〈廉希憲傳〉，頁3086。

〔註135〕參見宇匜魯珊，〈真定路加葺宣聖廟碑記〉，《全元文》，第32冊，頁317。

與母親的安排有關，恐怕拖雷諸子蒙哥、忽必烈等與阿里不哥同樣都受過漢學內容的講讀。

2. 忙哥剌（中期）

世祖之子，封安西王，以商挺為王相，進十策於王，又有李德輝為王相，二人皆以漢學輔侍忙哥剌。〔註136〕

3. 那木罕（中期）

世祖之子，封北平王，董文用奉命為其說經書。〔註137〕

4. 忽哥赤（中期）

世祖之子，封雲南王，同上述受董文用說經。

5. 孛羅（中期）

世祖時以張德輝「教胄子孛羅等」，孛羅為宗室子，或為阿里不哥孫，乃剌忽不托次子，成宗時封鎮寧王，仁宗時徙封為冀王。〔註138〕孛羅之外當有其他宗室子孫，故說「孛羅等」，惜名字缺載，但由此可知宗室子弟應有相當普遍的漢學教育，孛羅不會是特例受教者。

6. 答己太后（中期）

弘吉剌氏，為世祖子甘麻剌王妃，生武宗、仁宗二帝，後尊甘麻剌為順宗，答己為二朝太后（興聖太后）。答己漢學雖不明確，但他曾招高觿妻葛氏入宮講《通鑑》，論古今政治得失。而葛氏為習於《詩》、《禮》，通古今之婦女，常以經義教授宮中婦女，故得以講論漢學，答己太后可視為有漢學的研習〔註139〕

以上所知宗室六人皆可視之為漢學研習者，其餘宗室具有漢學者應大有人在，但無法得知其情形。此六人於後文的統計中分別列入初、中期的研習者之中。

〔註136〕商挺參見元明善，《清河集》(《續修四庫全書》)，卷6，〈參政商文定公墓碑〉，頁69下。李德輝見蘇天爵《國朝名臣事略》(臺北市，學生書局影印元統刊本，民國58年)，卷11，〈左丞李忠宣公〉，頁1上～4上。

〔註137〕參見虞集《道園學古錄》，卷20，〈翰林學士承旨董公行狀〉，頁341。

〔註138〕參見《元史》，卷163，〈張德輝傳〉頁3824。孛羅見《元史》，卷108，〈諸王表〉，頁2741、2742。

〔註139〕參見虞集，〈高僖莊公神道碑〉，《全元文》，第27冊，頁281～286。答己太后見《元史》，卷116，〈后妃傳二〉，頁2900。

四、結　語

　　元代蒙古人的漢學在本文所補述者，初期有十七人，中期有三十三人，晚期有六十四人，時間不詳者四人，總共為一一八人。蕭啟慶先生所收蒙古人的漢學總共有一一七人，二者總計二三五人。蕭文中漢學者係以學術形式與類別分，每種都分成三期敘述，其論述的形式與本文略有不同，全文分為三大類，第一為儒學類，包括研習、倡導、鼓吹、實行四分類，在本補述中，歸之於研習、倡行二類，即將蕭文中後三個分類合為倡行類。第二類為文學類，包括詩歌、散文、戲曲三個分類，在本文補述中是合成一個文學類，而本文又有經、史、子三類以區別於文學，本文的這三類有部份是在蕭文的研習中。第三類為美術類，包括繪畫、書法二分類，在本文補述中是合成一個藝術類。由於分類的差異，可能在綜合觀察時難免有些微出入，為保持各自論述的原意與原作，在表格製作時分類以（A）為本文，（B）為蕭文，（C）則為綜合的參考。此外，本文多出〈漢學者出身表〉，配製（B）表時，全以蕭文所述為根據代表作出，其間也略有經查閱史料而訂出者。綜合考察的（C）表，為配合蕭文，就以總計的數據列出。漢學專長表蕭文頗詳，同樣以人次計，故較易將同樣取用，以利觀察。蕭文中所列入不明的仕宦，在本文的（B）表中，皆列入不詳欄。又在表格第二個數字為各項所佔比率數。

表一：〈元代蒙古漢學者家世仕宦表〉

(A)					
	高	中	低	未仕	不詳	總計
初	4, 23.5	2, 11.8	0	0	11, 64.7	17, 100
中	13, 39.4	1, 3	0	0	19, 57.6	33, 100
晚	9, 14.1	6, 9.4	4, 6.3	7, 10.9	38, 59.4	64, 100
總計①	26, 22.8	9, 7.9	4, 3.5	7, 6.1	68, 59.7	114, 100
不詳					4, 3.4	118, 100
總計②	26, 22	9, 7.9	4, 3.4	7, 5.9	72, 61	118, 100
(B)					
總計	52, 44	10, 8.5	5, 4.3	2, 1.7	51, 41	117, 100
(C)					
總計	78, 33.2	19, 8.1	9, 3.8	9, 3.8	123, 52.3	235, 100

註：（B）表中高官原爲 45 人，今將宗室 7 人亦列入其中。

　　由〈表一〉（A）中，家世不詳者最多，係因資料所限而無法得知，除此外，每一期及總計來看，都以高官家庭居首位，中官居次，未仕者居三，加上（B）表，總體的觀察而言，仍是有太多的資料不詳，佔去全部資料的半數略多，此外，同樣仍是以高官家庭居首，佔到三分之一，中官家庭居次，低官與未仕者相當，同居於最末。似乎可說明在政治地位居高的家庭較有機會研習漢學，即家世環境較優，受教育、學習的條件也較優，比其他家庭有更多機會得以學習漢學。宗室之外，世家如乃燕、禿不申爲木華黎國王家族後人，有意向學，應比其他家世易於得到漢學研習的機會。本文與蕭文在這方面都得到相同結論，而結合二者觀察更爲明顯。而政治地位高，家庭經濟能力也強，讀書受教育的經濟條件充分，若有心向學，不難有漢學基礎。

表二：〈元代蒙古漢學者本人仕宦表〉：

(A)					
	高	中	低	未仕	不詳	總計
初	7, 41.2	4, 23.5	5, 29.4	0	1, 5.9	17, 100
中	16, 48.5	3, 9.1	7, 21.2	0	7, 21.2	33, 100
晚	12, 18.8	10, 15.6	22, 34.4	1, 1.6	19, 29.7	64, 100
總計①	35, 30.7	17, 14.9	34, 29.8	1, 0.9	27, 23.7	114, 100
不詳	2, 1.7		1, 0.9		1, 0.9	118, 100
總計②	37, 31.4	17, 14.4	35, 29.7	1, 0.9	28, 23.7	118, 100
(B)					
總計	66, 56.4	37, 31.6	5, 4.3	3, 2.6	6, 5.1	117, 100
(C)					
總計	103, 43.8	54, 23	40, 17	4, 1.7	34, 14.5	235, 100

註：（B）表中，原高官者爲 59 人，今將宗室 7 人亦列入其中。

　　由〈表二〉（A）中，漢學者本人仕宦情形以低官與高官最多，同樣都佔去三分之一左右，原因是低官在晚期列入許多科舉出身者，低官在晚期，於（A）表中最能顯示出來，由於資料只顯示中舉後的初任官，必然是低官出任之故，而後的仕宦歷官則未能知曉，無法得知其後的仕歷。此外，高官佔較

多數，其中有宗室計入之故，若綜合（B）表來觀察，明顯看出仍以高官居首位，佔到四成餘的比率，其次為中官，佔到二成餘左右，低官居於第三，適成高、中、低排序。除不詳者之外，漢學本人仕宦情形與〈表一〉家世的情形頗能配合，即家世政治地位高者與其本人的政治地位有相當一致的趨勢。家世高官，受漢學教育機會較多，而後本人也多能居於高官，又可以此家世給子孫受學的良好基礎，較可掌握優勢條件，有利於家世的發展，對家族成員有所助益。

表三〈元代蒙古漢學者出身表〉

（A）								
	蔭襲	徵荐	宿衛	學校	科舉	從軍	無	不詳	總計
初	4,23.5		1,5.9			1,5.9		11,64.7	17,100
中	8,24.2		4,12.1	1,3.1	5,15.2			15,45.5	33,100
晚	1,1.6			2,3.1	46,71.9	2,3.1		13,20.3	64,100
總計①	13,11.4		5,4.4	3,2.6	51,44.7	3,2.6		39,34.2	114,100
不詳					1,0.9			3,2.5	118,100
總計②	13,11		5,4.2	3,2.5	52,44.1	3,2.5		42,35.6	118,100
（B）								
初	2,14.3	1,7.1	1,7.1	3,21.1		1,7.1		6,42.9	14,100
中	2,5.6		4,11.1	2,5.6	4,11.1		1,2.8	23,63.9	36,100
晚	9,14.1		8,12.5	1,1.6	22,34.4		2,3.1	22,34.4	64,100
總計①	13,11.4	1,0.9	13,11.4	6,5.3	26,22.2	1,0.9	3,2.6	51,44.7	114,100
不詳								3,2.6	117,100
總計②	13,11.1	1,0.9	13,11.4	6,5.1	26,22	1,0.9	3,2.6	54,46.2	117,100
（C）								
初	6,19.4	1,3.2	2,6.5	3,9.7	0	2,6.5	0	17,54.8	31,100
中	10,14.5	0	8,11.6	3,4.4	9,13	0	1,1.5	38,55.1	69,100
晚	10,7.8	0	8,6.3	3,2.3	68,53.1	2,1.6	2,1.6	35,27.3	128,100
總計①	26,11.4	1,0.4	18,7.9	9,4	77,33.8	4,1.8	3,1.3	90,39.5	228,100
不詳					1,0.4			6,2.6	235,100

總計②	26,11.1	1,0.4	18,7.7	8,3.4	78,33.2	4,1.7	3,1.3	96,40.9	235,100

　　由〈表三〉（A）中，除不詳者之外，科舉在晚期及總計中都居首位，佔到半數以上，係因元代中期以後開科取士，增加許多科舉出身人數，其他出身任官者皆遠不能與之相比，宿衛與蔭襲出身者雖少，但在蒙元複合體制中仍能顯示出這種特色。（B）表為筆者據蕭文所列資料重新考察，代為列表，蕭文的原文中並未作出這方面的分析，筆者考察新列盼未有差錯，新作出表列是為便於配合本文的觀察，就（B）表而言，除去不詳者之外，仍是以科舉在晚期及總計中居首位，而蔭襲與宿衛相當，同居其次，與（A）表相似。因此在綜合二表而成的（C）表中，同樣顯示科舉出身的蒙古漢學者居首，佔到總計的三分之一強，其數相當可觀，說明蒙古學者對科舉的重視，而與漢族士人對此種「正途」出深的觀念及心理相同，就此而言，應可說對於入仕的出身是相當地「漢化」，這是值得注意的地方。大體上出身科舉者在家世上居高官者較少，似乎又可說明科舉不止為漢族士人開創一條通往官僚王國之路，對於蒙古族人家世非高級官僚者，也給予另種入仕之途，而對於高官家族較易於壟斷仕途的特權稍有沖淡的作用，沈居下僚或未仕的家庭，得由個人的努力，以成就取得入仕的機會，緩和些許身份取向的功能。

表四：〈元代蒙古漢學專長人次表〉

(A)							
	研習	倡行	經	史	子	文學	藝術	總計
初	6,33.3	10,55.6				2,(2) 11.1,100		18,(2) 100
中	24,58.5	13,31.7		1,(1) 2.4,25		2,(2) 49,50	1,(1) 2.4,25	41,(4) 100
晚	52,77.6	13,19.4				2,(2) 3,100		67(2) 100
總計①	82,65.1	36,28.6		1,(1) 0.8,12.5		6,(6) 4.8,75	1,(1) 0.8,12.5	126(8) 100
不詳	3,2.3	1,0.8						130,100
總計②	85,65.4	37,28.5		1,(1)		6,(6)	1,(1)	130,(8)

				0.8,12.5		4.6,75	0.8,12.5	100
（B）								
初	6,35.3	6,35.3		1,(1) 5.9,33.3		3,(1) 17.7,33.3	1,(1) 5.9,33.3	17,(3) 100
中	9,20	12,26.7	1,(1) 2.2,8.3	1,(1) 2.2,8.3		10,(6) 22.2,50	12,(4) 26.7,33.3	45,(12) 100
晚	9,9.8	16,17.4				36,(27) 39.1,62.8	31,(16) 33.7,37.2	92,(43) 100
總計①	24,15.6	34,22.1	1,(1) 0.7,1.7	2(2) 1.3,3.5		49,(34) 31.8,58.6	44,(20) 28.6,34.5	154,(58) 100
不詳						3,(3) 1.9,5.2		157(58)
總計②	24,15.3	34,21.7	1,(1) 0.6,1.6	2(2) 1.3,3.3		52,(37) 33.1,60.7	44,(21) 28.1,34.4	157(61) 100
（C）								
初	12,334.3	16,45.7		1,(1) 2.9,20		5,(3) 14.3,60	1,(1) 2.9,20	35,(5) 100
中	33.38.4	25,29.1	1,(1) 1.2,6.3	2,(2) 2.3,12.5		12,(8) 14,50	13,(5) 15.1,31.3	86,(16) 100
晚	61,38.4	29,18.2				38(29) 23.9,64.4	31,(16) 19.5,35.6	159,(45) 100
總計①	106,37.9	70,25	1,(1) 0.4,1.5	3(3) 1.1,4.4		55(40) 19.6,60.6	45,(2) 16.1,33.3	280(66) 100
不詳	3,1.1	1,0.4				3,(3) 1.1,4.4		287(69) 100
總計②	109, 38	71 24.7	1(1) 0.4,1.5	3(3) 1.1,4.4		58,(43) 20.2,62.3	45,(21) 15.7,30.4	287(69) 100

註：表（B）原蕭文列人次為 156 人，筆者以阿魯威曲家曾譯《通鑑》、《聖訓》，故增列入史部一人次，得出 157 人。

表中註括弧內數字為作品種數，但不計細種，如作詩三首，仍計為文學類一種數。

上表（A）漢學專長人次，以中期、晚期研習者最多，係因收入許多科舉學者，他們因未見記載其專長，故皆列入漢學研習者，形成總計數中居於首位，佔去六成餘總計數。其次為倡行者，但與前者有小部份重疊計數，即知其為研習者，而又明確記載有倡行如興學等作為。分類專長中僅有文史之學，史學一人為中期按攤不花，以修方志而列入，但他亦有文學表現及作品，又修先賢人物廟，推廣教化等，則兼具有倡行漢學，在此三類中都列入計數。文學在三期中都有平均表現，晚期篤列圖（彥誠）、月魯不花兄弟，家世為開國四大功臣之一赤老溫後人，是大根腳家世，但都致力於科舉，又有詩作流傳，與漢族士人無異。在（B）表中以文學及藝術類居首，其次為倡行、研習類，文學類佔去總計的三分之一強，藝術類接近三分之一，顯示出文藝為蒙古人漢學具特色之學。總體觀察上是研習者居多，佔去超過三分之一，而近四成，倡行者居次，佔去四分之一左右，其次是文學、藝術類，史學與經學專長罕見，子學未有見及。對蒙古人而言，於漢學能有所研習，倡行即為難得，經史之學求通大義而已，非專於學術者是不能有所心得，即使是漢人士大夫有經史的傳統，受教學習經史的條件遠過於北族人士，也未必能成就經史專長；故對於蒙古人漢學在經史方面甚弱的表現，當不足為奇。

蒙古人的漢學在具體的資料中顯示的較少，推斷與實際數量相差極遠，因此相關的著眼點是在最易於看出漢學研習之處，即科舉、學校等地方，這是以漢學為內容的教育、考試制度，舉凡這二種出身之士，都是漢學研習者。科舉進士及國子生進士有蒙古人三百餘人，可知姓名者不足四分之一，其中又有不少人並不能知其身世、經歷，以及其漢學情形，其難度如此。但若由粗估漢學研習的數量而言，鄉、會試人數，國子生員人數，地方學校人數等，則研習漢學的蒙古人數量應有數萬人之譜，至於家庭、鄉里私學等，雖然所見不多，也應列入參考。

第九篇　元代西域人的漢學

一、引　言

距今近九十年左右，陳垣發表〈元西域人華化考〉，成為之後關於此課題的必讀篇章。陳氏收元代華化的西域人共百三十二人，所著史料詳實，論述精竅，本已無需再論此課題，但筆者讀書間發現仍有不少資料可作補充。陳氏所論幾乎全與本文所論漢學相同，因此本文之作原則上不收陳氏已論諸人，而且本文所收之西域漢學範圍較廣，除漢語文與具體學術外，凡有過漢學的研習、推廣、倡導等都收入，故而所收西域漢學人物亦不下於陳氏所列，於其中大體可看出其情況。並且於結論中將陳氏所收百餘人納入計數中，俾便於一併觀察其全貌。

關於元代西域人即為所稱的色目族群，其中唐兀人（西夏）的漢學情形筆者已另作專篇論述，其餘視為色目者都在本文所論的範圍。相關的研究有楊志玖〈元代西域人的華化與儒學〉，列舉十餘人分別敘述在儒學提倡、儒家行政等方面大略的表現。程溯洛〈元代畏吾兒人對於祖國文史的貢獻〉，列舉畏吾兒數人的文史學術及作品介紹。蕭啟慶〈論元代蒙古色目人的漢化與士人化〉，列出蒙古、色目漢學者表，其中色目人有二四一人的計數，但未見條列論述，又以多族士人圈、士人化等概念討論漢化及士人化之別。胡其德〈元代畏兀人華化的再檢討——一個新的詮釋〉，論畏兀兒人華化的原因，分別華化的類型以個人與家族型，內在與外在型，士大夫與庶民型等三組。馬天綱〈元代西域回教徒在學術上的地位〉，本文甚短，簡略敘述西域人十餘人在詩、

詞、曲、儒學上的一些成就。劉坎龍〈論元代西域少數民族詩人散曲創作之
價值〉，例舉六、七人論說創作的時代背景及特色。門巋〈元代蒙古族及色目
詩人考辨〉，考論十餘位蒙古、色目詩人，其中有四人為唐兀人，餘皆為蒙古
族詩人。柴劍虹〈元詩選癸集西域作者考略〉，共考証西域人三十三人，其中
唐兀五人，論証以生平事蹟為主。張沛之著《元代色目人家族及其文化傾向
研究》，以欽察土土哈、康里阿沙不花、唐兀昔里、唐兀李氏、汪古馬氏五個
家族，論族系、政治、社會、婚姻及文化傾向等，並對文化傾向與原因作出
分析，論述頗詳，且有多種表格便於參看。邱樹森《元代中國少數民族新格
局研究》中，論及回回及畏兀兒人的部份漢學。桂栖鵬有〈元代色目進士考〉，
收錄六十一人資料，極便參考。馬建春著〈元代東遷西域人的文化認同〉，列
舉些許受漢學教育、禮俗漢化者。其他蕭啟慶輯錄註解的元統元年、至正十
一年、延祐二年及五年的進士錄。陳高華輯述泰定元年進士，沈仁國輯錄泰
定四年進士皆可為重要參考。楊鐮著《元西域詩人群體研究》，探討部份西域
詩人家世、作品等。〔註1〕

其餘個別人物的西域人研究所在多有，大部分為較著名的儒士文人，
此處不再贅舉，或於文中引述註明。在文學史、通史中述及的有關西域部
份，此處亦不再提出。本文仍將元代西域人的漢學分為初、中、晚三期分
別論述。

〔註 1〕楊志玖見所著《元代回族史稿》（天津市，南開大學出版社，2003 年），第七，
〈華化篇〉。程溯洛見《歷史教學》，1964 年，第 3 期。蕭啟慶見所著《元代
的族群文化與科舉》（臺北市，聯經出版事業公司，2008 年），第三章。胡其
德見《中國邊疆史學術研討會論文集》（臺北市，蒙藏委員會，臺灣師範大學
歷史系，民國 84 年），馬天綱見《中華文化復興月刊》，第 4 卷，第 4 期。劉
坎龍見《新疆大學學報‧哲學社會科學版》，1991 年，第 2 期。門巋《文學
遺產》，1988 年，第 5 期。柴劍虹見《文史》，第 31 期。張沛之的專書為天津
古籍出版社，2009 年。邱樹森書見海口市，南方出版社 2002 年，第二、三章
部份。桂栖鵬見《元代進士研究》（蘭州市，蘭州大學，2001 年），下編，上
編第四章論進士活動，亦足參考。馬建春見所著《元代東遷西域人及其文化》
（北京市，民族出版社，2003 年），上篇，第 6 部份。蕭啟慶，〈元統元年進
士錄校注〉，《食貨雜誌》第 13 卷，1、2 期，民國 72 年，〈元至正十一年進士
提名記校補〉，《食貨雜誌》第 16 卷，7、8 期，民國 76 年，〈元延祐二年與五
年進士輯錄〉，《台大歷史學報》，第 24 期，1999 年。陳高華文見《內陸亞洲
歷史文化研究》（南京大學出版社，1996 年）沈仁國文見《元史及民族史研究
集刊》，第 15 輯（海口市，南方出版社，2002 年）。楊鐮，《元西域詩人群體
研究》（烏魯木齊，新疆人民出版社，1998 年）。

二、初期漢學

1. 安　藏

畏兀人，字國寶，世居別失八里，自號龍宮老人。祖父名小乘都，父親名腆藏帖材護迪。幼賦異稟，十三歲能誦《俱舍論》，十五歲時，「孔、釋之書皆能貫穿矣」。世祖時徵召，以佛法見知，但他勸世祖宜讀經史，因而譯《尚書・無逸篇》、《貞觀政要》、《申鑑》各一篇以獻。後授翰林學士、商議中書省事。奉詔譯《尚書》、《資治通鑑》、《難經》、《本草》等。後仕至翰林承旨、正奉大夫（高官），領集賢院等。〔註2〕安藏雖通佛法，但並通漢學經史、醫學等。

2. 斡　直

大食國人，父親名魯坤，授真定（河北正定）、濟南等路監榷課稅使（中官），因而居家真定。斡直「從儒先生問學」，故有漢學教養，但他「輕財重義，不干仕進」，未曾出仕為官。其子瞻思，為元代大儒。〔註3〕《華化考》已收入。

3. 阿里乞失帖木兒

伊吾廬人。父親名塔本，元初太祖時功臣，賜金虎符、行省都元帥（高官）。阿里嗣父親行省都元帥之職，仍遵循先政，薄賦愛民，並「興學養士」，有倡行漢學之功。〔註4〕

4. 阿　台

上述阿里乞失帖木兒之子，憲宗時罷行省為平灤路總管府，故改襲職為路達魯花赤；世祖時官階至昭武大將軍（高官）。阿台於任內為政本於父、祖之教，愛民助親，在漢學倡行方面是立廟祀伯夷、叔齊，以勵風俗。〔註5〕

5. 伯　行

玉呂伯里氏，號德齋，又譯名為拜降。祖父名阿魯，父親名忽都，領軍鎮地方（中官）。伯行幼時父親即死，從母（徐氏，當為漢人）命「從學里中」，即有漢學的基礎。後往（河北大名）求學，「郡守每旦望入學，見拜降容止講

〔註2〕參見程鉅夫，《雪樓集》（臺北市，國立中央圖書館，《元代珍本文集彙刊》，民國59年），卷9，〈秦國文靖公神道碑〉，頁3上～5上。

〔註3〕參見《元史》（北京市，中華書局，1983年），卷190，〈儒學二〉，頁4351。

〔註4〕參見《元史》，卷124，〈塔本傳〉，頁3043、3044。

〔註5〕參見前註，頁3044、3045。

解，大異群兒，甚愛獎之」。後從軍攻宋，世祖時因他通「國語」，成為地方首相與中央朝廷間的專使。至元末任慶元路（浙江寧波）治中，尊請南宋遺士王應麟講學開說，「俾學者師事之」。武宗初任資善大夫、資國院使（高官），伯行於任官期間，「所至率招師訓諸子」，注重家庭的漢學教育，他既是漢學研習者又是漢學倡行者，鄭元祐曾作輓詩紀念。〔註6〕

6. 趙國寶

雍古人（汪古），又名黑梓。父親按竺邇為元初名將，仕為征行元帥（高官）。國寶有謀略，從父親於軍中，世祖初以功為蒙古漢軍元帥，兼文州吐蕃萬戶府達魯花赤（高官）。史稱他「少擊劍學書，倜儻好義」，故知有漢學研習。其子世延後為儒學名臣。〔註7〕

7. 闍里赤

畏吾氏。世居於別失拔里，父親名剌朮，徙居於河北真定，元初時仕至帥府鎮撫（中官）。闍里赤「性純正，知讀書」，〔註8〕是有漢學研習，其子脫烈海牙的漢學恐受家學影響（詳後）。

8. 完者都

欽察人。父親哈剌火者，從憲宗征討有功。完者都以材武從軍，此後於世祖朝多以戰功顯，如平南宋、福建陳吊眼等。成宗初仕為江浙行省平章（高官）。完者都的漢學程度並不明確，史稱他「聽讀史書，聞忠良則喜，遇姦詐則怒」，〔註9〕史書內容當為漢學的部份內容，或透過轉譯而聽讀，或通漢語文而聽讀，未能確知。但據程鉅夫為他作的〈神道碑〉中，知道他在高郵路（江蘇高郵）任達魯花赤時，為政是「興學勸農，政平訟理」，〔註10〕是有倡行漢學之功。

〔註 6〕參見袁桷，〈資善大夫資國院使贈資政大夫江浙等處行中書省左丞上護軍順義郡公諡貞惠玉里伯里公神道碑銘并序〉，《全元文》（李修生主編，南京市，上海古籍出版社，1999年），第23冊，頁571～574。《元史》，卷132，〈拜降傳〉，頁3200～3202。鄭元祐詩見《僑吳集》（《元代珍本文集彙刊》），卷5，〈輓順義貞惠公〉，頁6上。

〔註 7〕參見《元史》，卷121，〈按竺邇傳〉，頁2982～2987。趙世延見卷180，頁4163～4167，但因陳垣《西域人華化考》已收入，故後文中亦不列入。

〔註 8〕參見《元史》，卷137，〈脫烈海牙傳〉，頁3319。

〔註 9〕參見《元史》，卷131，〈完者都傳〉，頁3192、3193。

〔註10〕參見程鉅夫，〈林國武宣公神道碑〉，《全元文》，第16冊，頁340～342。

9. 汪世顯

鞏昌汪氏為元代著名家族，但其族屬有不同說法，以為汪古族是較多的看法。〔註 11〕世顯先世或為部族領袖，他本人於金末為鞏昌府（鞏州，甘肅隴西）便宜總帥，降於蒙元太宗，仍任總帥（高官），裁控三十餘州，為西方大帥。世顯雖為將帥征戰，但喜儒術，在川蜀之地收集書千百卷，以圖畫居半，據楊奐所作〈神道碑〉，還稱他「聞介然之善，應接無少倦罷。羇人寒士至，解衣推食，生館死殯，各得其所」，〔註 12〕可知他可稱之為元初的儒將，有士人教養且禮賢下士。世顯有子七人，孫輩及以下多人，其中不乏漢學之士，而由世顯開始即重漢學儒術，成為其後的家教傳統，理應子孫們都受漢學教養，但限於史料所載，僅取記載有關者列出。

10. 汪德臣

字舜輔，又名四哥，為上述汪世顯次子，襲父職為便宜總帥（高官），憲宗時攻宋有戰功，病死於攻釣魚山之役。德臣自幼即嗜學，為師門所賞識，倜儻有志節，在攻戰中不妄殺，在家族中寬厚友孝。拯拔士類，又於軍中常引儒生誦說經史。〔註 13〕凡此皆可說明德臣的漢學研習及倡行。世顯與德臣父子為將帥，雖在軍旅，但「崇儒重道，不廢講習」，而「平居暇日，必下接賢士」，〔註14〕這是二人共同之處，也是種家風。

11. 汪惟正

字公理，上述德臣的長子。自幼穎悟，藏書達兩萬卷，喜與文士談論古今治亂，世祖時襲父親總帥官職，鎮守川隴地區，後仕至中書左丞行陝西四川中書省事（高官）。〔註15〕惟正的藏書實始於其祖父世顯，父親德臣接續擴

〔註11〕參見盖山林，《陰山汪古》（呼和浩特市，內蒙古人民出版社，1992 年），頁 1 ～24。近年有汪小紅的研究，以為汪氏出於吐蕃族，參見氏著《元代鞏昌汪氏家族研究》（蘭州大學，碩士論文，2007 年），頁 1～15。鞏昌汪氏家族成員及仕宦、生平等，參見趙一兵，〈元代鞏昌汪氏家族成員仕宦考論〉，《元史及民族與邊疆研究集刊》，第 21 輯（上海古籍出版社，2009 年），頁 47～126。

〔註12〕參見楊奐，〈總帥汪義武王世顯神道碑〉，《全元文》，第 1 冊，頁 155～157。

〔註13〕汪德臣及其父世顯生平見於《元史》，卷 155，〈汪世顯傳〉，頁 3649～3653。但傳文中皆未記載二人關於漢學資料，除前註外，德臣的漢學參見王鶚，〈汪忠烈公神道碑〉，收於《隴右金石錄》（臺北市，新文豐出版社，《石刻史料新編》），卷 5，頁 14 下～18。

〔註14〕參見汪和用，〈汪氏祠堂碑〉，收於前註《隴右金石錄》，頁 19～21 上。

〔註15〕參見前揭〈汪世顯傳〉，頁 3655～3657。家世另見〈大元中書左丞謚貞肅汪公

充，並有意創辦書院以講學，但戎事倥傯而未成。到惟正時，特別喜好藏書，收致善本，並築萬卷樓以藏書，並請人寫〈記〉，書分類四部，又收有琴、劍、硯、珍玩等，對於書是「藏之、寶之、讀之、明辨之」，是儒者之流。〔註16〕

12. 汪惟純

為德臣之子，上述惟正之弟，仕至鞏昌等處宣慰使權總帥（高官），據其〈墓誌〉說他善騎射、富韜略，儒雅而工於聲律詩賦，善楷、篆書法，並精於蒙古語文，為文學藝術家。〔註17〕

13. 汪惟簡

為前述汪德臣侄子，良臣之子；良臣仕至四川行省左丞（高官）。惟簡仕至屯田上萬戶（高官），據其〈墓志〉說他暇日與同僚講閱經史，對於彈琴博奕，習射投壺，無不洞究，〔註18〕生活與一般士大夫相似。

14. 汪惟孝

為鞏昌中路都總領（高官）汪直臣之子。字公善，仕至中書右丞、萬戶、鞏昌等處便宜都總帥兼府尹（高官），據其〈墓志〉，說他在官任內勸農桑、興文風，又「勤儉理家，以詩書教子」，〔註19〕是當有漢學研習及倡行。

15. 廉希尹

畏兀兒人，為元初名臣布魯海牙之子，廉希憲之弟，廉氏為元代著盛的畏兀兒家族，廉希憲特別著名，陳垣《華化考》已收錄且詳，故不贅舉。廉氏子孫頗繁，自布魯海牙開始，已建立其家風家學，故家族子孫理應研習漢學較為普遍，但本文仍以史料所載者收入。〔註20〕希尹字達父，世祖時仕至

貞善夫人耶律氏之墓志〉，全文見趙一兵，〈元代鞏昌汪世顯家族墓葬出土墓志校釋五則〉，《內蒙古社會科學》，第27卷，第2期，2006年，頁42～46。
〔註16〕參見冉南翔，〈萬卷樓記〉，碑原文未見，轉引自汪小紅前揭書，頁69、70。
〔註17〕參見前揭趙一兵〈墓誌五則〉，頁43，〈大元故安遠大將軍同知鞏昌等處宣慰使司事兼便宜都總帥汪公墓志〉。
〔註18〕參見前揭〈墓志五則〉，頁44，〈元明威將軍保寧等處萬戶汪惟簡壙志〉。
〔註19〕參見前揭〈墓志五則〉，頁44，〈大元龍虎衛上將軍中書右丞四川行省事便宜都總帥汪公壙志〉。
〔註20〕廉氏家族諸多未能考察，王梅堂，〈元代內遷畏吾兒族世家—廉氏家族考述〉，列出布魯海牙以下子孫四十三人，但其中不少推斷，廉氏姓氏者多以為係此家族，限於史料所載不足之故。見《元史論叢》第七輯，頁123～136。廉氏家族入元起於布魯海牙，見《元史》，卷125，〈布魯海牙傳〉，頁3070、3071。

正議大夫、兩浙都轉運使（高官），「讀書略通大義，尤喜讀《易》」；是希憲兄弟研習漢學的例子。〔註 21〕又希憲兄弟漢學多不詳，其中希貢善書法且有倡行漢學之舉，因《華化考》已收入，故不重述。

16. 馬月合乃

或譯為月忽難，一名貞，字正臣（卿），汪古或回鶻族，金末馬慶祥（吉里昔思）之子，聶思脫里基督教派家族，景教，即元代所稱也里可溫氏。〔註 22〕馬慶祥為為金死節殉國，月合乃降於蒙古，元憲宗以之佐助布智兒大斷事於燕京治理漢地，世祖時仕為禮部尚書（高官）。在燕京時正料理漢地民丁，月合乃始建議凡儒士能通一經者，即不同於編戶之民，著為命令。此舉實有功於漢地儒士，無異於倡行漢學。又推舉賢士分佈州郡、或為參佐，召請名士敬鼎臣「授業館下」，又以詩書禮義教子等等，都與漢學倡行有關。〔註 23〕

17. 保祿賜

上述馬慶祥之孫，父親名為馬天民，曾任為太平江州等路達魯花赤（中官）。保祿賜「語言辨給」，仕為同知南安路（福建南安）總管府事（中官），其「文學、政事有傳存焉」，是漢學研習者。〔註 24〕

18. 岳璘帖穆爾

回鶻人，畏兀兒國相暾欲谷後人。隨其兄偰理伽普華歸降於元太祖，入

〔註21〕　參見鮮于樞，《困學齋集錄》（《知不足齋叢書》本），頁 6 下～7 下。文中以希尹誤為希貢，又言希貢死於至元二十七年（1290），察希貢於成宗時仍在仕宦。故鮮于樞所載此條為希貢當有誤。

〔註22〕　馬氏族屬原指為回鶻者見元好問，〈桓州刺史馬君神道碑〉，《遺山先生集》（臺北市，成文出版社，《九金人集》），卷 27，頁 6 下～8 下。指為汪古部者為蘇天爵，〈元故奉訓大夫昭功萬戶府知事馬君墓碣碑〉，《滋溪文稿》（臺北市，國立中央圖書館，《元代珍本文集彙刊》），卷 19，頁 771～774。馬氏後人馬祖常，自稱其先世月合乃「世屬雍古部族」，見「禮部尚書馬公神道碑」，《元文類》（臺北市，台灣商務印書館，《國學基本叢書》），卷 67，頁 973～975。黃溍指出馬氏為西域聶思脫里貴族，見《金華黃先生文集》（臺北市，台灣商務印書館，《四部叢刊》），卷 43，〈馬氏世譜〉，頁 443 上～445 上。

〔註23〕　參見《元史》，卷 134，〈月合乃傳〉，頁 3244～3246。另參見蘇天爵，《滋溪文稿》，卷 27，〈題馬氏蘭惠同芳圖〉，頁 1150。又關於汪古馬氏族人及其文化關係，可參見張沛之，《元代色目人及其文化傾向》（天津市，天津古籍出版社，2009 年），頁 194～293。

〔註24〕　參見前揭黃溍，〈馬氏世譜〉。

為質子（宿衛），征戰有功，曾為宮廷師傅，教以孝弟、仁厚。仕至河南等處達魯花赤（高官）。他的漢學並無確切記載，但在故里畏兀兒地方，「盛陳漢官儀衛」用以激勵其國人，也可視之為倡行漢學。其子合剌普華所受教育或是出自於他的教導，推知岳璘應對漢學有所研習。〔註 25〕

19. 合剌普華

即上述岳璘之子。幼年時隨母親居於山東益都，父親時在河北保定為官，他感嘆「幼而不學，有不墮吾宗乎」，慨然有向學之志，於是往父親任所求學，除學習畏兀字書（蒙文）外，又受《語》、《孟》、《史》、《鑑》等漢學經史，「記誦精敏，出於天性」。後為世祖宿衛，攻南宋時為行都漕運使，平宋後上封事，以興學勵節、定百官法、厚民生本等。後仕為廣東轉運鹽使兼領蕃市舶（高官），死於廣東賊亂。〔註 26〕合剌普華家族為元代著名的高昌偰氏，族人子孫甚多，受漢學或漢化頗深，以下本文所述仍以史料所載較具體可知者分期列出。〔註 27〕但仍以不重複《華化考》所收者為原則。

20. 創兀兒

回回人，家世欠詳。世祖至元年間任為豐城縣（江西豐城）達魯花赤，後升為州監（中官），為政廉介明恕，著力於興學崇化，致政教一新，為漢學倡行者。〔註 28〕

〔註 25〕參見《元史》，卷 124，〈岳璘帖穆爾傳〉，頁 3049、3050。並見歐陽玄〈高昌偰氏家傳〉，《全元文》，第 34 冊，頁 590～598。許有壬，〈故嘉議大夫廣東道都轉運鹽使贈通議大夫戶部尚書上輕車都尉追封高昌郡侯合剌普華公墓誌銘〉，《全元文》，第 38 冊，頁 399～402。文中言合剌普華幼年往其父岳璘任官處求學事。歐陽玄〈家傳〉亦記此事。

〔註 26〕參見前註諸文，除許有壬為合剌普華寫墓銘外，又有黃溍為其寫〈神道碑〉，見《全元文》，第 30 冊，頁 197～201。另見《元史》卷 193，〈忠義一〉，頁 4384～4386。

〔註 27〕高昌偰氏相關的家族人物與漢文化等參見蕭啟慶，《蒙元時代高昌偰氏的仕宦與漢化》，收於氏著《元朝史新論》（臺北市，允晨文化實業公司，民國 88 年），頁 244～297。

〔註 28〕參見《萬曆新修南昌府志》（臺北市，成文出版社，《中國方志叢書》），卷 13〈職官〉頁 13 上，載其為豐城改升為富州之達魯花赤，則為從四品中官，而卷 15，〈名宦〉，頁 47 下，載其事蹟仍以未改升前縣達魯花赤，後改州則為州達魯花赤。豐城於至元二十三年升為富州，參見《元史》，卷 62，〈地理志五〉，「富州」條，頁 1508。又《嘉靖江西通志》（《四庫全書存目叢書》，卷 5，頁 67 上所載相同。

21. 塔里赤

康里人，曾祖名也里里伯，太祖時攻金有功，賜號「都那延」（總官長），父名亦連赤拔都，為管理帳前軍馬（當為宿衛中的軍馬官，擬作中官）。塔里赤襲職，世祖時以功為福建招討使，成宗初任為浙東道宣慰使、都元帥（高官）。前因在地方戰事中曾中藥矢，後疾發而死。塔里赤漢學情形僅知他「幼習文藝」而已，但可知他是有漢學的研習。〔註29〕

22. 合剌觰

合魯氏，父親名八合，為金朝將領，三峯山戰後降元，賜名奧欒拔都仍為將領（中官）。合剌觰為八合的長子，應以蔭襲為百夫長，從軍攻宋，世祖時因功升為沿海招討副使，後曾從征日本為都元帥，歷仕浙東道宣慰使，成宗初為資德大夫、雲南諸路行省左丞（高官），死於大德十一年（1307）。合剌觰於浙江任內遺愛及民，故地方上多立廟祀，又曾解《貞觀政要》進呈朝廷，是為漢學研習者。〔註30〕

23. 禿忽魯

字親臣，康里人，父親名亞禮達石。禿忽魯自幼為世祖宿衛。至元中為中書右司郎中，後歷任吏部尚書、湖廣右丞，平地方叛亂有功，成宗時仕至樞密副使（高官），當時朝廷視他如世祖時康里名臣不忽木，足見其聲望地位。禿忽魯為宿衛時，世祖即命他與也先鐵木兒、不忽木入國子學，同師事於許衡，世祖對不忽木、禿忽魯二康里學子研習「三代治平之法」深為欣賞。後禿忽魯曾宴見世祖，屢次開說古今治亂及為政之要，可說他是研習並倡行漢學者。〔註31〕

24. 利彥祥

家世不詳，知其為西域人。元初王惲作詩〈贈大同利彥祥〉，彥祥恐為其字，詩句中所言知其為北族士人，且有漢學研習，相關詩句如下：

〔註29〕塔里赤參見《元史》，卷135，〈塔里赤傳〉，頁3275。但據出土的〈大元臨汝郡公神道碑銘〉所載，他的生平事蹟與《元史》所載有些出入，本文以其〈神道碑〉為主。另參見任崇岳〈從塔里赤墓碑看元史的舛誤〉，《中州學刊》，1998年第3期，頁126～128。

〔註30〕參見危素，〈雲南諸路行中書省右丞贈榮祿大夫平章政事追封軍國公諡武惠合魯公家傳〉，《全元文》，第48冊，頁378～380。

〔註31〕參見《元史》，卷134，〈禿忽魯傳〉，頁3251、3252。

風塵雜四方，豪貴猶大魏。聖賢貴有教，初不限氣類。彥祥孕
金晶，用雅變華裔。……示予野齋辭，把玩愛不置。丹書寫虛影，
經史含至味。……由余出西戎，斯也以賢議。〔註32〕

由於利彥祥其他漢學資料闕如，故僅以此詩來推定。

25. 潔實彌爾

西域（北廷）人，父親名伊蘇鼎爾。少年時為世祖皇子（真金）的東宮宿衛，
後出仕為知延慶司事，頗得皇太子器重。成宗、武宗時任宣政院使領延慶使（高
官），死於仁宗初。潔實彌爾漢學情形不夠明確，但他曾在顯宗（真金的長子，
名甘麻剌）前言「往古近代所行善美德可法可鑑者」，應是讀史所知，而平日又
常戒諸子「儒書宜習讀」，看來他是漢學研習者，始能有如此話語。〔註33〕

26. 魯克得禮

西域人，家世欠詳。知其於世祖至元丁亥（二十四年，1287）年，以進
義尉、伏羌縣（甘肅甘谷）達魯花赤（低官），當時縣有公舍但無文廟，魯克
得禮到任即以建縣學為己任，並不廢寒暑以親身監督，終建成具制度規模的
廟學。〔註34〕

27. 移剌子春

家世欠詳。又名劉子春，見其原姓應為契丹耶律氏，據〈耶律公神道之
碑〉得知他實則為西域帖里薛人，先世當遼朝時為官，得耶律之姓，家族多
在汪古部族活動，或為景教世家。〔註35〕子春於金末時曾為進士，耶律楚材
與他是密友，和詩中稱他「科登甲乙戰文圍，吾子才名予獨知」，又說「知己
相逢未忍離」，其他有和詩、寄詩等，得知子春為漢學之士。〔註36〕

28. 田尚書

西域人，但名字不詳。蘇天爵為元初名儒劉因作〈墓表〉，文中言京師田

〔註32〕見王惲，《秋澗集》（《文淵閣四庫全書》），卷5，頁15上、下。
〔註33〕參見吳澄，《吳文正集》（《文淵閣四庫全書》），卷64，〈大元榮祿大夫宣政使
領延慶使贈推誠佐理功臣太師開府儀同三司上柱國齊國文忠公神道碑〉，頁4
上～8上。
〔註34〕參見文季，《創修文廟記》，《全元文》，第28冊，頁57、58。
〔註35〕參見前揭蓋山林，《陰山汪古》，頁274～276。
〔註36〕耶律楚材寄詩劉子春及詩句中所見二人交往，參見《湛然居士文集》（北京市，
中華書局，1986年），卷2，頁38；卷3，頁46；卷4，頁84；卷10，頁231。

尚書，為西域貴族，「頗尚文學」，聞劉因盛名，厚禮請往教其子，劉因以家事而未能前往。此田尚書又見於郝經〈朱文公詩傳序〉，以朱子《詩集傳》盛行於江漢間，然北方未之見，有「大行臺尚書田侯」得善本，又命刻版刊行，以傳永久，郝經則為之作序文。〔註37〕此行臺尚書田氏或即同人，但名字仍暫無法考察。為漢學研習者。

29. 高　亨

西域人，字嘉甫，家世欠詳。居於燕京，與名士朝夕講學，遂得探究《易》、《詩》、《書》、《春秋》經學，並及於關洛諸先生性理之學。當時縉紳交相推荐，得世祖召見，以經世要務對奏，但他不樂仕宦，歸老於房山。〔註38〕嘉甫通經學與性理要旨，其子克恭受父親教習，後為名儒，《華化考》已收入高克恭，此不贅述。

30. 伯德那

西域班勒紇人，世為大家族，率族歸附蒙古，因戰功任河東民賦副總管（中官），世祖時告老歸家於解州（山西解縣）。伯德那不解中國書，但戒子「宜勉讀聖人書、行中國禮」，長子察罕後為名儒，是受父親督勉學習的成就。伯德那難得培育其子，故可列入漢學倡行者為記。〔註39〕

三、中期漢學

1. 買　哥

畏兀人，家世不詳，元代中晚期任職為富州（江西豐城）達魯花赤（中官）。買哥曾從學於許衡，當為國子生出身，喜讀書而手不釋卷，又善寫大字，能得古人筆意，性情簡直，為政寬厚，守正道不易；是漢學研習有書藝之士。〔註40〕

〔註37〕參見蘇天爵，《滋溪文稿》（臺北市，國立中央圖書館，《元代珍本文集彙刊》，民國59年），卷8，〈靜修先生劉公墓表〉，頁1上～6上。郝經文見於《陵川集》（《文淵閣四庫全書》），卷30，頁17上～19下。

〔註38〕參見鄧文原，〈故大中大夫刑部尚書高公行狀〉，《全元文》，第21冊，頁96～100。

〔註39〕參見程鉅夫，《程雪樓集》，卷8，〈大元河東郡公伯德公神道碑銘〉，頁1上～3下。其子察罕，參見《元史》，卷137，〈察罕傳〉，頁3309～3312，述其漢學頗詳。《華化考》已收入。

〔註40〕參見《萬曆南昌府志》（《中國方志叢書》），卷15，頁50上。

2. 買　住

高昌人，字號簡齋，家世不詳。於元代中期曾任信州路（江西上饒）總管（高官），為更新教化之故，特取北宋福建名儒陳襄（古靈先生）的〈諭俗文〉，加以闡釋刊印來教導，有如朱子在福建漳州時的作為，「可謂得新民美俗之機要矣」，買住在地方上倡行漢學教化極為費心。〔註41〕

3. 買　奴

字德卿，哈剌魯人。父親名苔失蠻，為仁宗時宣徽院使（高官），長子即為買奴。買奴幼年受教蒙古畏兀兒文字，並入為世祖宿衛。武宗時任監察御史於嶺北和林之地，他在當地「撤酒肆以變淫風，興儒學以崇德教」，已開始倡行漢學。後歷仕江北淮東，河北河南等廉訪使，所在之地「必繕治公宇及三皇孔子廟」，仍在於力倡漢學教化。買奴後仕至順帝時翰林學士承旨（高官）。〔註42〕

4. 買　閭

高昌人，父親名月魯哥，成宗時為大宗正也客札魯火赤（大斷事官，高官）。買閭於仁宗為太子時任宿衛，後於泰定帝時仕至榮祿大夫（高官）。買閭長期為仁宗親信之臣，仁宗欣賞其才華，命之讀書，他因此「折節下士，積書萬卷，朝誦莫惟，未嘗去乎，幾若儒生焉」，這是買閭研習漢學的寫照。〔註43〕

5. 蒙　古

北庭人，字松壑，家世不詳。於元代中期時任海北海南道廉訪司僉事（中官）。錢塘僧人德淨（如鏡）有詩餞行他往海康（廣西海康），句中說「北庭多俊傑，今古世皆知，驛道雖無侶，奚囊卻有詩」。又有〈謝松壑僉事道道知州下訪〉詩，知蒙古有漢學研習又與德淨頗有交往。德淨能詩，著有《山林清氣集》，卷首有王都中（本齋）作〈題山林清氣集〉，其二即為為蒙古作〈次本齋韻〉，錄其詩參看：〔註44〕

〔註41〕參見徐明善，〈信州路買住總管刊陳古靈諭俗文序〉，《全元文》，第 17 冊，頁 240、241。

〔註42〕參見黃溍，〈宣徽使太保定國忠亮公神道碑第二碑〉，《金華黃先生文集》（《四部叢刊》），卷 24，頁 241 下～244 上。

〔註43〕參見虞集，《道原學古錄》（臺北市，台灣商務圖書館，《國學基本叢書》），卷 16，〈大宗正府也可札魯火赤高昌王神道碑〉，頁 273～276。

〔註44〕參見德淨，《山林清氣集》（《四庫全書存目叢書》），卷首，頁 7 上、11 上、下。又海康屬雷州路，為海北海南道宣慰司治所，見《元史》，卷 63，〈地理志六〉，頁 1537。又蕭啟慶，〈元代蒙古人的漢學〉，收於氏著《蒙元史新研》（臺北市，

　　　　如鏡多標致，心安只自知。

　　　　善根抽嫩箰，有意作新詩。

　　　　幽徑客來遠，橫窗日到遲。

　　　　高吟播千古，為紀太平時。

6. 鐵　閭

　　字充之，哈剌魯人，家世不詳。英宗至治元年（1321）進士，曾任餘姚州（浙江餘姚）同知（低官）。《元詩選》收有其詩作二首，〔註45〕錄〈寒草巖〉參看：

　　　　寒草巖前春色稀，桃花無數映清溪。

　　　　我行已到仙家窟，不比漁人此迷路。

詩句清新自然，頗取淵明桃花源之意。

7. 普　顏

　　又譯作布延，字君卿，畏兀氏，高昌世家。父名愛全，受知於憲宗，但仕宦不詳。普顏幼為北安王宿衛，出為贛州路石城縣（江西石城）達魯花赤。仁宗時為御史、僉廉訪司事，順帝時仕至淮西廉訪使（高官）；次子神保為國子生。普顏漢學研習情形不詳，但他在石城縣時「新公宇、社稷、廟學」，有倡行之功。〔註46〕

8. 野　先

　　畏兀人，父親名文書奴，世祖時佐助蒙古新字教學，仕為翰林直學士（高官）。其次子即為野先，他承襲父業，二十歲時即擢為國子教授，諸生信服，教人孜孜不倦，作成人材，曾考察古聖賢行事及歷代君臣善惡成敗可為殷鑑者，譯成國語（蒙文）以教學諸生，又依制定學規，「譯潤諸書，人多傳之」。武宗時親擇貴臣子孫從游，仁宗時倚重為國子司業（中官），他在國學幾三十年不離職守，故臺閣名卿往往為其子弟，同時力辭出任他官，然正將提昇為

　　　　允晨文化公司，民國83年），文中列有蒙古書畫家「松壑」，未知是否即為同
　　　　人？見頁184、185所述。
〔註45〕參見《至正四明續志》（中國地志學會，《宋元地方志叢書》），卷2，頁26下、
　　　　27上。顧嗣立，《元詩選癸集》（北京市，中華書局，2001年），上冊，〈癸之
　　　　丙〉，頁301、302，作者簡介載為「餘杭州同知」，當為「餘姚州」之誤。
〔註46〕參見許有壬，《至正集》（《文淵閣四庫全書》），卷61，〈故奉政大夫淮西江北
　　　　道肅政廉訪使贈嘉議大夫禮部尚書上輕車都尉封桓山郡公諡正肅布延公神道
　　　　碑銘〉，頁9下～13下。布延即普顏改譯之名。

祭酒高官時而病卒。〔註47〕野先的行事是漢學研習並倡行者。

9. 曲　樞

又作曲出，哈兒魯氏，曾祖達不台、祖父阿達台於元初攻戰有功，父親質理花台於世祖時掌都城門衛，皆世封功臣。曲樞幼失怙，長為真金太子妃（伯藍也怯赤，贈諡為徽仁裕聖皇后）宿衛，後為仁宗幼時的保傅，長年隨侍而得親信。武宗時拜為太保、平章軍國重事等高官，仁宗時仍如舊，加錄軍國重事、封應國公等。〔註48〕曲樞漢學情形欠詳，但他在延祐五年（1318）時曾建言仁宗說：唐代陸淳所著《春秋纂例》、《辨疑》、《微旨》三書，有益於後學，請令江西行省刻印，以廣為流傳，仁宗依從其言；而且仁宗還賜宅第「賢樂堂」，命趙孟頫作文以記。〔註49〕照此看來曲樞應有漢學研習，否則不會有此種識見，是又具倡行之功。

10. 回會（和和）

哈剌乞台氏（哈喇克沁氏），祖父脫密剌溫，征宋有功，父親那海為蒙古漢軍上萬戶（高官）。成宗時回會為皇太后（徽仁裕聖后）宿衛，出為宣徽、中書左司都事。武宗時為參議中書省事。仁宗為太子時受賜東宮經史，後仕為遼陽行省參政，大興學校以行教化。英宗時為江浙行省參政，後仕至大都路總管兼大興府尹（高官）。回會除去前述於遼陽倡行漢學外，他本身又「通儒書、識治體」，為漢學研習者。仁宗為太子時曾贈經史予回會，為皇帝時又命畫工寫給其容以賜，並有手書御筆用寶賜予，都看出回會深得仁宗親信。〔註50〕

11. 散　散

北庭人，前述初期潔實彌爾之子。約在泰定帝時為翰林侍讀學士，與吳澄、虞集有所交游往來，後仕至湖廣行省右丞（高官），虞集為其寫〈宣撫江

〔註47〕參見蘇天爵，《滋溪文稿》，卷15，〈元故奉議大夫國子司業贈翰林直學士追封范陽郡侯衛吾公神道碑銘〉，頁5上～7上。

〔註48〕參見黃溍，《金華黃先生文集》，卷43，〈太傅文安忠憲王家傳〉，頁445下～450下。此文是以曲樞次子柏帖木兒為傳主，述及曲樞及先祖家世。《元史》，卷137，〈曲樞傳〉即據此文而作成，但間有些許漏誤之處。見頁3312、3313。

〔註49〕參見《元史》，卷26，〈仁宗紀三〉，頁587。趙孟頫《松雪齋集》，卷7，〈賢樂集〉，頁70上、下。

〔註50〕參見劉岳申，《申齋劉先生文集》（《元代珍本文集彙刊》），卷8，〈資善大夫大都路都總管兼大興府尹回會墓誌銘〉，頁10上～14上。文中言回會弟自當「狀其兄歷官行事以清銘於廬陵」，自當或有漢學研習，估記於此。

閭序〉，吳澄除為其父寫〈神道碑〉外，又有〈回散散學士書〉，文中稱他「學士質美而學不倦」，並回覆要將所著書「俟有錄本，續當寄呈」給他。〔註51〕從上述可知散散為漢學研習者，而與名儒有相當交往。

12. 和　上

玉呂伯里氏，即前述前期伯行之子。因伯行仕宦所處之地皆延師教子，袁桷說：「御史之教，實來有自」，此御史即指和上，於仁宗時任監察御史（低官），他請與父親熟識的袁桷為其父寫〈神道碑銘〉，袁桷稱和上是「儒雅善正論」。〔註52〕前後所說可知和上有漢學研習。

13. 月　魯

色目人，家世欠詳，知於成宗大德三年（1299）時為奉直大夫、僉嶺南廣西道廉訪司使（中官），作有詩〈老人巖〉一首：〔註53〕

> 何年混元境，曾見繡衣游。刻石俯丹井，提名瞰碧流。
>
> 我來尋古蹟，魚躍上扁舟。還是宿緣否，真仙微點頭。

句中「繡衣」即指廉訪司憲之職。詩句平實順暢，不為雕琢。

14. 偰文質

字仲彬，高昌偰氏，前述合剌普華之長子，為偰氏第三代，家族諸人以多進士而聞名。所謂「三節六桂堂」即指合剌普華家族子孫的節義與功名，三節指人臣、人婦、人子三綱，意為合剌普華殉難、夫人守節、為子盡孝，即忠、貞、孝三德（節義）。六桂即指偰文質五子玉立（世玉）、直堅（世學）、哲篤（世南）、朝吾（世則）、列箎（世德），姪子善住（世文），皆為進士及第，故時人譽之為「六桂」；〔註54〕其後家族中另有數人為進士。

〔註51〕參見前揭吳澄，〈齊國文忠公神道碑〉。虞集，〈右丞北庭散公宣撫江西閭序〉，《全元文》，第 26 冊，頁 210、211。吳澄，《吳文正集》，卷 12，〈回散散學士書〉，頁 11 上、下。

〔註52〕參見前揭虞集〈玉里伯里公神道碑銘〉。

〔註53〕參見《元詩選癸集》，上冊，〈癸之乙〉，頁 222。作者簡介中言其為「蒙古色目人」。

〔註54〕關於偰氏子孫多出進士，可參見前揭《元史》〈忠義一〉，頁 4386。元代相關的記載除前揭歐陽玄〈家傳〉、許有壬〈墓銘〉、黃溍〈神道碑〉外，又有「二節六桂」堂，見蘇天爵，〈題高昌偰氏三節堂記後〉，《全元文》，第 40 冊，頁 126、127。劉詵，〈三節六桂堂頌〉，《全元文》，第 22 冊，頁 104、105。劉岳申，〈三節六桂堂記〉，前揭《文集》，卷 5，頁 8 下～10 上。

文質於仁宗時任為路總管，後以平定傜亂有功，升任吉安路（江西吉安）達魯花赤（高官）。在早任官時即課教諸子，「書聲朗朗，東湖之上，晝夜不絕」，足見他極注重諸子的讀書學習，當時尚未行科舉，更顯得文質重家教求學的意義。文質本人任職於同知廣西兩江道宣慰使司時，曾作〈無一禪師塔銘〉一文，文筆老練清簡可參看。〔註55〕

15. 越倫質

即上述偰文質之弟，同受教於家學，「警敏篤學，無子弟之過」，但未及出仕而歿。〔註56〕

16. 答里麻

為高昌偰氏族人，祖父撒吉思，與岳璘帖木兒為堂兄弟，同為偰氏入元後第一代族人。撒吉思於世祖時仕為山東行省大都督。答里麻父親不詳，幼年入宿衛，武宗時為河東廉訪副使，英宗時為濟寧路（山東鉅野）總管，泰定帝時為上都同知留守，文宗時為刑部尚書，順帝初為山東廉訪使，大都路留守，至正年為陝西行臺中丞（高官）。答里麻漢學情形欠詳，但他在濟寧路時「興學勸農，百廢具修」，〔註57〕為漢學倡行者。

17. 偰（里）約著

前述高昌偰氏，祖父賽（撒）吉思，故與答里麻為同代兄弟，其生平、家世欠詳，知於元代中期為隆禧院使（高官）。約著因見家族入元以來生齒日眾，恐往後世系渺茫，又未命氏以別宗支，於是自命本支為「里氏」，並作〈里氏慶源圖〉，程鉅夫為作〈圖引〉，文中稱約著為「好學廣問」，並將里氏所由來簡要為之說明。由此可知約著有其漢學，並能自立氏姓，故雖為偰氏同宗，但已別出里氏，則約著或可稱為里約著。〔註58〕

18. 偰處約

高昌人，家世欠詳，僅知其曾任翰林學士（高官），於元代中期為南宋遺民儒士熊鉢作傳記，文中對理學頗有所知，當是對漢學有相當研習之

〔註55〕參見前揭劉岳申〈記〉。〈無一禪師塔銘〉，見《全元文》，第36冊，頁188～190。
〔註56〕參見前揭歐陽玄〈家傳〉。
〔註57〕答里麻見《元史》，卷144，〈答里麻傳〉，頁3431～3433。其祖父見卷134，〈撒吉思傳〉，頁3243、3244。另參見前揭歐陽玄〈家傳〉。
〔註58〕參見程鉅夫，《程雪樓文集》，卷15，〈里氏慶源圖引〉，頁17下、18上。

人。〔註59〕但未能確定處約是否即為合剌普華家族之人。

19. 汪壽昌

即前述鞏昌汪氏族人，祖父為德臣，父親為惟正。壽昌歷仕為雲南廉訪使、御史中丞，後仍世襲升為鞏昌等處便宜總帥（高官）。壽昌漢學情形不詳，但他在雲南時，中慶路（雲南昆明）儒學缺禮器，於是協助報請行省平章檄文往江西，因「江西冶鑄良合古制」之故，最終學校禮器得以完備；是有倡行漢學之功。〔註60〕

20. 汪舜昌

為鞏昌汪氏族人，德臣之孫，惟純之子，與上述壽昌為堂兄弟，據其〈墓志〉知其任吐蕃等處宣慰副使（中官）；安邊恤民，而其本人則是「通經史、精騎射」的儒將之流。〔註61〕

21. 汪懋昌

鞏昌汪氏族人，良臣之孫，惟勤之子。曾任官為奉直大夫、隴州知州（中官）。蒞官廉介，興辦學校，明正賞罰，勸課子民，為政條理，是良吏而倡行漢學。〔註62〕

22. 廉　孚

字公惠。後更名為怡，畏兀兒廉氏家族人，為希憲長子，官至正義大夫、僉遼陽行中書省（高官）。劉因為他更名為「怡」，以符合兄弟名「從心」旁，又曾為他第二子的誕生寫贈詩、詞三首，可知廉孚與劉因有所交往，也得知他有漢學教養。〔註63〕

〔註59〕參見僌處約，〈勿軒熊先生傳〉，並作者簡介，《全元文》，第38冊，頁549～551。

〔註60〕參見劉岳申前揭《文集》，卷6，〈雲南中慶路儒學新製禮器記〉，頁1上～2下。壽昌家世見前揭〈汪古貞善夫人耶律氏之墓志〉。其任御史中丞見虞集，《道園學古錄》，卷6，〈隴右王汪古家世勳德錄序〉，頁122、123。

〔註61〕參見陳世榮，〈大元故武節將軍土蕃等處宣慰使司副使都總帥汪公墓志〉，此碑文未見及，轉引自汪小紅前揭書，頁23、70。又據前揭其父汪惟純〈墓志〉，作於英宗至治二年（1322），碑文說舜昌其時「未仕」，則舜昌出仕似較晚，當於至治二年以後。

〔註62〕參見〈大元奉直大夫前隴州知州兼管本州諸軍奧魯勸農事汪公墓前壙志〉，此碑文未見及，轉引自汪小紅前揭書，頁24。

〔註63〕參見《元史》，卷126，〈廉希憲傳〉，頁3096，希憲諸子。劉因見《靜修集》（《文淵閣四庫全書》），卷12，〈廉公惠更名序〉，頁1上、下，卷18，〈賀廉

23. 廉 恂

字公迪，為希憲三子，又名米只兒海牙，仕至中書省平章（高官）。恂於至元末時按察江南，與魏初同事，魏初除為其父希憲作〈真贊〉外，又曾為其作祝壽詩，詩句中稱他讀書達體、意遠文質，頗具讚譽之詞，廉恂似有二首詩贈魏初，可見其往來。〔註64〕又〈松江寶雲寺記〉載有江浙行省右丞廉密知兒海牙篆額，即廉恂所篆，又可知他為書法家。〔註65〕

24. 廉 忱

希憲四子。英宗時歷官同知沔陽府（湖北仙桃），後仕至邵武路（福建邵武）總管（高官）。在任內崇興學校，修佈從祀賢像，倡行漢學。〔註66〕

25. 廉 惇

字公邁，希憲六子。英宗時為秘書卿，歷任四川廉訪使、江西行省參政，仕至陝西行省左丞（高官）。公邁幼時與恂、恆兄弟受學於父親希憲在西安所建的「讀書堂」，當時有名儒許衡、楊奐等常與希憲往來論學，諸子們或受影響，但公邁也曾受學於名儒熊朋來（與可）之子熊太古，應有頗深的漢學研習。後「讀書堂」又經公邁修葺、增書，尊之為「讀書岩」，承繼先志。〔註67〕

26. 廉惠山海牙

字公亮，為廉希憲侄子，父親名阿魯渾海牙，仕至廣德路（江蘇廣德）達魯花赤（高官）。公亮幼孤，少年入國學，英宗至治元年（1321）進士及第，

侯舉次兒子〉詩，〈朝中措〉、〈臨江仙〉詞，頁9上、13下、14上。

〔註64〕 參見魏初，《青崖集》（《文淵閣四庫全書》），卷1，〈為廉公迪壽〉，為廉希憲作畫像贊，見卷5，〈平章廉公真贊〉並序，頁37上～38上。廉恂贈詩見卷2，〈奉答廉公勸農〉，序文中說廉恂為御史時贈六言詩二首，但未能確定所指是否為廉恂？見頁1上。

〔註65〕 參見《江蘇金石志》（《石刻史料新編》），〈金石十九〉，頁43下，文後錢大昕作〈跋尾〉，據《元史》紀、表考証廉密只兒海牙即廉恂，見頁43上、下。

〔註66〕 參見前揭〈廉希憲傳〉，《閩書》（濟南市，齊魯書社，《四庫存目叢書》），卷62，頁25。

〔註67〕 廉惇任秘書卿見王士點《秘書監志》（浙江古籍出版社，1992年），卷9，頁161。四川廉訪使見元明善，〈平章政事廉文正王神道碑〉，《全元文》，第24冊，頁3352～362。江西參政見前揭〈廉希憲傳〉。陝西行省左丞，見虞集，〈熊與可墓誌銘〉，《全元文》，第27冊，頁593～595。「讀書堂」見元明善〈讀書岩記〉，《全元文》，第24冊，頁309、310，又見劉岳申《申齋文集》，卷6，〈讀書岩記〉，頁2下～4上。受學熊太古事見虞集上引文。

曾入史館預修英宗、仁宗《實錄》，後來在順帝初時又預修遼、金、宋三朝史。
仕至翰林學士承旨、知制誥兼修國史（高官）。〔註68〕公亮不僅長於史學，且
能詩、善書法，貢師泰記順帝至正二十一年（1361）時公亮為行宣政院使，
與諸士友遊玄沙寺，「廉公數起舞，放浪諧謔」，並各賦詩。又杭州路廟學重
建，學宮的篆額即為公亮所作，故知能書法。〔註69〕公亮於至正時仍在，為
中晚期漢學人物。

27. 廉　充

廉氏家族人，但不知為誰家子弟。虞集在國學時廉充為國子生，「執經問
義，歲無曠日」，足見其求學之勤奮。後出仕為浙西憲司照磨（低官），吳澄
也稱他是「不以勳閥進，而以學業選」。廉充任官為仁宗皇慶元年（1312），
或應是希憲的子姪輩。〔註70〕

28. 馬祖孝

為前述汪古馬氏族子，祖父馬世昌，父親馬潤，仕至同知漳州路（福建
漳州）總管（中官）。祖孝與其兄祖常同為延祐元年（1314）首科進士，泰定
帝時曾任職陳州（河南淮陽）判官（低官）。〔註71〕其餘仕歷欠詳。

29. 馬祖義

上述祖孝兄弟，曾任翰林院國史編修官，後仕為法務庫使（中官），為國
史編修宜有相當漢學。〔註72〕

30. 馬祖謙

即上述祖常、祖孝兄弟，字元德，為馬潤第六子。少入鄉校求學，後入
國子學，以國子進士選授同知保德州事（山西保德），後調保定路束鹿縣（河
北深州西），「興學訓農，以勵其民」，仕至奉訓大夫、昭功萬戶府知事（中官）；

〔註68〕參見《元史》，卷145，〈廉惠山海牙傳〉，頁3447、3448。

〔註69〕參見貢師泰，〈春日玄沙寺小集序〉，《全元文》，第45冊，頁184、185。廟學
　　　　篆額事見〈杭州路重修廟學記〉，《武林金石記》（西泠印社，《遯盦金石叢書》），
　　　　卷2，頁17下。

〔註70〕參見虞集，《道園學古錄》，卷5，〈送廉充赴浙西憲司照磨序〉，頁99，吳澄
　　　　《吳文正集》，卷34，〈送廉充赴浙西照磨序〉，頁3下～4下。

〔註71〕馬祖孝父親馬潤，參見前揭黃溍〈馬氏世譜〉，頁444，祖孝任職陳州，見元
　　　　明善〈送馬翰林南歸序〉，《全元文》，第24冊，頁288。

〔註72〕參見前揭黃溍，〈馬氏世譜〉，及前揭馬祖常，〈禮部尚書馬公神道碑〉。

祖謙有漢學研習兼及於倡行。〔註73〕

31. 馬祖元

為祖孝堂兄弟，父名馬淵，生平仕歷欠詳或未仕。祖孝為鄉貢進士，奉化州（浙江奉化）從事，贊助慈谿縣儒學的重修，後仕至市舶司提舉（中官），有倡行漢學之舉。〔註74〕

32. 馬祖憲

為祖孝堂兄弟輩，字元章，父親失里哈，仕為河南行省左右司都事（低官）。祖憲為國子生進士，任吳縣（江蘇蘇州）達魯花赤（低官），時廟學摧剝，屋牆傾頹，遂以興學為任，更新殿堂門廡及齋舍，又新塑繪聖賢像，立楊慈湖（簡）祠堂，此外又立社學百餘處，對地方倡行漢學用力頗深。〔註75〕

33. 馬元禮

為祖常之弟，但不知是名或字元禮？在祖常的文集中有〈次元禮弟韵〉、〈元禮弟寄和韻〉詩，〔註76〕當是元禮能詩而與祖常有和韵來往，故可知元禮有漢學研習。

34. 教化的

阿魯溫氏，家世欠詳，父親曾任姑蘇別駕，仕至中奉大夫、福建元帥（高官）。教化的於泰定帝時曾任雄州（河北雄縣）達魯花赤（中官），見廟學傾頹，於是經營修建，立明倫堂以講習，設振文堂以奉道學先生，又修備禮殿、書樓、齋廡、禮器等，並勉勵諸生修學之意。〔註77〕

35. 脫時敬

畏兀氏，家世欠詳，知於元代中期左右曾任參知政事（高官），其子伯堅為高郵府（江蘇高郵）同知，因保存有父親手書歐陽修〈畫錦堂記〉，謝應芳

〔註73〕參見蘇天爵，《滋溪文稿》，卷19，〈元故奉訓大夫昭功萬戶府知事馬君墓碣銘〉，頁18上～20上。

〔註74〕參見前揭《至正四明續志》（《宋元地方志叢書》），卷7，程郇〈慈谿縣儒學記〉，頁33上。前揭黃溍，〈馬氏世譜〉。

〔註75〕參見前揭黃溍〈馬氏世譜〉，干文傳，〈重修學記〉，《全元文》，第32冊，頁80～82，姜漸，〈吳縣修學記〉，《全元文》，第58冊，頁372、373。

〔註76〕參見馬祖常，《石田先生文集》（鄭州市，中州古籍出版社，1991年），卷2，頁35、39。

〔註77〕參見李居謙，〈雄州儒學記〉，《全元文》，第52冊，頁500、501。

為寫〈跋〉文，同時提及早年脫時敬所寫祭歐陽修文，「時所書端謹鄭重，視此篇（晝錦堂記）筆意瀟灑，神氣飄逸，有不同者，此足見其字學之妙不滯于一偏也」。〔註78〕由此可知脫時敬為名書法家，而能寫歐陽修文章，又作祭文，當有漢學相當水準。

36. 烏馬兒

回回人，為元初名臣賽典赤贍思丁之孫，父親名納速剌丁，仕至陝西行省平章政事（高官）。烏馬兒於武宗時仕為江浙行省平章政事（高官）、兼領江淮等處財富都總管，對於海道糧運頗有貢獻。此前於福建行省時，勤政愛民，建設、賑災等有政績可見，又重建泉州、興化州二處廟學，並置學田，使士有所教養，是其倡行漢學之功。〔註79〕

37. 買朮丁

西域不花剌氏，家世自曾祖馬合麻以天文學獲知於朝廷。父親名阿合麻，仕歷不詳。買朮丁於成宗時入太學，後又為宿衛，武宗時曾任集賢院經歷，泰定帝時為監察御史，順帝時任中政院使、海道萬戶府達魯花赤（高官）。〔註80〕買朮丁既入太學，宜有受教漢學。

38. 忽思慧

西域人或回回人，也有指為蒙古人者，家世欠詳。他於仁宗時任膳太醫（擬為中官），為宣徽院下所領，其以作《飲膳正要》著名，書成於天曆三年（1330），見序文所寫傳統中醫飲食思想，其書更為論古代藥膳者所重視，此處不擬贅言。但知道忽思慧必有漢學，否則不能知中醫傳統思想，更無能以漢文著作其書。又虞集曾為此書寫〈序〉文。〔註81〕

〔註78〕　參見謝應芳，〈跋脫時敬參政手書〉，《全元文》，第43冊，頁206。〈晝錦堂記〉，為歐陽修為韓琦知相州時所築「晝錦堂」而作，文見《歐陽修全集》（臺北市，世界書局，民國60年），上冊，卷40，頁281、282。

〔註79〕　參見任士林，〈平章政事賽典赤榮祿公世美之碑〉，〈江浙行省春運海糧記〉，二文收於《全元文》，第18冊，前文見頁444～447，後文見頁416、417。另烏馬兒家世見《元史》，卷125，〈賽典赤贍思丁傳〉，頁3063～3070。

〔註80〕　參見朱德潤，《存復齋文集》（臺北市，台灣商務印書館，《四部叢刊廣編》），卷1，〈資善大夫中政院使買公世德之碑〉，頁8下～11上。文中指買朮丁為于闐不花剌氏，實則不花剌為中亞花剌子模城市，于闐為泛稱西域之人，可參見陳得芝，〈元代回回人史事雜識四則〉，收於氏作《蒙元史研究叢稿》（北京市，人民出版社，2005年），頁452～455。

〔註81〕　參見虞集，《道園學古錄》，卷22，〈飲膳正要序〉，頁372。《飲膳正要》（《四

39. 馬合謀

字均章，回回人。家世欠詳，知於仁宗皇慶二年（1313）任江山縣（浙江江山）達魯花赤（低官），在任內廉介明察、修橋築路，增新學校，民為之立德政碑。〔註82〕知其為倡行漢學的良吏。

40. 全岳柱

字止所，又字兼山，畏兀人。元初名臣阿魯渾薩理之子，薩理聰慧過人，通佛學、諸國語，又通經史百家、陰陽方技之學，《華化考》中已收入。岳柱頗秉習父親家學所傳，「長就學，日記千言」，少年入宿衛。武宗時授集賢學士，以荐舉賢能為事，仁宗時為湖南道宣慰使，「日接見儒生，詢求民瘼」。泰定帝為禮部尚書、江西行省參政。文宗時為江西及河南行省平章（高官），後為集賢院大學士。

岳柱為政以儒治愛民為本，天性友孝，史稱其「尤嗜經史，自天文、醫藥之書，無不究極」，又度量弘擴，是君子儒臣。〔註83〕岳柱所學應出自其父家學，父子所學極為近似，當時名儒對他為政、學識等極為贊譽，如虞集說他至正至明而不厲察，「究乎天人之縕，而不滯於迹，淵乎其有道，充乎其有容」。吳澄為他祝壽作詩，說「孔老遺芳永永存」，以其為學為人有儒道並蓄之意。劉鶚也作詩贈岳柱，其中有「功臣子孫半零落，惟公獨克承家聲」，讚譽他承父祖事業與學識，「古今事物貫胸次，乾坤風月皆性情」，學問、性情都可由其中得知。〔註84〕

41. 捏古柏

回回人，字景初，為集賢學士奕赫抵雅爾丁（太初，詳後）之弟，兄弟二人皆有漢學。父親亦速馬因，仕至大都南北兩城兵馬都指揮使（擬為高官）。

部叢刊廣編》）本書序文或即出自忽思慧之手。忽思慧的族屬本文訂為西域人，相關問題參見尚衍斌，〈元代色目人史事雜考〉，《民族研究》，2001 年，第 1 期，頁 81～88。

〔註82〕 參見《天啟衢州府志》（《中國方志叢書》），卷 2，〈職官〉，頁 32 下，卷 4，〈名宦〉，頁 26 上、下。另《同治江山縣志》（《中國方志叢書》）引《萬曆衢州府志》所載相同，見卷 6，頁 32 上。

〔註83〕 參見《元史》，卷 130，〈阿魯渾薩理傳〉，並岳柱〈附傳〉，頁 3174～3179。

〔註84〕 參見虞集《道園學古錄》，卷 6，〈送江西行省全平章詩序〉，頁 126。吳澄詩見《吳文正集》，卷 92，〈壽全平章〉，頁 34 下、35 上。劉鶚詩見《惟實集》（《四庫珍本》四集），卷 4，〈題集賢全大學士二首〉，頁 7 上、下，卷 6，〈通集賢全大學士〉，頁 13 上、下。

捏古柏於仁宗延祐三年（1316）由歸德府的鹿邑縣監調為永城縣（河南永城）達魯花赤，到官即以修建學宮為己任，與縣尹、主簿等共同捐俸召工購材，完成殿廡、講堂、門垣等，同時「率士吏諸生，以時虔祭」，地方人士受感慕，「更相勉子弟入學，文風為之一變」。而後二年，捏古柏升任衢州路（浙江衢州）治中（中官），兼路提學事，又舉興學校，修廟與學屋九十楹，頗具規模，並用心於勸學之道。〔註85〕捏古柏對於倡行漢學，秉持一貫心志，甚為難得。

42. 木八剌

阿剌渾氏，家世欠詳，其父（家）仕為中奉大夫、淮東道宣慰司（高官）。仁宗皇慶元年（1312）以奉議大夫任奉化州（浙江奉化）達魯花赤（中官）為政清廉正肅，題署事堂為「遷善」，宴休堂為「清畏」，足見他有漢學教養，而又於任內涵濡士類、朔望祭孔、每歲貢士，並「講論經史，公退儒徠，問難辨析，靡遜縫掖」，〔註86〕可謂眾善兼備，是良吏儒臣之流。

43. 魯明善

又名鐵柱，畏吾人，以作《農桑衣食撮要》一書著名。父親名迦魯納答思，以研習印度佛教與通諸國語稱著，仕至榮祿大夫、大司徒（高官）。據虞集為魯明善所作〈神道碑〉，因父字而取魯為姓，繼父親曾為主文史的宿衛（必闍赤），出為江西行省理問官，仁宗時為安豐路（安徽壽春）達魯花赤，任內修學校、親與師弟子講學，又修農書，親勸耕稼，均役理訟，又修官舍、橋、驛，蒙古、陰陽、醫學全加以修序。後出任太平路（安徽當塗）總管，其為官歷「連領六郡、五為監、一為守」仕至靖州（黃州靖縣）路達魯花赤（高官）。虞集又於文中稱「以明善為字，而以誠名其齋，蓋嘗學於曾子、子思子之書也」，說明是受儒學之書教，又稱他「平日好鼓琴，得古人意」，並親定《琴譜》八卷，則可知明善精通音律琴藝。此外，吳澄作文也略言及其家世，可供參看。〔註87〕

〔註85〕參見《元史》，卷137，〈奕赫抵雅爾丁傳〉，頁3318。永城興學參見曹元用，〈永城縣孔子廟碑〉，衢州興學參見洪燄祖，〈重修府學記〉，二文俱收於《全元文》，第24冊，曹文見頁255、256，洪文見頁202。

〔註86〕參見陳曷伯，〈達魯花赤木八剌德政記〉，《全元文》，第22冊，頁337～339。文中言「其世淮閫中奉」，指其家世所出，或即指其父親所任職務，淮閫當指淮東宣慰使，中奉指中奉大夫，二官階職相當，俱為從二品之高官。

〔註87〕參見虞集，〈靖州路達魯花赤魯公神道碑〉，《全元文》，第27冊，頁374～377，又吳澄，〈峨嵋亭重修記〉，《吳文正集》，卷45，頁13下～15上，所言魯明

44. 唐仁祖

畏兀人，字壽卿，又字靜卿，號樂山，因祖父名唐古直，故子孫以唐為姓。父親名驥，世祖時由東宮宿衛出為達魯花赤（擬為中官）。仁祖少孤，由母親教之讀書，通各國語、音律，世祖時為宿衛而學蒙古文字。仁祖又善於畫，後歷仕翰林直學士、參議尚書省事，與權臣桑哥不合，但不為所動。成宗時仕至翰林學士承旨、知制誥、兼修國史（高官）。〔註88〕仁祖的漢學並不明確，由上所述似乎應是有漢學研習，較可依據的資料是當時名士有詩贈寄，如程鉅夫作詩〈樂山〉，是因劉岳（東厓）為仁祖取別號「樂山」而作，又有詩為送茶藥而作詩三首，另〈寄閣子靜唐靜卿二翰長〉，翰長即翰林承旨，為翰林國史院最高首長，閣子靜指閣復，靜卿即指仁祖，由是又得知仁祖另字靜卿，號樂山。王惲有贈詩〈贈承旨唐壽卿〉，詩句言「時於管中窺，斑斑見其文」，可見仁祖善於作文。〈賀唐承旨新堂落成〉，詩句說到「詩思」、「琴聲」，頗能意會仁祖的生活情形，另有贈壽詩一首等。〔註89〕由上述名士贈詩可証仁祖是具有相當的漢學研習。

45. 李公敏

于闐人。家世不詳，曾在山東任教授，受推荐入官，但仕歷官不詳。據馬祖常〈送李公敏之官序〉中說他能尊孔崇儒，學浸六經百家，「蔚然而為儒者」，是漢學有相當研習的水準。〔註90〕《華化考》有列入，言及較略。

46. 丁哈八石

于闐人，字文苑，又名赫伯舍，以父勘馬剌丁名而姓丁氏，父親於世祖時任祁陽縣（湖南祁陽）達魯花赤（低官）。文苑與許有壬、黃溍皆為仁宗延祐二年（乙卯）進士，故許有壬為其父寫〈碑銘〉，為哈八石寫類似傳記的〈哀辭〉，由其中得知哈八石曾任禮部主事、監察御史、僉浙西、山北廉訪司事（中

善仕歷與家世可証。明善之父見《元史》，卷134，〈迦魯納答思傳〉，頁3260、3261，但傳文中皆未言及其子魯明善。另可參見尚衍斌前揭文，言及魯明善生平等。《新元史》卷29，〈氏族表下〉，載有鐵柱（魯明善）家系，見頁16上，應是據虞集之文而來。

〔註88〕參見《元史》，卷134，〈唐仁祖傳〉，頁3253、3254。
〔註89〕參見程鉅夫，《雪樓集》，卷26，頁9下，〈選茶藥與唐靜卿三首〉，頁2下，卷27，頁16上。王惲詩見《秋澗集》，卷5，頁9上～10上，卷22，頁6下、7上，另有〈為承旨唐壽卿壽〉詩，見卷77，頁13下。
〔註90〕參見《石田先生文集》，卷9，頁182。

官）。〔註91〕黃溍作〈題丁文苑同年哀詞後〉，詩句倍感文苑早逝之哀，馬祖常亦作〈丁君誄〉，以文苑學足以利人，但早逝而不得施展，都是對哈八石的惋惜。〔註92〕

47. 康里脫脫

為康里王族人，父親牙牙，封康國王，兄阿沙不花，為成宗、武宗朝重臣。脫脫少年入世祖宿衛，成宗時隨皇子（武宗）撫軍北邊，當成宗死時，脫脫兄弟二人迎立武宗，並調和武宗、仁宗兄弟之嫌，使能相安而皇位順利繼承。武宗時歷仕為中書平章、御史大夫、尚書右丞相，仁宗時為江浙行省左丞相，英宗時任江南行臺御史大夫（高官），死於泰定帝時。史稱脫脫於別墅「延師以訓子，鄉人化之，皆向學」，朝廷又將其所建精舍賜額「景賢書院」，並設學官，是有倡行漢學之功。〔註93〕元人筆記中載有康里脫脫為政時在江浙開河利漕運事，及為官蒞政的正直狷介，可供參看。〔註94〕

48. 馬里古思

家世野里可溫氏（也里可溫），但居於燕山，家世欠詳，知於仁宗初任襄城（河南襄城）縣達魯花赤（低官），縣政清明之餘，又增修縣學，建廡繪像、築諸生館舍等，求為明倫育才、風俗教養之效。〔註95〕

49. 脫烈海牙

畏吾氏，世居別失八里。父親闔里赤，於前期漢學已述及。脫烈海牙幼

〔註91〕 參見許有壬，《至正集》，卷51，〈故忠翊校尉廣海鹽課司提舉贈奉訓大夫飛騎尉漁陽縣男于闐公碑銘〉，頁4下～8上，載丁哈八石家世父、祖等，卷68，〈哈噶斯表辭〉，即哈八石傳記，頁5上～8下。

〔註92〕 黃溍詩參見《金華黃先生文集》，卷6，頁57下，馬祖常文，見《石田先生文集》，頁161。

〔註93〕 康里脫脫家世參見黃溍，《金華黃先生文集》，卷28，〈勅賜康里氏先塋碑〉，頁281～286上。《元史》據之分別成卷136，〈阿花不花傳〉，頁3295～3300，卷138，〈康里脫脫傳〉，頁3321～3326。又《宋元學案補遺》（臺北市，國防研究院／中華大典編印會，《四明叢書》，民國55年）將脫脫「景賢書院」事列入，見〈別附〉卷3，頁38上、下。

〔註94〕 參見陶宗儀，《輟耕錄》（臺北市，台灣商務印書館，《叢書集成簡編》），卷2，頁48。楊瑀《山居新語》（上海市，上海古籍出版社，《宋元筆記小說大觀》）第六冊，頁6057、6058，但書中將康里脫脫譯寫成倚納脫脫。

〔註95〕 參見劉必大，〈襄城縣學廡記〉，《全元文》，第36冊，頁285、286。又《嘉靖襄城縣志》（《天一閣藏明代方志選刊》），卷3，〈志人物上〉，載建廟學事，頁3上。

即好學，警敏過人，喜結交士人。任為隆平縣（河北隆堯）達魯花赤，均賦興學，勸農平訟，人民勒石紀念其功，後歷仕監察御史、右司郎中，仁宗時仕為荊湖北道宣慰使，英宗時仕至淮東宣慰使（高官）。仁宗在東宮時「知其嗜學」，特賜他祕府經籍及聖賢圖像，為罕見的榮譽，也說明他酷愛讀書之事。〔註96〕

50. 阿里耀卿

西域人，或稱里耀卿、李耀卿。家世欠詳，曾任翰林學士（高官）。在《華化考》中言及，但未確認為西域人，據孫楷第、楊志玖所論，以為是西域曲家。〔註97〕《全元散曲》中收錄有〈醉太平〉小令一首，〔註98〕錄下以為參考，又其子西瑛亦為元曲名家（詳後）。

寒生玉壺，香爐金爐，晚來庭院景消疎，閑愁萬縷。胡蝶歸夢迷溪路，子規叫月啼芳樹，玉人垂淚滴珍珠，似梨花暮雨。

51. 朵阿達實

畏兀兒人，父親名幹思彌世，仕為朝列大夫、鹽運副使（中官）。朵阿達實蔭襲為七品朝官，他自幼讀書，以試通一經出為真陽縣（河南正陽）達魯花赤（低官），以廉孝為政，以善為教，為政閒暇時，攜《四書》臨學聽講，訓導諸生當務正心之學，以德為首要。在任內處同僚以和，愛民如子，民為之立石記其廉善。〔註99〕朵阿達實不僅研習漢學又有倡行育才之舉。

52. 孛羅答失

北庭人，家世欠詳。泰定帝時任為內鄉縣（河南內鄉）達魯花赤（低官），見學宮傾頹，慨然以修建為任，堂廡齋舍重修成新，購置學田贍士，有倡行漢學之功。〔註100〕

〔註96〕參見《元史》，卷137，〈脫烈海牙傳〉，頁3319、3320。又《嘉靖真定府志》（《四庫存目叢書》），卷27，〈人物〉，頁43下，所載相同。

〔註97〕參見孫楷第，《元曲家考略》（臺北市，文史哲出版社，民國78年），頁9、10。楊志玖，《元代回族史稿》（天津市，南開大學出版社，2003年），頁321。

〔註98〕見隋樹森，《全元散曲》（北京市，中華書局，1989年），頁288。

〔註99〕參見衛桂榮，〈朵阿達實廉善記〉，《全元文》，第47冊，頁10～12，另見《嘉靖真陽縣志》（《天一閣藏明代方志選刊續編》），卷3，〈職官〉，頁2下。

〔註100〕參見《康熙內鄉縣志》（《中國方志叢書》），卷5，頁76，洪天麟，〈內鄉縣創修文廟記〉，《全元文》，第46冊，頁192、193。

53. 伯帖木兒

又作柏鐵木兒，西域人，前述曲樞之子，幼隨父親為仁宗宿衛，武宗時因功為懷孟路（河南沁陽）達魯花赤，陝西行省參政，仁宗時仕為翰林學士承旨、知制誥、兼修國史，甚受信重，多有加兼之官。英宗時為大都留守兼職如故（高官），曾退隱閑居，泰定時召復為故官，以疾辭而逝。伯帖木兒為政清廉正直，曾與趙世延共劾權臣鐵木迭爾，後起大獄，趙世延因柏帖木兒力救而免，但未告知其餘人，故當他死時世延甚為哀痛。伯帖木兒漢學情形欠詳，但他曾推荐老儒郭松年及同寬甫、賈文器、侯伯正等人，以為文章議論、學問政事皆有可取；諸儒士後果有名聲。此外，在他母親臨終治喪禮時，「族人欲守本俗」，但他說：「今居乎中國，獨不行先王之禮乎？」，後以行漢文化禮儀為家族傳統，「遂世守為家範」。如此可知伯帖木兒有倡行漢學之功。〔註 101〕

54. 火失哈兒

欽察氏，名字不詳，火失哈兒為其小字。由宿衛入官，為東宮千夫長，遷江浙行省理問官，英宗時為常熟州（江蘇常熟）達魯花赤（中官）。在任內清賦役，勸農增產，民為之立碑頌思。火失哈兒除為良吏外，又以敦風化、勵學校為先務，春秋釋奠如章，製用大成雅樂，諭勉教官督講課業、學生勤學等，注重漢學的倡行。〔註 102〕

55. 燕帖木而

畏兀人，名不詳，以小字行，家世欠詳。仁宗延祐元年（1314）任膠州（山東膠縣）達魯花赤（中官），見州學傾圮，與同僚捐俸營葺，買地增建，以孔子五十四代孫孔思迪主持營修，完成殿舍、泮池、塑像等，並欲傾家財為不足之經費，說明其志在於必成。倡行漢學之心足可讚譽。〔註 103〕

56. 普顏不花

色目人，家世欠詳。於泰定元年（1324）任膠州達魯花赤（中官），漢學

〔註 101〕參見前揭黃溍〈太傅文安忠憲王家傳〉，及前揭〈曲樞傳〉。

〔註 102〕參見湯彌昌，〈監州火失哈兒去思碑〉，《全元文》，第 37 冊，頁 177、178。《正德姑蘇志》（《天一閣藏明代方志選刊續編》），卷 41，頁 30 卜～31 卜。所載當取自〈去思碑〉，且記「民請湯彌昌記其遺愛」。又《弘治常熟縣志》（《四庫全書存目叢書》）所載相似，見卷 3，頁 15 上～17 上。

〔註 103〕參見劉賡，〈膠州重修廟學記〉，《全元文》，第 13 冊，頁 304、305。

情形欠詳，但他述說州學的新修興建是出於前州監燕帖木而之功，恐日久後人不知，故應立石於庭，使後來觀之，不僅可彰顯燕帖木而的美事，也可知州學興創的由來。這種「不掩人之善」的立石行為與教養，似可列入倡行之舉。〔註104〕

57. 諤勒哲圖

伯特氏或圖伯特氏，世居於燕山。父親名扎哈岱，討叛亂有功，但仕歷不詳。諤勒哲圖幼孤而好學，習弓馬不樂嬉戲，及長則涉獵經史，博通《武經》及百氏之學。仁宗延祐年間，出任蘄縣翼上萬戶府達魯花赤，防抵倭寇有功，平定福建漳州李志甫叛亂。順帝時仕至浙東宣慰使都元帥（高官）。諤勒哲圖不僅通漢學，且在浙東時行鄉飲酒禮以敦禮讓風氣，每月朔、望時親臨學校，講勸勉勵，所為是倡行漢學。〔註105〕

58. 迭里威失

伊吾盧人，即前述阿里迄失帖木兒之孫，阿台之子。少好讀書，為成宗宿衛，授河西廉訪司簽事，歷仕監察御史、樞密院判官，仁宗時為河間路（河北河間）總管，任內以俸金、官庫賑災，便民除盜，後仕至遼陽行省參政（高官）。〔註106〕迭里失威為受漢學的良吏，與其父、祖所為及家教傳統符合。

59. 阿老瓦丁

回回人，家世欠詳。知於成宗大德二年（1298）十二月任金壇縣（江蘇金壇）達魯花赤（低官），次年即著手於修縣學，當時學堂傾漏，士子苦以為病，阿老瓦丁以為是其責任，於是結合儒戶共同整修，使門廡堂舍新修而完，是為倡行漢學。〔註107〕

60. 忽速剌丁

于闐人，家世欠詳。知於成宗大德六年（1302）任南台監察御史，後遷霸州（河北霸縣）達魯花赤（中官），在任內仰強利民，而「州雜五方之民，庠序之教不興」，於是他親率子弟問學，俾教化風俗，是倡行漢學的循

〔註104〕參見劉若拙，〈重修廟學記後敍〉，《全元文》，第45冊，頁70、71。

〔註105〕參見程端禮，《畏齋集》（《四明叢書》），卷6，〈故中奉大夫制東道宣慰都元帥兼蘄縣翼上萬戶府達嚕噶齊諤勒哲圖公行狀〉，頁10下～15下。

〔註106〕參見前揭《元史》，〈塔本傳〉。

〔註107〕參見《至正金陵新志》（《宋元地方志叢書》），卷11，頁25下，並卷16，頁10下。

吏。〔註108〕

61. 按檀不花

西域阿里馬里人，又名忒木兒不花。其祖父名岳雄，太祖時為高官，父親名別古思，亦為高官。按檀不花為忠武王宿衛，世祖中出任濟寧路（山東鉅野）達魯花赤（高官），前後時間頗長。他主要貢獻在於修葺曲阜孔廟，約於成宗大德二年（1298），經三年始成，新修規模壯麗，成為當時的盛事，有功於倡行漢學。〔註109〕

62. 虎都鐵木祿

合魯氏，漢名劉漢卿。父親鐵邁赤，為元初名將，仕至蒙古諸萬戶府奧魯總管（高官）。漢卿好讀書，常與學士大夫遊，從攻宋，初任低階武官，後任為給事中、湖南宣慰副使、兵部尚書等職，仁宗時為閩浙宣撫使（高官），漢卿為漢學研習者。〔註110〕

63. 阿鄰帖木兒

畏兀人，為元初名師哈剌亦哈赤北魯家族後人。父親名阿的迷失帖木兒，於仁宗時任秘書太監（高官）。阿鄰帖木兒善於蒙文國書，聞識廣博，曾任翰林學士承旨高官，英宗時在帝側陳說古先哲善行嘉言，極受尊敬，同時他還「翻譯諸經、紀錄故實，總治諸王、駙馬、蕃國朝會之事」。迎明宗入繼皇位，奉為帝師，主持經筵事，文宗時仕為奎章閣大學士（高官）。阿鄰帖木兒所譯經典，可知的有仁宗時譯的《大學衍義》為國語（蒙文），泰定帝時與許師敬共譯《帝訓》，更名為《皇圖大訓》，授予皇太子。文宗時與另一奎章閣大學士忽都魯都兒迷失共譯「國言所記典章為漢語」，以備修《經世大典》。凡此說明阿鄰帖木兒有相當的漢學研習。〔註111〕

〔註108〕參見前揭《石田先生文集》，卷13，〈霸州長忽速剌沙君遺愛碑〉，頁244、245。其任南臺御史，見《至正金陵新志》，卷6，頁53上。

〔註109〕參見閻復，〈曲阜孔子廟碑〉，《元文類》，卷19，頁238～240。蘇若思，〈樂善公墓碑〉，《全元文》，第56冊，頁108～110，胡祖賓，〈駙馬陵表慶之碑〉，《全元文》，第47冊，頁352～354，該文獻闕漏甚多。其他相關家世、事蹟等，參看陳高華，〈元代內遷的一個阿里馬里家族〉，收於《隋唐遼宋金元史論叢》（北京市，紫禁城出版社，2011年），第1輯，頁364～275。

〔註110〕參見《元史》，卷122，〈鐵邁赤傳〉附傳，頁3003～3005。

〔註111〕參見《元史》，卷124，〈哈剌亦哈赤北魯傳〉，頁3047、3048。又據《文宗紀三》，載阿鄰帖木兒曾任奎章閣大學士，見頁751。譯經見卷26，〈仁宗紀三〉，

64. 燕立帖木兒

畏兀人，為閥閱名家，但家世欠詳。英宗至治三年（1323）由平涼府判官出任西鄉縣（陝西西鄉）達魯花赤（低官），後於泰定帝時仕至興元路（陝西漢中）尹（高官）。他在西鄉時勸農課桑，丁寧教民，開渠築堤，對地方建設民生極為關注，又重教化，朔望至學府，與子弟吏胥誦讀講解，曉以義理廉恥遜讓，人知遷善寡過。又借路學祭祀所用衣冠，依式製造，以供縣學儒生穿服，習儀奉祀。對外來本地的儒戶，也令其習學業并灑掃廟學，來免除其役。同時將官方閒田，募民耕種，所獲供作奠釋及縣學費用。〔註 112〕這些具體作法都足見燕立帖木兒是用心於倡行漢學且積極有所作為者。

65. 月輪失帖木兒

畏兀人，家世欠詳。泰定帝時任萬泉縣（山西萬榮）令（低官），任內公廉有為，曾請免稅以賑民飢，祀為地方名宦，他的漢學欠詳，但知其「通經重道」，為漢學研習者。〔註 113〕

66. 奕赫抵雅爾丁

回回氏，字太初，元代通稱為丁太初。父親名亦速馬因，仕至大都南北兩城兵馬都指揮使（高官）。太初以中書省掾吏出為江西行省員外郎，歷任中書右、左司郎中，任內公正清明，成宗時遷翰林侍講學士，轉集賢大學士，除江東建康道廉訪使（高官），武宗初拜尚書及中書參議省事，辭不就任。史稱其自幼穎悟嗜學，讀書過目不忘，尤精於其國字語。〔註 114〕太初在當時儒士中頗有聲名，如壬璋有〈和疎齋韻送丁太初參議〉，疎齋指盧摯，和韻為詩，詩句中說太初「胸中載籍經綸地，袖裡封章咫天涯」，言其學識才華，張叔遠有〈送監憲丁太初臣內省參議〉，同樣以太初由廉訪使拜中書參議事贈詩，詩句中說「天錫殊恩下帝京，繡衣摧換飾衣榮」可知，而盧摯作曲二首贈太初，其中有句「寄新詞兩度鱗鴻，驚動山容，喚起江聲，誰更如公」，說他文詞之

頁 578，卷 30，〈泰定帝紀二〉，頁 669，卷 34，〈文宗紀三〉頁 751。又其父阿的迷失帖木兒任為秘書太監，《元史》未載時間，察《秘書監志》當在延祐二年，即阿里的迷失，見卷 9，頁 167。

〔註 112〕參見蒲道源，〈前儒林郎西鄉宣差燕立帖木兒遺愛碑〉，《全元文》，第 21 冊，頁 301～303。

〔註 113〕參見《康熙平陽府志》（中國書店，《稀見中國地方志匯刊》，1992 年），卷 20，〈宦績〉，頁 14 下。

〔註 114〕參見《元史》，卷 131，〈奕赫抵雅爾丁傳〉，頁 3318、3319。

奇美。〔註115〕太初漢學研習有其水準，應是以文學為長。

67. 忽都魯都兒迷失

畏兀氏，又稱忽都魯篤彌實，為淮西廉訪使普顏（前已述及）之弟，父親名愛全，仕宦不詳，贈司徒、趙國公。忽都魯為文宗時奎章閣大學士領院事（高官），仁宗時曾任為翰林學士承旨，與劉賡等譯《大學衍義》，又曾於泰定帝時為經筵官師，與張珪、吳澄、鄧文原等為太子及諸王子孫教學，文宗時譯國朝典章為漢語，以備修《經世大典》（見前阿鄰帖木兒）等，足見忽都有相當漢學水準，虞集為他作〈畫像贊〉，言詞雖不免溢美，但並非無所憑據。〔註116〕

68. 鎖咬兒哈的迷失

伊吾盧人，前述迭里威失之子。幼少時為英宗宿衛，出為監察御史（低官），至治元年（1321）詔建壽安山大剎，鎖咬兒等御史上章極諫，時權臣鐵（帖）木迭兒本疾忌臺諫官，於是命其子治書侍御史鎖南密奏，以鎖咬兒等「訕上以揚己」之罪而殺之。鎖咬兒漢學情形不詳，但有奏章文可見，大意在於評述紀綱制度的弊病、措置得失等，言詞簡要通達，於此可見其漢學水準。〔註117〕

69. 伊囉幹

汪古嚕氏女性，又譯名為也里完。為元初開國名族阿剌兀思惕吉忽里家族（世封高唐王）後人，父親名愛不花（阿爾布哈），娶世祖季女月烈公主，兄弟有尤忽難、闊里吉思、阿拉八觔等，其中以闊里吉思最著名。伊囉幹嫁世

〔註115〕參見汪澤民、張師愚，《宛陵群英集》（《四庫珍本》二集），王璋詩見卷 7，頁 14 下，張叔遠詩見卷 10，頁 7 下。盧摯作曲，其一為〈敬亭贈別丁太初憲使〉，其二為〈太初次韻見寄復和以答〉，見《全元散曲》，上冊，頁 128、129。

〔註116〕參見《新元史》，卷 192，〈普顏傳〉附，頁 9 下～11 上。吳澄，《吳文正集》，卷 12，頁 10 下、11 上，〈回忽都篤魯彌實承旨書〉。譯《大學衍義》，見《秘書監志》，卷 5，頁 95；及《元史》，卷 26，〈仁宗紀三〉，頁 578，卷 27，〈英宗紀一〉，頁 608。經筵進講見《元史》，卷 27，〈泰定帝紀一〉，頁 644，所講為《帝範》、《通鑑》、《大學衍義》、《貞觀政要》等。虞集，《道園學古錄》，卷 4，〈奎章閣大學士光祿大夫忽公畫像贊〉，頁 82、83。

〔註117〕參見《元史》，卷 124，〈塔本傳〉附，頁 3045、3046。奏章見邵遠平，《續弘簡錄》（《續修四庫全書》），卷 24，頁 9 上～10 上，《全元文》收有此文，見第 37 冊，頁 126、127。

祖皇孫秦王阿難答為王妃，她「淑慎貞靜，聰朗淵懿，好古博雅」，能通經義大要，平日深居「維圖書是親」，是有漢學、好讀書又博覽的貴族婦女。聽聞有關館授徒的女性學者，則召請前來居留，問學研習。但她不幸於成宗大德十年（1306）死於地震之災，所謂「大德丙午秋，陵谷之變」，後建有「秦王妃祠堂」以紀念，名儒蕭㪺為作〈記〉等。〔註118〕

70. 沙君美

阿魯渾氏，又作阿里沙。先祖也速兀闌，從憲宗攻蜀有功，以擅工匠著名。祖父馬合謀任職福建順昌縣監，買田為義莊，以贍養族人。父親捏古歹，仕為福建莆田縣達魯花赤（低官）。阿里沙好讀書，受推擇為吏，後任為江西廉訪司憲史（吏員或低官），與憲府官員參佐議論，當是有才學之士。虞集為他寫〈字說〉，又為其家族的義莊作〈記〉，並說他有督導承辦地方上東湖、宗濂二書院的興修之功。〔註119〕

71. 朵羅台

西域班勒紇人，為初期倡行漢學者伯德那之子，平章察罕之弟。程鉅夫為伯德那作〈神道碑〉，文中說朵羅台未出仕，「好琴書、有至性」。程鉅夫又為伯德那妻子李氏作〈墓碑〉文，說朵羅台性至孝，「樂志琴冊，高尚不仕」，郝經說明多羅台是有漢學的研習。〔註120〕

72. 沙德潤

哈剌魯氏，又名完澤溥化，為松江（江蘇松江）萬戶府達魯花赤沙全（抄兒赤）之孫，父親名字及生平不詳。沙德潤為泰定元年（1324）進士，次年任湖州路歸安縣（浙江歸安）縣丞（低官），任內率先捐俸買地，倡興學、建殿堂、居舍、講堂，又置學田，造祭器，完成縣學興建，是漢學研習兼倡行者。〔註121〕又其族弟、子姪數人後皆為鄉貢進士。（詳後）

〔註118〕參見參見蕭㪺，〈秦王妃祠堂記〉，《全元文》，第 10 冊，頁 747、748。其家世可見閻復，《靜軒集》（《叢書集成續編》），卷 3，〈駙馬高唐忠獻王碑銘〉，頁 13 下～17 上。《元史》，卷 118，〈阿剌兀思惕吉忽里傳〉，頁 2923～2926。

〔註119〕參見虞集，〈沙君美字說〉、〈雙溪義莊記〉，二文收在《全元文》，第 26 冊，頁 419、420，547～549。

〔註120〕參見前揭《程雪樓集》，卷 18，頁 2 下，卷 30，頁 3 下。

〔註121〕參見《崇禎松江府志》（北京市，書目文獻出版社，1991 年），卷 34，頁 17 上。沙全見《元史》，卷 132，〈沙全傳〉，頁 3217、3218。另參見陳高華，〈元泰定甲子科進士考〉，收於《內陸亞洲歷史文化研究》（南京大學出版社，1996

除上述諸人外，以下尚有數人有漢學研習但資料極少，甚至僅知姓名而無可多敘述者，續列名於下。

73. 塔　海

合魯氏，字仲良，為名士迺賢之兄，延祐五年（1318）進士，曾仕為嘉定（慶元）宣慰司（使？），任職不詳。〔註122〕塔海既為進士當受有漢學。

74. 答　瀾

畏吾氏，字天章，為至治三年（1323）鄉貢進士，曾仕為鎮江路（江蘇鎮江）學正（低官）。〔註123〕

75. 貌罕真

玉里伯里氏，前述伯行（前期漢學）之子，為省儒生。是漢學研習者。〔註124〕

76. 野里瞻

西域人，國子生，受學於虞集，端靜有恒，雅好經術。〔註125〕

77. 尤太易

西域人，與上述野里瞻同為國子生，受學於虞集。〔註126〕

78. 默合謨沙

木速蠻氏，字文顯，家世仕宦不詳，為元統元年進士。〔註127〕

另有廉公允、廉公直，《元詩選》收錄其詩，〔註128〕見其名字似為廉希憲子姪輩，如前文所列公惠（孚）、公迪（恂）、公邁（惇）等等，但一時未

年），頁156，對於松江抄兒赤與建昌抄兒赤，指出為不同之二人。宇文公諒，〈歸安縣儒學教諭題名記〉，《全元文》，第39冊，頁219、220。

〔註122〕參見桂栖鵬，《元代進士研究》，頁184。其所引資料據迺賢詩有寄「嘉定宣慰家兄」，以常例是任宣慰使、副、同知皆可敬省稱宣慰，元代宣慰司有六道，於浙東者設於慶元路（治鄞縣），見《元史》，卷91，〈百官七〉，頁2308，嘉定在平江路（浙江嘉定），故稱任職應為慶元，或塔海居家於嘉定之故。

〔註123〕參見《至順鎮江志》（《宋元地方志叢書》），卷17，頁10下。

〔註124〕參見前揭袁桷，〈玉里伯里公神道碑銘〉。

〔註125〕參見虞集，〈送國子生野里瞻省親序〉，《全元文》，第26冊，頁209、210。

〔註126〕參見同前註。

〔註127〕參見蕭啟慶，〈元統元年進士錄校注〉，收於《食貨雜誌》，第13卷，第1、2期，民國72年，頁76，並註82、83。桂栖鵬，《元代進士研究》收入，但略有誤，見頁187。

〔註128〕二人之詩作見《元詩選癸集》，〈癸下〉，頁1744，〈辛上〉，頁1225。

能確定，故暫不列入。又如廉秋堂，《元詩選》收其詩，而他曾任汝州（河南臨汝）達魯花赤，在元代各級達魯花赤依例以蒙古、色目人出任為原則，秋堂或即為北族人士，但仍不得確認，亦不便列入。〔註129〕又此類例子甚多，不贅舉。

四、晚期漢學

1. 沙　班

阿魯渾氏，字良輔，前述亦不剌金之弟。沙班曾任西臺御史，後仕為戶部尚書、湖南宣慰使都元帥（高官）。幼年受學於母親完顏氏之教，而後努力學習，致「學問該博」。許有壬與沙班有交往，曾作夜宴之詩。〔註130〕

2. 騷　馬

阿里馬里人，號樂善，前述按檀不花次子（中期漢學）。性孝悌，故棄官歸養父親，曾仕為也里可溫掌教司官，後仕為承務郎、打捕鷹房諸色人匠總管府達魯花赤（中官）。騷馬所學在於通也里可溫經、蒙古文，又究心儒術，至「陰陽方書、諸子百家，無不參詳」。〔註131〕可知他不但通基督教經典亦博究漢學。

3. 赫　赫

畏兀人，前述中期漢學野先之子。野先長期在國子學任教，赫赫「少傳家學」，有惠政於縣府監官任內，後仕至湖廣行省左右司郎中（中官）。赫赫及其父、祖三代以「文雅清慎相繼」，是漢學研習中的美談。〔註132〕

4. 神　保

畏兀人，前述中期漢學普顏之子。由國子生釋褐，任職廉訪司、監察御史，仕至僉浙東海右廉訪司事（中官），為漢學研習者。〔註133〕

〔註129〕詩見於《元詩選癸集》，〈癸下〉，頁 1778，仕歷見《正德汝州志》（《天一閣藏明代方志選刊》），卷7，頁6下、7上，並載有其詩。

〔註130〕參見前揭《正統大名府志》，元明善〈魏國忠懿公神道碑〉，許有壬，《圭塘小藁》（《三怡堂叢書》，卷13，〈望月婆羅門引〉之二，頁6上、下。〈雪夜宴沙班良輔家時為湖南宣慰使〉。

〔註131〕參見前揭蘇若思〈樂善公墓碑〉。

〔註132〕參見蘇天爵，前揭〈范陽郡侯衛吾公神道碑銘〉。

〔註133〕參見許有壬，前揭〈布延公神道碑〉。

5. 忻　都

回回人，字舜俞，家世欠詳。張以寧有詩〈別忻都舜俞用烜韻〉，其下注文「回回氏，能詩」，當有漢學教養。〔註134〕而程端禮〈送馮彥思序〉中說馮彥思（勉）任教於池州建德（江西建德）縣學，有弟子忻都（舜俞），「其學勤苦，嚴義利之辨而不苟合」，〔註135〕當即為同一人，受漢學教育。

6. 坊　豪

于闐人，字彥輝，家世欠詳。於順帝時任休寧縣（安徽休寧）達魯花赤，勤政嚴明，以拒守紅巾兵有功，後任為崑山州（浙江太倉）知州（中官）。在休寧縣時，闢新田以增學廩，勸進教師弟子勉學，公餘則「掃地焚香，書冊左右，以吟詠自娛」，是「有學有文，通達古今」的能吏。〔註136〕

7. 興　同

南昌人，字道遠，號石林。元初時其曾祖父別都魯迷失受命為北廷都護，伯叔父名崇福奴，餘則家世不詳。至正二十二年（1362）以集賢院都事（低官）奉詔至福建宣諭招安，交遊宴飲謹慎，泊然自持，常與布衣儒士「論古今得失，人物臧否」，〔註137〕大體可知他具有經史的漢學教養。

8. 桂　童

高昌人，家世欠詳。至正年間任澤州（山西澤州）儒學正（低官），既任儒學則應有漢學研習，他又為澤州達魯花赤忽都帖木兒寫〈禱雨獲應記〉，見其文學專長。〔註138〕

〔註134〕參見張以寧，《翠屏集》（《文淵閣四庫全書》），卷2，頁9下。
〔註135〕參見程端禮，《畏齋集》（《四明叢書》），卷4，頁14上～17上。文中又有离哲臺（舜臣），為江浙右榜，當在至正初時，但不知為蒙古人或色目人？延祐二年右榜進士有忻都，為江浙試右榜第一，元統元年（1333）任慶元市舶司提舉，但族屬不詳，且年代較早，參見蕭啟慶〈元延祐二年與延祐五年進士輯錄〉，《台大歷史學報》，第24期，1999年，頁387。馮勉有〈潔己臺記〉，言大德四年（1300）建德縣達魯花赤忻都（雲樵），但稱其為「燕山世家」，或為北族，然族屬仍不確定。
〔註136〕參見趙汸，〈休寧縣監邑坊公閱雨記〉、〈送休寧監邑坊侯秩滿序〉，二文收於《全元文》，第54冊，頁509～511，頁443～445。另見顧瑛，《玉山樸稿》（臺北市，學生書局景印《知不足齋》本），至正乙未卷，〈崑山州坊侯平賊詩〉，頁29下～31上。
〔註137〕參見貢師泰，《玩齋集》（《四庫珍本》三集），卷6，〈送興同都事北還序〉，頁45下～46下。
〔註138〕參見《山右石刻叢編》（《石刻史料新編》），卷40，頁1上～2下。

9. 寶珂（哥）

高昌人，字惟賢，家世欠詳。至正九年（1349）時任福建閩海道廉訪副使，任內清明修職，林興祖為他寫〈去思碑〉，至正十二年仕為杭州路總管（高官），重修府治，視事之堂取名「宣化」，偃息之所取名「新化」，有其意義。此外，又修新三皇、孔子廟，以為「尊聖道、明教化」之用，有倡行漢學作為。〔註139〕

10. 和　尚

高昌人，家世欠詳。順帝至元元年（1335）由浙江廉訪使出任海道都漕運萬戶府達魯花赤，至正元年（1341）改任大都路總管府達魯花赤，繼而仕至四川陝西行省參政（高官）。和尚「好文學」，於漕運萬戶府時，召郡博士試擇儒生，參用於府中為吏，一改過去以賂進為府吏的陋習，於是「漕府為之一清」，是重儒士、清弊端之政。〔註140〕

11. 觀　保

高昌人，字善卿，家世欠詳。至正年間任海寧州（浙江海寧）達魯花赤兼勸農知碩堰防禦事（中官），於至正二十四年作〈廣佑王事略序〉，記述他因病夢神，神勉喻以州民父母為念，「毋使陷於塗炭」，並治其疾病，三日後果然病癒。因而取神忠君愛民事蹟付梓，以勸官吏之存心當以神為心。為廣佑王（唐代滏陽縣令崔子玉）事略作〈序〉文，固有其良苦用心，不過有神道設教之法。〔註141〕

12. 關　寶

北庭人，字國用，為關德流之子，德流仕至高官（詳後）。國用以明經賜進士第，任為臨安縣（浙江臨安）達魯花赤（低官），他以守令為治之本莫先於學校，每朔望臨縣學，但教與養皆不理想，故特為禮聘名士魏德剛來教，以「天下不可一日而無教」，用心於學校，著力於倡行漢學。〔註142〕

〔註139〕參見林興祖，〈福建閩海道肅政廉訪司副使中順公去思碑〉，《福建金石志》（《石刻史料新編》），卷13，頁25下～26下。文中稱其為畏兀氏。任職杭州路倡行漢學事見劉基，《誠意伯文集》（《四部叢刊》），卷6，〈杭州路重修府治記〉，頁174上、下。文中稱其為高昌人。

〔註140〕參見鄭元祐，《僑吳集》（《元代珍本文集彙刊》），卷11，〈海道都漕運萬戶府達魯花赤和尚公政績碑〉，頁16下～19下。

〔註141〕參見《全元文》，第59冊，頁138。

〔註142〕參見楊維禎，《東維子文集》（《四部叢刊》），卷2，〈送關寶臨安縣長序〉，頁

13. 觀閭（觀驢、觀魯）

古速魯氏，字元賓，祖父名脫烈，仕為功德使高官，父親名達禮麻吉而的，泰定帝年間仕至福建道宣慰使都元帥（高官）。娶高昌廉氏，世家通婚。觀閭於至正八年任杭州路（浙江杭州）達魯花赤（高官），至正二十七年，張士誠為明軍所破，徵召觀閭，觀閭自經而死。〔註143〕除有漢學研習外，觀閭任惠州路（廣東惠州）同知總管府事，任內斥資修建「東坡書院」，危素極為贊賞，特為作文紀念，以為觀閭與東坡異世，而能崇敬表章，「所以宣明昭代，尊顯斯文，化民成俗者」，又稱他「讀書好古，廉而有為」，有倡行漢學的積極作為。〔註144〕

14. 奧　林

西域人，家世欠詳。至正十三年（1353）任奉化州（浙江奉化）知州（中官），到任即實行汰去冗吏溢卒，疏理司法滯誤等，他本人是端重少言，但好讀書為學，擅於文章，為漢學研習者。〔註145〕

15. 拜　住

康里人，字聞善，為元代初中期名臣木忽木之孫，回回之子，巙巙之姪，家族以漢學著稱。拜住讀書於國子學，曾任為翰林國史院都事，仕至太子司經（低官）。其時明軍北上，攻至大都，拜住言：「今吾生長中原，讀書國學，而可不知大義乎！」，遂投井而死，家人焚其書以葬。〔註146〕拜住家世以漢學著名，他出身國學，自是漢學研習者。

16. 不　花

北庭人，家世欠詳。曾任監察御史，直言列論。後於順帝至元四年（1338）任為揚州路（江蘇揚州）總管（高官），到任即著力於學宮，敦聘師儒，召士子從學，增復學田，使學制完備，並將學田刻石以存證。次年，蘇天爵任淮東廉訪使時，曾往路學校，聽學生講誦經訓，彬彬可觀，可見不花倡行漢學

15 下，〈送魏生德剛序〉，頁 17 上、下。

〔註143〕觀閭家世參見危素，〈元故資善大夫福建道宣慰使都元帥古速魯公墓誌銘〉，《全元文》，第 48 冊，頁 498～501。其生平可參見王逢，《梧溪集》（《知不足齋叢書》），卷 5，〈夢觀閭元贊〉有序文，頁 14 下、15 上。

〔註144〕參見危素，〈惠州路東坡書院記〉，《全元文》，第 48 冊，頁 319、320。

〔註145〕參見《嘉靖寧波府志》（《中國方志叢書》），卷 25，〈名宦〉，頁 34 上。

〔註146〕參見《元史》，卷 196，〈忠義傳四〉，頁 4431。另參見蕭啟慶，〈元明之際的蒙古色目遺民〉，收於氏著《元朝史新論》，頁 120～154。

的成果。〔註147〕

17. 普　剌

阿魯渾氏，字允中，家世欠詳。至正中任濬州（河北濬縣）達魯花赤（中官），任內安撫百姓，賦役均平，又興學校、敦教化，民不能忘其惠愛，是漢學倡行者。〔註148〕

18. 馬　肅

西域人，字彥敬，家世欠詳。倪瓚曾為之作〈山居圖〉，又作詩贈予，說馬肅與名畫家高克恭同字為彥敬，又同為西域人。〔註149〕《元詩選》收錄其詩作二首，皆為其友徐達左（良夫）所作，達左為元末名士，築「耕漁軒」，儒士名流多為其題詠。〔註150〕馬肅有〈題徐良夫耕漁軒〉，錄下參看其文采與情趣：

> 高人避世紛，遁跡遠塵市。結屋枕溪流，為愛佳水趣。躬耕聊
> 卒歲，重均湖之滸。綠竹映林廬，幽花靚窗戶。絃揮石上月，衣拂
> 松下露。長日盛文彥，相與寫心素。旨酒時留連，高談邁今古。清
> 哺適幽興，新詩得長賦。願言從之遊，青谿縱余步。

19. 定　定

畏兀氏，字君輔，家世欠詳。於至正間任山陰縣（浙江紹興）達魯花赤（中官），任內均平賦役，倡興學校，旌表賢良，廣明教化，得吏民稱譽，為漢學倡行者。〔註151〕

20. 哈　麻

康里人，字士廉，父親禿魯，因妻為寧宗乳母，故官封為太尉（高官），哈麻與弟雪雪皆為元末權臣。哈麻兄弟為宿衛出身，深受順帝寵信，而哈麻

〔註147〕參見蘇天爵，〈揚州路學記〉，《全元文》，第40冊，頁141、142。

〔註148〕參見前揭《正統大名府志》，卷5，頁727下。另見程貞，〈濬州監郡奉訓普公遺愛碑〉，《濬州金石錄》（嘉慶七年刻本），卷下，頁28。

〔註149〕參見倪瓚，《清閟閣集》（《元代珍本文集叢刊》），卷8，〈寫畫贈馬彥敬〉，頁22下。文中言馬肅與高克恭「同為國人」，即同為西域人。

〔註150〕參見《元詩選癸集》下冊，〈癸之庚上〉，頁1008，另一詩題為〈春夜會諸文友於徐良夫座上〉。徐達左參見俞貞木，〈故建寧府儒學訓導徐良夫墓誌銘〉，收於《吳下冢墓遺文》（臺北市，學生書局景印康熙抄本），卷3，頁13下。達左為吳縣人，馬肅久居吳縣，故《元詩選》以之為吳郡人，而其實應為西域人。

〔註151〕參見《萬曆紹興府志》（《四庫全書存目叢書》），卷37，〈人物志三〉，頁62下。

有口才,更受幸愛,曾仕為殿中侍御史,因謀害脫脫未果,出貶南安路(江西大庾)。後仕至中書左丞相(高官)。哈麻兄弟於元末既為掌國政權臣,又參與朝廷政治鬥爭,結果遭貶除而杖死,《元史》列入〈姦臣傳〉中。〔註152〕哈麻雖入於奸邪之流,但卻有相當漢學研習,據孔子弟五十四代孫孔思文所說,哈麻初貶至南安上猶縣(江西上猶)時,曾勉勵縣學學生,講習不倦,有倡行漢學之舉。而哈麻未當國前,任宿衛時「已與士大夫日親翰墨」,曾書「尚友」二大字,「筆法蒼古,意態藹然」,是有書法藝術才華。〔註153〕

21. 鐵 閭

色目人,字文輝,家世欠詳。國子生出身,元末任濬縣(河北濬縣)達魯花赤,後縣升為州,繼任為州監(中官),為政受人稱譽,又能吟詠作詩,是長於文學之良吏。〔註154〕

22. 高 岳

高昌人,字彥高,知其祖父為江南行臺御史中丞,其餘家世不詳。高岳學問博洽、有才華,儀容秀整,工於草書藝術,通丹藥、卜筮之術的子學;明初寓居江蘇嘉興。為漢學研習者。〔註155〕

23. 久 住

高昌人,祖父昔里哈剌為元代中期高官,父親名和尚,仕為中議大夫、鐵冶都提舉(中官)。久住性聰敏,受父祖督促向學,通儒家書,登天曆二年(至順元年,1330)進士,又用蔭為武德將軍、資乘庫大使,後仕至贛州路(江西贛州)治中(中官)。〔註156〕為漢學研習者。

24. 買 住

西域人,字翰臣,以進士為通事舍人,至正二十二年(1362)以文林郎任秘書監典簿(低官)。為漢學研習者。〔註157〕

〔註152〕參見《元史》,卷205,〈哈麻傳〉,頁4581～4585。
〔註153〕參見孔思文,〈恢復上猶縣儒學基田記〉,《全元文》,第56冊,頁319、320。書法事見李士瞻,《經濟文集》(上海書店《叢書集成續編》,1994年),卷4,〈題跋吳溥泉所藏哈麻丞相贈尚友二大字〉,頁5上、下。
〔註154〕參見《正統大名府志》,卷5,頁53下。
〔註155〕參見《康熙嘉興府志》(《稀見中國方志滙刊》),卷22,〈流寓〉,頁12上、下。
〔註156〕參見虞集,〈昔里哈剌襄靖公神道碑〉,《全元文》,第27冊,頁331～334。
〔註157〕參見前揭《秘書監志》,卷9,〈題名〉,「典簿」項,頁183。桂栖鵬前揭書收

25. 廉　浦

畏兀人，字景淵，又名阿年八哈（額琳巴哈），為廉希憲孫輩，祖父廉希恕為中書右丞之高官，父親名紳圖巴哈（度卿），仕歷不詳。廉浦少年入為宿衛，授為浦江縣（浙江浦江）達魯花赤（低官），任內興利除弊外，特為重視學校教育，具體作為是整治學田，修葺學舍，禮聘儒士，勉弟子就學，親至明倫堂，諄諄勸勵。又於各鄉社延師教童子，四境充沛誦讀之聲。鄉先生柳內翰有遺文廿卷未能刊佈，又縣志圖經久未修續，廉浦於是命文士撰葺成篇，捐俸倡導刻刊於學宮，以表彰斯文。其治績風化，民念而不忘。他本人善於談論，「援引明確，動合古今，聽者肅然起敬」。〔註 158〕是積極倡行漢學者，頗有廉氏家族傳統之風。

26. 廉士矩

畏吾兒氏，即上述廉浦之子，為元統元年（1333）進士。士矩少受廉氏重漢學傳統，入國子學講論學術，登進士後任翰林院檢閱官，更加努力學問，勤於文章。後出任五河縣（安徽五河）達魯花赤（低官），為漢學研習者。〔註 159〕

27. 廉荅失蠻

畏兀人，廉氏後人子孫，疑為廉希恕（希憲之弟）之孫，希恕仕至湖廣行省右丞。荅失蠻元末時曾任武鄉縣（山西武鄉）令（低官），「右丞嫡孫」，居官勤政愛民，鋤強扶弱，民為立遺愛碑，其漢學為「精性理之學」。〔註 160〕

28. 偰吉斯

高昌偰氏家族，為偰哲篤之子，為偰氏入元之第五代子孫。吉斯為國子生，仕至嘉定州（江蘇嘉定）知州（中官），元亡入明仕至禮部尚書。〔註 161〕

入，唯以買住任官秘書監丞有誤。

〔註 158〕參見胡助，〈廉侯遺愛傳〉，《全元文》，第 31 冊，頁 541〜543。

〔註 159〕參見蕭啟慶前揭《元統元年進士錄》，頁 81，並其註文，又見王沂，〈送廉縣尹序〉，《全元文》第 60 冊，頁 80。

〔註 160〕參見《萬曆山西通志》（《稀見中國方志滙刊》），卷 17，〈名宦下〉，頁 18 上。文中稱其中山人，應是居籍所在，其姓廉氏，又以其為「右丞嫡孫」，廉氏居官右丞者為廉希恕，見《元史》，卷 16，〈世祖紀十三〉，頁 346。時為至元二十八年五月。

〔註 161〕參見黃溍前揭，〈合剌普華神道碑〉。偰氏第五代仕歷等參見前揭蕭啟慶，〈蒙元時代的高昌偰氏的仕宦與漢化〉。以下偰里台、偰帖該、偰眘、偰弻皆不再註。

偰氏族人多數已為《華化考》所收，如前所述，不再列入。

29. 契里台

上述偰吉斯兄弟，國子生，仕為豐足倉使（低官）。

30. 偰帖該

偰吉斯兄弟，鄉貢進士，任翰林院譯史（低官）。

31. 偰　賚

偰吉斯兄弟，國子生。餘不詳。

32. 偰　弼

偰吉斯兄弟，國子生。餘不詳。

33. 馬彥會

西域人。家世不詳，生性美質機警，少有遠志，年未弱冠，即領豫章鄉貢，因親老而不願參加京師會試。幼少年時師事甘思學先生，通句讀、習聲律，已具有成人器。後學問日增，欲究極六藝經傳以廣其學，足見他研習漢學有志。〔註162〕

34. 觀音奴

康里人，為中書右丞明安之曾孫，平章政事鐵哥泰（帖哥台）之孫，父親善住（？）為奉議大夫、僉中衛親軍都指揮使事（中官）。中衛營在潞州（河北河西務），觀音奴為宣武將軍僉司事（中官），分司訓農，多所興建，繕城安民，又慨然興學，修完屋宇，增廣子弟，致力於倡行漢學。〔註163〕

35. 貫仲瞻

北庭人，名南山，以字行，為元代名士貫雲石之孫，阿思蘭海牙之子，父親仕至岳州路（湖南岳陽）達魯花赤（高官）。至正年間汪克寬為其作〈字

〔註162〕參見甘復（元末時人），〈送彥會歸豫章序〉，《全元文》，第60冊，頁266、267，另有〈與馬彥會書〉，頁254，可參看。

〔註163〕參見危素，〈中衛營興學記〉，《全元文》，第48冊，頁359〜361。《元史》卷135，〈明安傳〉，頁3281、3282，載其子為帖哥台，仕為平章政事，與危素文相符合，但帖哥台有二子，一名普顏忽里，一名善住，前者仕至貴赤親軍都指揮使達魯花赤，後者仕為僉中衛親軍事，以元代通例，子孫往往襲父職，觀音奴任職中衛親軍，或即襲父善住之職，姑繫為善住子。危素文中未言觀音奴父親名字。

序〉，說他秀彥才敏，又恬淡清約，好學不已，﹝註164﹞由文中知仲瞻有漢學研習，如貫氏家風。

36. 唐古德

西域人，字立夫，又字九霄，又稱馬九霄。父親名不詳，官御史中丞（高官），為名詩人薛昂夫（薛超吾、馬九皋）之弟。官歷江西行省從事，後仕至淮東廉訪司經歷（低官），立夫兄弟皆有才名，《元曲家考略》對其兄弟有詳密考論，但其兄昂夫名氣較大，著墨較多。立夫能畫、能書法，為才藝之士。﹝註165﹞

37. 暗都剌

色目人，家世欠詳。文宗至順二年（1331）任建寧路（福建建甌）總管（高官），任內勤政愛民，修學崇祀，勸勉諸生，在任十年，士民愛思。崇安縣原有南宋劉子翬所建屏山書院，元武宗時劉氏後人移地重建書院，並將朱子所題原匾額取而揭之，但未建制為學官。順帝初時暗都剌上書，議請建立學官，而後果然達成，其間還得到僉憲左答剌失里、斡玉倫徒、麻合馬、劉伯顏等相繼籌劃修新。皆有功於倡行漢學。﹝註166﹞

38. 蒲里翰

西域人，字文苑，家世欠詳，祖父魯尼氏於宋末過海至廣東。文苑為泰定四年（1327）進士，順帝至正四年（1344）由漕運副使轉溧陽州（江蘇溧陽）知州（中官），任內「建尊經閣，積書勸學，政教大行」，曾有座右銘「敬以持身，廉以報國，儉以處貧，勤以補拙」。後調任雲南廉訪司僉事。離職時，州民遮道，為立政績碑於學宮，又立去思碑於城隍廟。﹝註167﹞是倡行漢學的良吏，又有名言存留於後。

﹝註164﹞參見汪克寬，〈貫南山字序〉，《全元文》，第 52 冊，頁 147、148。貫南山家世見歐陽玄，〈元故翰林學士中奉大夫知制誥同修國史貫公神道碑〉，《全元文》，第 34 冊，頁 651～653。

﹝註165﹞參見吳澄，〈送唐古德立夫序〉，《全元文》，第 14 冊，頁 149、150，許有壬，《至正集》，卷 29，〈謝淮東廉司經歷馬九霄畫鶴見寄〉，頁 4 下，《書史會要》，〈補遺〉，頁 15 下。另參見孫楷第，《元曲家考略》，頁 121～126。

﹝註166﹞參見《閩書》，卷 55，〈文蒞志〉，「建寧府上」，頁 43 下、44 上，又參見虞集，〈屏山書院記〉，《全元文》，第 26 冊，頁 507～509。

﹝註167﹞參見《弘治溧陽縣志》（臺北市，故宮博物院藏本），卷 4，頁 4 上、下。又《元詩選癸集》，下冊〈癸之癸上〉，頁 1709，有蒲理翰〈遊嵩山〉詩，但未列作者簡介，未知是否為同人？

39. 太禧奴

康里氏，出身閥閱，為回回之孫。登至正十四年（1354）進士，官授太常禮儀院太祝（低官）。〔註168〕太禧奴為不忽木家族後人，祖輩的回回、巎巎皆為漢學名臣，故家風有所影響。

40. 米里哈

回回人，家世不詳。據元末曲家夏庭芝（伯和）所說，其貌雖不揚，但專攻花旦雜劇，「歌喉清宛，妙入神品」，為名旦而不虛傳，是有漢學教養的歌劇家。〔註169〕

41. 岳魯山

高昌人，家世欠詳。順帝至元五年（1339）任為平江善農提舉（中官），掌隆祥司所領寺田，兼領祭祀事，當時名僧大訢稱他「公雖貴冑，而詩禮如素習」，推測應有漢學教養。〔註170〕

42. 札牙進

哈迷里氏。家世欠詳，於順帝至正八年（1348）任揚州路滁州（江蘇滁縣）達魯花赤，因當地學田土地隱沒，田租生弊，至於學校經費不足，於是整頓積弊，使錢糧足以崇教化。而後於至正十二年，任奉議大夫、吳江州（江蘇吳江）達魯花赤（中官），命樂師選士教習大成廟樂，完成廟學之樂的重製，仍是在倡行漢學。〔註171〕

43. 百家奴（伯嘉奴）

康里人，字九德，家世欠詳。於順帝至正元年時任大都路（北京市）都達魯花赤（高官），建請設三警巡院，以及大興、宛平二縣孔廟，并建學舍為廟學，同時為學校教諭請稟食，以尊師重道；所建請諸事項皆為中書省所從。

〔註168〕參見錢大昕，〈元史氏族表〉（北京市，中華書局，《二十五史補編》），頁64。
　　　　另參見桂栖鵬前揭書，頁193。
〔註169〕參見夏庭芝《青樓集》（臺北市，世界書局，《剪燈新話等九種》，民國63年），
　　　　頁15，其書有朱經〈序〉於至正二十四年，張鳴善〈序〉於至正二十六年，
　　　　其〈誌〉文作於至正己（乙）未，即至正十五年，故米哈里為元末人。另參
　　　　見孫楷第前揭書，頁88～90，收有伯和（庭芝）事蹟。
〔註170〕參見大訢，〈魯山銘〉并序文，《全元文》，第35冊，頁483。隆祥使可參見
　　　　《元史》卷87，〈百官志三〉，頁2211、2212。
〔註171〕滁州學田事，參見葛敏問，〈滁州學田記〉，《全元文》，第58冊，頁591。吳
　　　　江州廟樂事，參見許從宣，〈吳江州大成樂記〉，頁598、599。

於是五所廟學的興建有成，對於倡行漢學有極大貢獻，也甚為難得。〔註172〕

44. 木八剌

回回人，字世明，號清徹，為名臣賽典赤瞻思丁之孫，父親不詳。順帝至正八年（1348）以江東僉廉訪司為臨江路（江西清江）總管（高官），以治所清江縣歲計不足，於是由路學撙節經費，買學田二處以供縣學費用，得到崇儒重道的廉訪使買來的所支持，完成學田購置。〔註173〕

45. 海魯丁

回回人，為獲獨步丁之兄（詳後），兄弟皆為進士，任官於信州路（江西上饒），死於元末兵亂，以進士為漢學研習者。〔註174〕

46. 穆魯丁

上述海魯丁兄弟，曾任官於建康（江蘇南京），死於元末兵亂，以進士為漢學研習者。〔註175〕

47. 伯不華

高昌人，家世欠詳。順帝至正九年任為寧都州（江西寧都）達魯花赤（中官），當地廟學久已圮壞，伯不華首倡與僚屬共出俸錢興修，為漢學倡行開風氣，其後官士大夫繼之完成。〔註176〕

48. 禹蘇福

西域人，字漢卿，家世欠詳。順帝至正八年，以平江路（江蘇蘇州）達魯花赤任為瑞州路（江西高安）總管（高官）。到任後見孔廟學宮缺弊，於是整頓簿籍，積存府庫，以為修建經費，不賴官民之費，葺新門樓祠齋，增藏書籍祭器，修成制度完備的廟學，為漢學倡行者。〔註177〕

49. 關德流

北庭人，名不詳，德流為其字，前述關寶之父。與黃溍同為泰定四年（1327）

〔註172〕參見危素，〈興學頌〉并序，《全元文》，第48冊，頁376、377。

〔註173〕見趙浚明，〈臨江路清江縣儒學買田記〉，《全元文》，第58冊，頁520、521。其家世參見《元史》，卷125，〈賽典赤瞻思丁傳〉，頁3063～3070，傳中未見其孫輩有木八剌之名，故木八剌父親名為不詳。

〔註174〕參見《元史》，卷196，〈忠義傳四〉，頁4434、4435。

〔註175〕參見同見註。

〔註176〕參見危素，〈寧都州儒學新作禮殿記〉，《全元文》，第48冊，頁321、322。

〔註177〕參見李黼，〈重修瑞州路儒學記〉，《全元文》，第46冊，頁52、53。

進士，仕至安慶路（安徽安慶）同知（高官）。〔註178〕

50. 丁守中

西域人，家世欠詳。知其為名宦家世，元末名僧來復為其居室「冰蘗齋」作〈記〉，名士揭汯（伯防）為其書匾，來復〈序〉文中說他「讀書誦詩，厲行清苦」，當為漢學研習者。〔註179〕

51. 八貲剌

畏兀氏，家世欠詳。知為元勳家世，於順帝至元五年為崑山（江蘇太倉）州達魯花赤，率先僚屬捐俸修學，改建門垣庭殿等，是「崇學校、興禮樂、養賢才、廣教化」的漢學倡行者，其後出任為奉政大夫、江南行臺監察御史（中官）。〔註180〕

52. 亦憐真（額琳沁）

畏吾兒人，字仲宏，號毅齋，家世欠詳。以蔭入官，歷仕涇縣（安徽涇縣）達魯花赤，新喻州（江蘇新喻）同知，至正三年為儒林郎、義烏縣（浙江義烏）達魯花赤（中官）。在任內多所興建，善政愛民，尤關注於風化，暇日至學宮，與博士弟子者考德問業，又時往鄉閭學塾，見師生而獎勵之。在縣六年「崇禮教、興孝悌、修學校、勸農桑」等，民為立去思碑。〔註181〕

53. 隱答忽

高昌人，號古齋，家世欠詳。順帝時曾任荊襄宣慰副使，至正五年任峽州路（湖北宜昌）達魯花赤（高官），因當地廟學傾毀日甚，於是新修整建，門牆閣廡、齋舍殿堂完新，賢哲配祀粢鮮，謀辦書籍廩食，又延師會友，講

〔註178〕參見前揭黃溍，〈送關寶臨安縣長序〉、〈送魏生德剛序〉二文。

〔註179〕參見來復，〈冰蘗齋記〉，《全元文》，第57冊，頁211、212。

〔註180〕參見上官震，〈崑山州重修廟學記〉，《全元文》，第46冊，頁524、525。《正德姑蘇志》，卷41，頁32下載其事，但增加「先有憐人，睅睨學宮，屏斥諸生，且立石以滅其跡，八貲剌下車，慨然以興復自任」。任南臺御史見《至正金陵新志》，卷6，64下，至正三年上任。

〔註181〕參見胡助，〈達嚕噶齊額琳沁儒林公去思碑〉，《全元文》，第31冊，頁546～548。又王褘，《王忠文集》（《文淵閣四庫全書》），卷16，〈義烏縣去思碑〉，頁11上～14下，所載同於胡助碑文，而作者卻為不同之二人，待考。另參見《崇禎義烏縣志》（《稀見中國方志匯刊》），卷11，〈人物傳〉，頁2上、下，載亦璘真，字毅齋，其任期為至正三年，與上述碑文載為至正九年有所不同。

學如儀等，著力於倡行漢學。〔註182〕

54. 魯忽達

北庭人，字得之，又稱魯得之，又說為康里人。為冀國公平章保八（保）之子，「安貧好學」，曾入國子學，兩度為鄉貢進士，以受蔭為晉寧路（山西臨汾）治中，改為長興州（浙江長興）達魯花赤，後仕至利用監太卿（高官）。得之於至正五年任官於長興州，注重學校教育，每月朔望必視學，宣佈教條，關於風紀者與師儒講行，培養不少士子赴科舉。又大力興修廟學，捐俸倡導，增廣殿堂，修新屋門，創設「光霽亭」等。得之為漢學研習兼倡行者。〔註183〕

55. 倒剌沙

于闐人，字伯祥，家世欠詳。由國子生選為工部吏員，遷江西省掾吏，於順帝至元元年（1335）以承事郎監襄垣縣（山西襄垣，低官），施政清明，闢田實倉，去民科賠之擾，絕訟息盜等，於倡行漢學上有「陶禮器、闢儒官」之舉。〔註184〕

56. 大都閭

北庭人，家世欠詳。於至正間監寧晉縣（河北寧晉，低官），到任不久即召集縣學師生，勸學教養，又多有善政，修興學宮，並教示人民以禮讓，重視學校、風化之事。〔註185〕在《元詩選》中收有其詩〈武安君廟〉一首，錄下參看：

> 策馬行行過土門，特來祠下弔將軍。
> 斷碑冷落埋秋草，遺址荒涼鎖暮雲。
> 籍甚聲明天地久，凜然生氣古今存，
> 歇鞍幾度傷懷抱，衰柳寒蟬噪夕曛。〔註186〕

詩句清簡，似有傷於時局，而以朝政不靖為感懷。

〔註182〕參見俞焯，〈重修廟學記〉，《全元文》，第45冊，頁94、95。
〔註183〕參見楊維禎，〈長興州重修學宮記〉，《全元文》，第41冊，頁334、335，又見《正德松江府志》（《四庫全書存目叢書》），卷31，〈人物九〉，頁7上、下。楊維禎文中言魯忽達之父為平章保保，而《府志》言其父為保八，一時難以確定。
〔註184〕參見張蓬，〈于闐沙公政績碑〉，《全元文》，第22冊，頁382。
〔註185〕參見《嘉靖真定府志》（《四庫全書存目叢書》），卷4，〈官師〉，頁31上，卷24，〈名宦〉，頁38上。
〔註186〕參見《元詩選癸集》，上冊，〈癸之已上〉，頁810。

57. 月忽難

色目人，字明德，家世欠詳。為進士出身，初曾任為江浙行省掾史，順帝至元六年（1340）選為臨江路（江西清江）經歷，召為工部主事，至正九年（1349）仕至江浙財賦副總管（中官）。明德與劉基為文字交，劉基曾作文敘述明德在臨江路的政績，尤其對於號稱「笳鼓」的「狼虎之卒」，壓制以法，去除官民疾惡之徒，極為之稱道。而虞集則側重於明德「以學為政，行立政修」的倡行漢學之舉。〔註187〕

《元詩選》收有月忽難詩作〈遊茅山〉一首：〔註188〕

> 大茅峰頂神仙府，石逕崎嶇幾屈盤。
>
> 老兔換來呈玉印，蟄龍飛去賴金丹。
>
> 喬松白鶴天壇遠，流水桃花仙洞寒。
>
> 何處吹笙明月下，珊珊懷珮飲驂鸞。

茅山道教仙府，描述如仙境所想之景況。

58. 馬可慕

西域賽氏，字仲善，號樸齋，家世欠詳。初任為國子生伴讀，於至正九年以奉議大夫任保定路易州（河北易縣）達魯花赤（中官）。任內表現為良能之官吏，總述其作為有崇教化，抑強防奸，均徭役，平訟冤等幾類。其崇教化具體作為為首召父老，申明孝弟忠信，使父老詔教子弟。捐俸修新三皇殿、孔廟，公暇至學宮視學、延師課學子等，達到「民向化、農力田、士弦誦、蔚為禮義之俗」。善政多有，民為立去思碑。〔註189〕

59. 馬合末

西域人，籍隆興，家世欠詳。出身進士，授為翰林應奉文字，至正間任真定路新樂縣（河北新樂）達魯花赤（低官），為政不尚虛文，到任首至廟學以及書院、社學等，聘請名儒任教，敦勸子弟從學，以己俸財備為學

〔註187〕 參見劉基，《誠意伯文集》，卷 5，〈送月忽難明德江浙府總管謝病去官序〉，頁 135 下、136 上。虞集，〈臨江路重建宣聖廟學記〉，《全元文》，第 26 冊，頁 455。文中又載教化的、玉遷（克善）等相繼興學事，但不知此二人族屬為何？推測似應為北族之人；姑記於此。

〔註188〕 參見《元詩選癸集》，上冊，〈癸之巳上〉，頁 798、799。

〔註189〕 參見程徐，〈達魯花赤馬公去思碑〉，《全元文》，第 46 冊，頁 59～61。《萬曆保定府志》（《稀見中國地方志匯刊》），卷 30，〈宦績志〉，頁 28 下、29 上。《弘治易州志》（《天一閣藏明代方志選刊》），卷 7，〈宦績〉，頁 10 下。

校廩膳之費，又勸農桑、建常平倉，使平民受惠。〔註190〕為漢學研習兼倡行者。

60. 忽文甫

北庭人，家世欠詳。祖父忽撒，曾仕為參政高官，父親名不詳。文甫居於杭州家族，負有大器，「執謙而好學」，平日彈琴讀書，或與友人飲酒賦詩，為漢學研習者。〔註191〕

61. 薩仲明

高昌人，為名士薩都刺侄子，父親名野芝，但仕歷不詳。仲明曾任丞相府掾、判官，宜興州（江蘇宜興）、嘉定州（江蘇嘉定）同知（中官），與名畫家倪瓚有所來往，有畫、詩之交。仲明當有漢學研習，並通琴藝，其在京居所名「半野」，其兄仲禮居所為「九思堂」，兄弟皆為漢士生活格調。〔註192〕

62. 烏馬兒

阿魯渾氏，字良弼，父親阿刺罕，仕至山東行省左丞（高官）。烏馬兒仕至湖州路（浙江湖州）總管（高官），其漢學情形欠詳，但知他日常好「讀書吟詠」，是文儒之士。〔註193〕

63. 烏馬兒

回回人，字希說，祖父八兒沙，仕為忠翊校尉低階武職，父親阿思蘭沙，仕歷不詳，母親李氏（漢人）。希說為元統元年進士，歷仕翰林院編修官、待制，後仕為將作院判官（中官）。烏馬兒曾作有〈代祀南鎮記〉一文於至元二年。〔註194〕

〔註190〕參見《嘉靖真定府志》（《四庫存目叢書》），卷24，〈名宦〉，頁38下，《光緒畿輔通志》（《續修四庫全書》），卷186，〈宦績四〉，頁644上。另見桂栖鵬前揭書，頁195，但文中所舉馬合末任職於江西新建縣，未知是否為同人？又《府志》載馬合末出任「翰林應舉」，係「翰林院應奉」文字之誤。

〔註191〕參見楊維禎，〈槐園記〉，《全元文》，第41冊，頁426。

〔註192〕參見前揭《中國畫史研究續集》，頁504～506。倪瓚贈詩見《清閟閣全集》，卷4，〈宿薩判官家聽琴〉，頁7下，知仲明曾任判官、善琴藝。卷5，〈薩仲明半野軒贈詩〉，頁11上、下。其兄仲禮，《華化考》中言及，見頁115下、116上。

〔註193〕參見《正統大名府志》，卷6，〈人物〉，頁744上。元明善〈魏國忠懿公神道碑〉，《全元文》，第24冊，頁364～366。

〔註194〕參見蕭啟慶前揭〈元統元年進士錄校注〉，頁75，並其註。作文收於《全元文》，第52冊，頁453、454。

64. 亦不剌金

西域人，即上述烏馬兒（良弼）之兄，字仲達，國子生時受教於貢師泰，稱他「學贍而才富，貌溫而氣剛，砥節厲行，尤自樹立」。後仕歷南臺御史、僉湖北廉訪司事，西臺御史中丞，終仕至江浙省平章政事（高官）。其子赫赫為章佩少監。〔註195〕又由趙孟頫所寫制書中，得知其「學有體用」，且「詩書禮義之府，博涉深探；庠序教化之原，朝論夕講」，所說為亦不合剌金的漢學研習。

65. 哈剌台

哈剌魯氏，字德卿，父親馬馬為千戶所達魯花赤（中官），母張氏應為漢人，承家庭詩書儒業之教，「教子孫嚴而有法」，訓勵哈剌台讀書舉業，供其從師學習。哈剌台果於泰定四年（1327）進士出身，授為徐州（江蘇徐州）同知，後仕為方城縣（河南方城）縣監、漢陽（湖北漢陽）府判官（中官）。〔註196〕

66. 納璘不花

高昌人，字文燦，號絅齋，家世欠詳。於泰定四年登進士，歷仕江陰州（江蘇江陰）判官、盱眙（安徽盱眙）縣監，後仕至江西行省理問官（中官）。許有壬稱他「質美而濟以文」，以理學起家，出官後仍汲汲問學，如同未中進士前一般，並為他的詩集作〈跋〉文。蘇天爵也稱他「廉以律身，寬以治民，廣修學宮以興政化」，而重要的倡行漢學是在盱眙縣任時，「興學以訓諸生，制雅樂以祠夫子」，地方耆老有意興建學校，文燦率先捐俸倡導，後建成「崇聖書院」。〔註197〕

〔註195〕參見前揭元明善，〈魏國忠懿公神道碑〉。貢師泰，《玩齋集》（《四庫珍本》三集），卷6，〈送金仲達御史〉，頁31上～32上。《福建金石志》卷13，〈王伯顏不花等題名〉，頁30上，文載仲達為南臺御史。陶安《陶學士集》（《四庫珍本》七集），卷5，〈送湖北僉憲亦普剌金〉，頁28上。前揭《正統大名府志》卷6，〈人物〉，頁744上。趙孟頫，《松雪齋文集》，卷10，〈章佩丞黑黑封贈三代制〉，其中亦不剌金制文，頁101下、102上。

〔註196〕參見蘇天爵，《滋溪文稿》，卷11，〈元故贈長葛縣君張氏墓誌銘〉，頁14下～17下。任漢陽府判官，見卷5，〈禹柏詩序〉，頁14上～15上。

〔註197〕參見許有壬，《至正集》，卷40，〈絅齋記〉，頁5下～7上，卷71，〈跋納璘文燦詩〉，頁14下、15上。蘇天爵《滋溪文稿》，卷29，〈題杜若墓表〉，總頁1140、1141。崇聖書院事見卷2，〈盱眙縣崇聖書院記〉，頁8上～9下。其餘仕歷參見梁寅，〈送江西省員外郎納文燦赴四川省理問〉，《元詩選補遺》，頁878。

67. 笏伯長剌

回紇人。家世欠詳，知其先世為翰林學士承旨（高官），承家風影響，「讀書有德量，為政以仁厚」，於學校事務莫不盡心力。至正六年時仕為溫州路（浙江溫州）監郡（高官），當時蒙古字學與儒學二校早有爭地（學田）糾紛，經笏伯長剌協調，以均分息爭來解決長期的問題，使二學各安其教，有厚風俗、約禮義的作用，可謂漢學研習、倡行者。〔註198〕

68. 也先脫因

畏吾兒氏，字仲禮，世居於汴梁，家世欠詳，知其父、祖皆有勳功，為閥閱之家。順帝初任職休寧縣（安徽休寧）達魯花赤（低官），廉政愛民，懲奸治惡，甚得民心，有古循吏之風。在地方先安寧民可與為善，於是興舉學校，「崇祭祀以嚴莊肅之心，葺齋廬以為藏修之所」，公退之餘，親至學宮與就學者談論經史，「以明為治之本」。又建三皇廟，用為彰顯崇德報功之意，期能達到復古還淳的目的。〔註199〕這些措施井然有條有理，為漢學研習者兼倡行者。

69. 明理不花（莽賚布哈）

高昌人，字惟一，家世欠詳。元末曾任休寧縣主簿，調江浙行省中書掾，後任建德路分水縣（浙江分水）達魯花赤（低官）。不花任官休寧縣時，即以「正經界、均賦役、興學校」等善政措施，深得民心，是長於治民的循吏，有倡行漢學的表現。他讀書為學多年，善於談論古今，識本末大體，有志於當世，又是漢學研習者。〔註200〕

70. 阿魯忽禿

欽察人，為元代色目顯貴家族，昇王土土哈之孫，父親名帖木兒普化（不花），仕至建康、廬州、饒州等處食封戶達魯花赤（中官），死時年二十九。阿魯忽禿母親薩法禮為于闐人，較早守寡，但能「以禮衛其身」，阿魯忽禿稱其母「又教我使知讀書，有所樹立於時」，可知他早年即有漢學研習，後仕至治書侍御史（高官）。〔註201〕

〔註198〕參見孫以忠，〈溫州路儒學記〉，《全元文》，第56冊，頁159、160。
〔註199〕參見鄭玉，〈休寧縣達魯花赤也先脫因公去思碑〉，《全元文》，第46冊，頁397、398。
〔註200〕參見王褘，《王忠文集》，卷6，〈送分水達嚕噶齊之官序〉，頁12上～13下。
〔註201〕馬祖常，《石田先生文集》，卷14，〈故貞節贈容國夫人薩法禮氏碑銘〉，頁255、

71. 也先海牙（額森海牙）

畏兀人，家世欠詳，祖父阿里海牙，為元初名臣，名士貫只哥為其父輩，貫雲石為其同輩，但父親之名難以確知。也先海牙為宿衛出身，曾仕為益陽州守（湖南益陽），至正八年仕為永州路（湖南零陵）同知（中官）。其漢學情形欠詳，但知宋褧曾作詩贈送，並略言及其家世，應有漢學研習。〔註202〕

72. 袁州海牙

高昌人，字伯源，家世欠詳。至正四年進士，授進賢縣（江西進賢）達魯花赤（低官），以「增公廨、新學校」著稱，又「興革利害，茂著廉勤」，以良能有聲，為士民所仰敬。善於屬文，作有〈縣官提名記〉、〈進士副榜題名記〉。〔註203〕

73. 壽同海牙

畏兀兒人，字弘毅，父親名普顏，仕為中官。壽同為元統元年進士，授應奉翰林文字、同知制誥兼國史院編修官，後仕為興國路（湖北陽新）經歷（低官）。宋褧、貢師泰皆與之交遊，並有詩相贈。宋褧以〈送翰林應奉壽同海牙挈家觀省十首〉詩，註文中說壽同有別號「清冰玉壺」，登第時寓所名為「蓬萊真境」，貢師泰詩〈送壽弘毅應奉赴興國路經歷〉，知其後任官。壽同又有〈對策〉一文，言國家治理之道等。〔註204〕另知有兄弟二人，并述於下。

256。其家世參見虞集，《道園學古錄》，卷23，〈句容郡王世蹟碑〉，頁388～396，述敘極詳。《元史》，卷128，〈土土哈傳〉即據之為史傳，見頁3131～3138。

〔註202〕參見姚燧《牧庵集》（《四部叢刊》），卷13，〈湖廣行省左丞相神道碑〉，頁114下～119上，述阿里海牙為北庭人，言其家世生平甚詳，但文中言其孫三人，並未見也先海牙。宋褧《燕石集》（《四庫珍本》二集）卷6，〈送益陽州守額森海牙〉，頁14上。任官永州路同知，見《隆慶永州府志》（《四庫全書存目叢書》），卷4之下，〈職官表下〉，頁11上。

〔註203〕參見《嘉靖進賢縣志》（《中國方志叢書》），卷5，頁4下，《嘉靖袁州府志》（《天一閣藏明代方志選刊續編》），卷8，頁28下，《萬曆南昌府志》（《中國方志叢書》），卷13，頁51上，《嘉靖江西通志》（《四庫全書存目叢書》，卷33，頁78上。其作文二篇，見《全元文》，第58冊，頁440～442。

〔註204〕參見蕭啟慶前揭文〈元統元年進士錄校注〉，頁74，並見其註文。宋褧《燕石集》（《四庫珍本》二集），卷9，頁13上～14上。貢師泰，《玩齋集》（《四庫珍本》三集），卷4，頁4上。〈對策〉文收於《全元文》，第59冊，頁344～346。

74. 仁同海牙

畏兀人，上述壽同海牙之兄，為鄉貢進士，是漢學研習者。〔註205〕

75. 吉祥海牙

畏兀人，上述壽同海牙之弟，補國子生，是漢學研習者。〔註206〕

76. 普達世理

畏兀兒氏，字原理、元禮，父親名善秉仁，仕歷不詳。世理為元統元年進士，仕為常德路龍陽州（湖南漢壽）判官，歷仕南臺御史、浙江行省都事，江南湖北廉訪司僉事，仕至嶺南行省參政（高官），元末兵潰死。世理於至正九年時作〈太平路儒學歸田記〉文，今可見。〔註207〕

77. 普達實立

高昌人。字仲溫（益溫），父親名買住，仕為江西行省平章（高官），祖父阿台脫因，亦為河南行省之高官，可謂家世顯赫。實立出身為文宗宿衛，後任陝西行御史臺監察御史，順帝時任為南臺、中臺御中，淮西廉訪僉事，浙東海右廉訪副使，仕至江西行省郎中（中官）。實立初在西臺御史時，暇時從學於宿儒，夜半猶燈下讀書，求學勤奮之至，於是才識與學增進。在浙東任職時，「尤急於興學勸士，具宣教養之意」，又有倡行漢學之舉。他在任御史時，興利除害皆得於講究學術之故，「其言切于用而不刻，本於理而不迂」，能建言朝政，不畏權臣，性孝悌、立身正，惜享壽不長而病故。有兄弟稟雅寔立，相哥寔立、阿蘭納寔立，但不知其漢學情形。〔註208〕

78. 本牙失理

高昌人，知其家世顯赫，但欠詳。知於順帝至元四年（1338）任寶慶路（湖南邵陽）總管（高官），在任內捐俸修廟學禮殿為表率，又得捐助修進德堂、天章閣等，使師生有安居講學之地，每朔望時親臨學宮，敦勸諸生，責以成效，選優秀士子荐於官府。本牙失理任官以興造為己任，儒學以外，又興修帝師殿、醫學、岳祠等，頗重於教化。〔註209〕但不知與上述普達實立之

〔註205〕參見前註，蕭啟慶文。

〔註206〕參見同見註。

〔註207〕參見蕭啟慶前揭〈元統元年進士錄校注〉，並其註文。作文收於《全元文》，第58冊，頁97、98。

〔註208〕參見鄭元祐，《僑吳集》，卷12，〈江西行中書省左右司郎中高昌普達實立公墓誌銘〉，頁16上～19下。

〔註209〕參見謝升，〈寶慶路重修學記〉，《全元文》，第55冊，頁156、157。

弟稟雅寔立是否為同人？

79. 帖木列思

康里人，又作鐵木烈思，字周賢，為前述名族不忽木之孫，回回（仕為高官）之子。順帝至元六年以祖父蔭官為秘書監丞，至正時由河南廉訪僉事轉溫州路（浙江溫州）監郡，任內撫治有方，尤為崇儒重士，命郡內士人於路學校考，聘進士慕高、孔暘、林彬祖，課考士人，故使學者知所勸勉。至正十三年，出任杭州路總管（高官），仍以興舉學校為重，買地籌劃，先修建禮殿、繪製賢哲像，設大小學四齋及其他門宇堂池等，使學校制度大備。〔註210〕

80. 忽都不花

高昌人，字伯英，家世欠詳，知於至正二十年由大宗正府札魯忽赤（掌判）擢為江西行省右丞（高官），貢師泰有〈送忽都不花右丞赴京師序〉，知其有漢學研習。〔註211〕

81. 納速兒丁

阿魯溫氏，字元德，家世欠詳。知其有治理之才，深諳蒙古字學，至正十一年（1351），以嶺北行省譯史出為威州（河北威縣）同知，為政廉惠簡正，事務清明條理，地方孔廟頹圮，率先割俸為倡，興修復完，使士風日振，官民為立去思碑，讚譽他為「北庭之英，氣秀而清」，倡行漢學是「載新學校，載揚士風」。〔註212〕又至正十五年時，納速兒丁以中憲大夫出守吉安路（江西廬陵）為監郡（中官），時治所縣學已廢墜，納速兒丁本於興學心志，又修新縣學。〔註213〕

82. 也速答兒赤

合祿魯（哈剌魯）氏，曾祖抄兒赤為千夫長，其下為禿魯罕、禿林台，三世戍於建昌（四川西昌）。也速答兒赤父親仕歷不詳，或為世襲千戶。答兒赤

〔註210〕參見《秘書監志》，卷9，頁179。《萬曆溫州府志》（《四庫全書存目叢書》），卷之9，〈治行〉，頁6下、7上。王大本，〈杭州路重建廟學記〉，《全元文》，第59冊，頁4～6。

〔註211〕參見《全元文》，第45冊，頁155、156。

〔註212〕參見徐昌，〈納速兒丁去思碑〉，《全元文》，第58冊，頁209、210。

〔註213〕參見蕭飛鳳，〈修廬陵郡學記〉，《全元文》，第59冊，頁27、28。文中言納速兒丁並未說明其族屬，本文暫繫之於此，待進一步考察。又中憲大夫四品中官，而路總管府達魯花赤則為三品高官。元代階官與職官品秩往往有不相符者。

幼從郡人李宗哲學進士業，有名聲，他才清志銳，但其時正科舉中止之時，偈
侯斯勉勵他仍應務於學，勿以科舉興廢為去就，答兒赤當為漢學研習者。〔註214〕

83. 脫脫木兒

高昌人，字松軒，登進士第，家世欠詳。於至正年間仕為戶部侍郎，至
正十七年（1357）為奉元路（陝西西安）達魯花赤（高官），由〈帥正堂詩刻〉
知其善於詩歌，作有七絕十首（未見）；並書寫刻石，當又擅長書法。〔註215〕

84. 桑哥失里

高昌人，字世榮，家世欠詳。順帝初曾任奎章閣學士，與許有壬同官，
後出為湖南及湖北廉訪使，至正年間任經筵同知、宣文閣提調（高官）。世榮
居室取名「靜庵」，許有壬為作〈靜庵記〉，又為其任廉訪使時畫像作〈贊〉，
加之其學士、經筵等，當有漢學教養。〔註216〕

85. 補顏普化

甘木里人，父親名也的不花，仕為鄂州路（湖北鄂州）達魯花赤（高官），
普化為東宮宿衛出身，後仕為乾州（陝西乾縣）達魯花赤（中官），於任內有
善政，崇學禮賢等，倡行漢學。〔註217〕

86. 阿思蘭海牙

畏兀兒人，為名士貫雲石之子，字子素。順帝初任蘭溪州（浙江蘭溪）
達魯花赤，訟簡民安，至元年為寧國路（安徽宣城）榷茶提舉，再任慈利州
（湖南慈利）達魯花赤，後仕至岳州路（湖南岳陽）達魯花赤（高官）。阿思
蘭於任官公暇時，常與士儒論道賦詩，從容於翰墨之間，為良吏施政外，喜
好文學。於慈利州任內，興修廟學，又將當地僻於山區的天門書院，遷地重
建，得到地方支持，完成新學樓，士子多來從學，並「據經引史，開析疑義」，
使學風大振，有如鄒魯教化。〔註218〕

〔註214〕參見揭傒斯，〈送也速答兒赤序〉，《全元文》，第 28 冊，頁 383、384。
〔註215〕參見《陝西金石志》（《石刻史料新編》），卷 26，頁 14 下、15 上。
〔註216〕參見許有壬，《至正集》，卷 39，頁 1 上～2 下，卷 67，頁 7 上。其任官可參
見《元史》，卷 43，〈順帝紀六〉，頁 917、918。
〔註217〕參見《崇禎乾州府志》（北京商務印書館／廣西大學出版社，《哈佛燕京圖書
館文獻叢刊》，第一種），卷上，頁 32，卷下，頁 22。《嘉靖陝西通志》，卷
20，頁 36。
〔註218〕家世參見《元史》，卷 143，〈小雲石海涯傳〉，頁 3421～3423。汪克寬，〈送

87. 月倫石護篤

畏兀人，母為廉氏家族女性，祖名脫烈，世祖時為功德使，為權臣桑哥所害。父親名八里麻吉而底，仕至資善大夫、福建道宣慰使都元帥（高官）。月倫嫁於名族偰文質之子偰哲篤。她生而聰慧，「稍長能知書，誦孝經、論語、女孝經、列女傳」，對史書記婦女貞烈事，再三讀習而嘆慕之。在偰家姒娌和睦，盡孝道、奉姑婆，訓育諸子。是有漢學的良慧女性。〔註219〕

88. 徹里鐵木兒

欽察氏，字士方，家世欠詳。於至正十九年（已亥）任稷山縣（山西稷山）達魯花赤（低官），與縣尹萬禔相為投契如兄弟，於是協力振綱立法，均賦勸農，又敦請師儒教學，設社學，選民間秀俊子弟入學。「桑麻蔽，學校雲興，衣食有餘，而人才彬彬矣！」是其時的寫照，有倡行漢學之功。〔註220〕

89. 普立翰護禮

合爾祿（哈剌魯）氏，字大本，祖父敬敏覃國公仕至中書平章，父親名不詳。大本於至正七年任慶元路（浙江寧波）同知（高官），其時路學門庭瞻觀未高雅，有意作新，恢宏舊規，整繕環境，休憩門庭、泮池等，開教化之大端，為漢學倡行者。〔註221〕

90. 八忒麻失里

高昌人，家世北庭貴族，世居於河西，但家世不詳。早歲遊京師，以材勇聞名。至正十一年由江浙省宣使調任休寧縣（安徽休寧）達魯花赤（低官），任內以防禦動亂，守護地方著名。此外，他於每月朔望親謁孔廟，作新公署，稍復規制，仍有倡行漢學作為。〔註222〕

榷茶提舉貫公子素詩卷序〉，《全元文》，第52冊，頁113。興學事見余闕，〈慈利州天門書院碑〉，《全元文》第49冊，頁168、169。

〔註219〕參見黃溍，《金華黃先生文集》，卷39，〈魏郡夫人偉吾氏墓誌銘〉，頁414下、415上。

〔註220〕參見郝希文，〈徹里公德政碑記〉，《全元文》，第32冊，頁94、95。徹里帖木兒任職時間，及萬禔任縣尹時間，見《萬曆平陽府志》，卷6，頁29下，知為至正十九、二十年，故為元代晚期，閻鳳梧主編《全遼金文》（太原市，山西古籍出版社，2002年），甲冊，收郝希文〈碑記〉，以其為金朝大定世宗年，恐有誤，見頁1716。

〔註221〕參見鄭奕夫，〈慶元路儒學重修靈星門記〉，《全元文》，第32冊，頁274。

〔註222〕參見趙汸，〈克復休寧縣碑〉，《全元文》，第54冊，頁346～349。其守休寧及戰功，見趙汸另文〈休寧縣達魯花赤八侯武功記〉，頁511～514。

91. 鐵木兒塔識

康里人，祖父名牙牙，由康國王封雲中王，家世為康里王族。父親名脫脫，與弟阿沙不花，為武宗、仁宗時名臣；脫脫即前述中期漢學人物（高官）。鐵木兒塔識字九齡，補為國子學生，讀書穎悟過人，入為明宗宿衛，文宗時任為奎章閣侍讀學士、同知樞密院事，順帝至元時為中書右丞，至正初為平章政事，後仕至中書左丞相（高官）。九齡在順帝朝深受信任，常坐而論道，屢屢至國子學獎勵諸生，議朝廷徵用隱士，復恢科舉，總裁修遼、金、宋三史等，皆有關文史制度大政。史稱其「學術正大，伊、洛諸儒之書，深所研究」，〔註223〕九齡為元末著名儒臣，學德俱全，其弟達識帖睦爾，入國學，讀經史，又善書法，並於地方倡行漢學，但《華化考》已收入，不再列述。

92. 阿里木八剌

西域人，字西瑛，為前述中期漢學阿里耀卿之子，父子二人皆為元曲名家。西瑛居所名「懶雲窩」，其家世欠詳，當時名士皆與之有曲樂交遊，孫楷第、劉銘恕，對西瑛曲藝漢學皆有考訂詳述，此處不再贅說。〔註224〕元代曲家喬吉（夢符）有為西瑛「懶雲窩」作小令六曲，描述西瑛的生活性情，如閒散文人隱士，可供參看。〔註225〕

93. 近　仁

高昌人，家世不詳。據宋濂為近仁的別墅寫〈記〉，文中說他善於談論，出入經史，聽者忘倦，又長於政事，尤精於典章制度。是知近仁為博學有才的良吏，他居官欠詳確，任為「部使者，持節江東」，未確是江東廉訪使或宣慰使之類高官。他又喜號山水逸緻，能作詩、書、畫，應是多才藝者。〔註226〕

94. 浩　善

西域人，家世不詳。順帝至元三年（1337）為徽州路（安徽歙縣）總管

〔註223〕參見《元史》，卷140，〈鐵木兒塔識傳〉，頁3372～3374。
〔註224〕參見孫楷第，《元曲家考略》，頁9、10，劉銘恕，〈元西域曲家阿里耀卿父子〉，《中國文化研究》，第8期，民國37年。楊志玖，《元代回族史稿》有所敘述，見頁321，陳垣《華化考》，略提及阿里耀卿父子，但說不確定是否為西域人，見頁75上。
〔註225〕參見《全元散曲》，上冊，頁630、631。
〔註226〕參見宋濂《宋文憲公全集》（臺北市，臺灣中華書局，《四部備要》），卷43，〈江乘小墅記〉，頁10上～11上。文中又言及近仁「官至之處，必營別墅」，看來所任應是高官，始有能力經營多處別墅。

（高官），當地有紫陽書院，浩善任官節費募款，購置學田為養士之助，有倡行漢學之舉。〔註227〕

95. 鎖 弼

色目人，家世欠詳。至正七年（13347）任河南偃師縣達魯花赤（低官），因有善政而立有〈去思碑〉，碑文中說他是「洛師才子，搢紳異儔」，應是有漢學研習，而其父八剌曾訓示他「賣業給費，毋侵爾吏，漁爾民，廉以律己，可以事君」，是有極好的家教。〔註228〕

96. 哈 直

回回撒馬里安（撒馬爾干）人，家世欠詳，父親薩剌忽，生平不詳。哈直初任江西南昌學正，又登至正七年鄉試，補為南昌錄事司（低官），〔註229〕知其有漢學研習。

97. 王嘉閭

北庭人，字景善、雲昇，號竹梅翁。據戴良所作〈竹梅翁傳〉，說他是浙江餘姚人，父親名文榮，家世皆未出仕。嘉閭自幼即「強記捷見」超越年長者。後至元六年（1340）受荐為江蘇松江財富提舉，任內興利除弊，升調同知紹興路總管（中官），但以親老未出仕。元末地方動亂，任官不就，退居逍遙，延名師教子。嘉閭不特意學問，但能談道理，操筆作文。戴良有數首詩文記述嘉閭，如〈觀雨憶竹梅翁〉、〈王竹梅像贊〉、〈思愛庵記〉，此外，宋禧有八首詩題為〈秦川八詠為王景善作〉。〔註230〕嘉閭雖籍於餘姚，但先世應為西域人，在《餘姚海堤集》中收有集詩，多為時人詩文，其中有王嘉閭的詩，署名為「北庭」氏族，詩句有「北溟滄波幾千里，南山倚空石溧溧」之句。由是可知嘉閭本為族出西域的漢學研習者。〔註231〕

〔註227〕參見唐元，《筠軒集》（《四庫全書珍本》三集），卷10，〈紫陽書院贈置學田記〉，頁16下～18上。

〔註228〕參見陳達，〈偃師達魯花赤鎖弼公去思之碑〉，收於武億，《偃師金石遺文補錄》（《續修四庫全書》），卷16，頁11上～16上。

〔註229〕參見《萬曆南昌府志》（《中國方志叢書》），卷17，〈科第〉，頁23上～24上。

〔註230〕參見戴良，《九靈山房集》（《四部叢刊初編》），卷27，頁4上～5下，詩見卷24，頁10下，卷26，頁8上，文見卷28，頁7上。宋禧詩見《庸菴集》（《四庫全書珍本》二集），卷8，頁7上～8上。

〔註231〕參見葉翼，《餘姚海堤集》（《四庫全書存目叢書》），〈題詩〉。

98. 鐵清溪

高昌人，家世不詳。據貢師泰所說，清溪是「博洽有才，以經濟自負」，家中舊藏有《武經總要》善本書，但因元末兵亂而失，後數度蒐求或傳寫，但未如願，及得到廉訪使騰泰亨藏本，於是加以正訛考謬，繕寫成帙，書中諸圖誌，全加彩繪，作成諸本中最完善之書。〔註232〕清溪能作整訂及圖彩《總要》，應具有相當水準的漢學。

99. 辛至善

西域人，家世不詳，元末謝應芳與之有深交，詩句中有「而家本西域」，知為西域人。應芳有懷念至善之詩，寄贈之詩等，知二人交往為同志共趣，可知至善有漢學研習。〔註233〕

100. 納納實理

哈密理氏，家世不詳。知於元統元年（1333）任為御史南臺架閣庫管勾，至正元年（1341）升任為經歷（中官），至正四年（甲申）曾與蘇天爵、侍御史買買等多人共遊樊川寺，觴詠倡酬，其詩文之會，當有漢學之研習。〔註234〕

101. 哲林仁傑

西域人，家世不詳，知於元末曾任江浙行省參政，至正壬寅（22年，1362）年出任湖廣行省右丞（高官），道過閩海與貢師泰敘舊，同時為其母所築「壽慶堂」求記於貢師泰，以此知哲林仁傑有漢學教養。〔註235〕

102. 禿堅帖木而

汪古部人，家世不詳。知於元末以勳家子選為翰林國史院都事（低官），他「好尚文雅」，又力贊其時經歷司提名之舉，危素為提名寫〈記〉，知其有漢學研習。〔註236〕

〔註232〕參見貢師泰，《玩齋集》（《四庫全書珍本》三集），卷6，〈武經總要序〉，頁10下、12上。

〔註233〕參見謝應芳，《龜巢稿》（《四部叢刊廣編》），卷2，〈辛至善永思亭〉，頁27上、下，懷念之詩，有卷2，〈舟中懷辛至善〉，頁41上、下，卷7，〈懷辛至善〉，頁54下，贈詩見卷8，〈寄辛至善〉，頁34上。

〔註234〕參見《至正金陵新志》（《宋元地方志叢書》），卷6，頁47上，卷6，頁41上，蘇天爵，《滋溪文稿》，卷3，〈慈恩寺題名記〉，頁2下、3上。

〔註235〕參見貢師泰，《玩齋集》，卷7，〈慶壽堂記〉，頁56下～57下。

〔註236〕參見危素，《危太僕集》，（《元人文集珍本叢刊》），卷3，〈翰林國史院經歷司題名記〉，頁8上、下。

103. 忽都帖木兒

北庭右族，家世不詳。字正卿，又字元貞，知於至正二十一年（1361）曾任澤州（山西晉城）達魯花赤（中官），於任內撫民招安，勵耕作以足衣食，諭人民團結為保，又「興學校以立名教」，為漢學倡行者，又曾禱雨得靈驗，深受地方景仰，為之立德政碑。〔註237〕

除上述諸人能知或稍知家世、生平外，尚有些生平、記事欠詳者，但為進士登科，而具有漢學的研習，續列之如下。

104. 道　同

畏兀人，籍貫別十（失）八里，字文卿，父親名蕭安，為江東書吏。登元統元年進士，授江州路（江西九江）錄事司達魯花赤（低官）。〔註238〕

105. 慕　崗

回回于闐人，字仲桓，父親名哈八石，即前述丁哈八石。登元統元年進士，授天臨路湘陰州（湖南湘陰）同知（低官）。〔註239〕

106. 丑　閭

哈剌魯氏，字益謙，父親名喜生，仕歷不詳。登元統元年進士，授保定路遂州（屬河北保定）判官（低官）。〔註240〕

107. 託　本

哈剌魯氏，字公翼，父親名那顏，官階忠顯校尉（低官）。為元統元年進士，授將作院照磨（低官）。〔註241〕

108. 脫　穎

穆速魯蠻氏，父親名教化的，仕歷不詳。登元統元年進士，授撫州路臨川（江西臨川）縣丞（低官）。〔註242〕

〔註237〕參見桂童，〈闠州忽都帖木兒禱雨獲應記〉，《山右金石叢編》，卷40，頁1上、下。桂童即前述晚期漢學人物。事蹟另見卷39，晉鵬，〈忽都帖木兒德政碑〉，頁35下～37上。

〔註238〕參見蕭啟慶，〈元統元年進士錄校注〉，頁79，並註文。

〔註239〕參見前註，頁75、75。

〔註240〕參見前註，頁77。

〔註241〕參見前註，頁78。

〔註242〕參見同前註。

109. 善　材

色目人，字元之，父親沙班（子中），為進士，仕至縣達魯花赤（低官），《華化考》有收錄。善材仕歷不詳，登至正十一年進士。〔註243〕

110. 善　慶

色目人，字即之，上述善材之弟，登至正十一年進士，仕歷不詳。〔註244〕

111. 仲　保

畏兀人，字斯道，為至正二十年國子生試正榜進士。〔註245〕

112. □明理

畏兀人，名字不全，為至正二十年國子生試正榜進士。〔註246〕

113. 馬速忽

西域人，字子英，登進士第，其餘不詳。〔註247〕

114. 納失理

畏兀兒人，為前述普達世理之兄，登進士，餘不詳。〔註248〕

115. 安魯丁

北庭人，家世欠詳。登進士第，曾任貴溪縣（江西貴溪）縣丞（低官），餘不詳，危素曾贈詩，略言及其生平。〔註249〕

116. 囊加歹

汪古族，字逢原，父親名教化，仕歷不詳。登元統元年進士，授河間路陵州（河北德州）判官（低官）。〔註250〕

〔註243〕參見蕭啟慶〈元至正十一年進士題名記校補〉，《食貨雜誌》第 16 卷，第 7、8 期，民國 76 年，頁 328、329。
〔註244〕參見前註，頁 330。
〔註245〕參見《金石萃編未刻稿》（《石刻史料新編》），頁人 87。所載色目六人，但族氏詳者僅二人，原刻石作「□正庚□」，至正年有庚寅及庚子，但庚寅年未有進士科，故當為當為庚子年，即至正二十年。
〔註246〕參見同前註。
〔註247〕參見《乾隆泉州府志》（《續修四庫全書》），卷 64，頁 6 下。
〔註248〕參見蕭啟慶，〈元統元年進士錄校注〉，頁 77「普達世理」條。
〔註249〕參見桂栖鵬前揭書，頁 195。
〔註250〕參見蕭啟慶，〈元統元年進士錄校注〉，頁 77。

117. 大吉心

哈兒魯氏，字有仁，父親名不詳。登元統元年進士，授官於霸州，雖然官職不詳，但應授為低官。〔註251〕

118. 阿都剌

昔馬里回回人，字子俞，父親名洒不丁，任為務大使（不詳，當為中、低階官）。登元統元年進士，授湖廣行省照磨（低官）。〔註252〕

119. 剌馬丹

回回人氏，字德方，父親名哈里丁，曾任為新昌縣（浙江新昌）主簿（低官）。登元統元年進士，授溫州路錄事司達魯花赤（低官）。〔註253〕

120. 鐸護倫

畏吾兒人氏，字振遠，曾、祖、父三代皆為高官，父親名燕只哥，仕為宣（撫）使（高官）。登元統元年進士，授袁州路錄事司達魯花赤（低官）。〔註254〕

121. 莫倫赤

哈（剌）魯氏，家世欠詳，知於至順二年（1332）、後至元元年（1335）二度中鄉試，是為鄉貢進士，但未登第。〔註255〕

122. 獲獨步丁

回回人，字成之，為前述穆魯丁、海魯丁兄弟，兄第三人皆為進士，並皆殉國而死。獲獨步丁曾仕為僉廣東廉訪司事（中官），後寓居福州，明軍攻陷福州時，投井死。〔註256〕

123. 迭里彌實

回回人，字子初，祖父名瑪克蘇兒，為大都路治中，父親名穆爾瑪哈穆特，仕為安慶路（安徽安慶）治中（中官）。子初為宿衛出身，歷仕杭州、福

〔註251〕參見前註，頁75。

〔註252〕參見前註，頁78。

〔註253〕參見同前註。又據《萬曆紹興府志》（《四庫全書存目叢書》），載文宗至順元年王文燁榜有「新昌馬剌丹，回回人，侍父哈丁任新昌籍」，恐即剌馬丹。見卷33，〈選舉志四〉，頁25下。

〔註254〕參見前註，頁79。

〔註255〕參見《至正四明續志》（《宋元地方志叢書》），卷2，頁27下、28上。

〔註256〕參見《元史》，卷196，〈忠義傳四〉，頁4434、4435。桂栖鵬前揭書，頁190。

州路治中，後仕至福建漳州路達魯花赤（高官），明軍攻陷福州、泉州等地，招降時，子初自刎而死，死前曾大書「大元臣子」字。列為漢學研習者。〔註257〕其死事有元末人王翰、林鴻作詩哀悼，傳為節義盛事。〔註258〕

124. 默合謨沙

木速蠻氏，字文顯，父親名不撒，仕歷不詳。登元統元年進士，授官職不詳。〔註259〕

125. 穆古必立

回回人氏，字永叔，父親名捏古伯，仕為登仕郎（低官）。登元統元年進士，授秘書監校書郎（低官）。〔註260〕

進士登第固然為漢學研習者，鄉貢進士、國子生、習進士業等，也應是有研習漢學。此類漢學研習人數甚多，無法、也不可能完全知悉，能知姓名者實為有限，又能再知其族屬者則更為有限。今就所得的資料列之如下：

126. 沙彥博

哈剌魯人，前述沙德潤侄兒，又名拜普化，至正元年、四年二度中鄉試，為漢學研習者。〔註261〕

127. 沙景遠

又名伯顏普化，為沙德潤族弟，至正七年中鄉舉。

128. 沙學海

又名帖古蹀爾，為沙德潤之子，至正七年中鄉舉。

129. 沙彥約

又名博顏帖木兒，為沙德潤族子，至正十三年中鄉舉。

130. 哈 睦

哈剌魯氏，父親馬馬仕為中官，前述哈剌台兄弟，兄弟七人，哈睦的漢

〔註257〕參見前註〈忠義傳四〉，頁 4434。又王褘為其作〈漳州路達嚕噶齊阿勒忽木侯墓表〉，見《王文忠集》（《文淵閣四庫全書》），卷24，頁36上～38上。

〔註258〕參見王翰，《友石山人遺稿》（《嘉業堂叢書》），〈挽送漳州〉，頁4下、5上，林鴻，《鳴盛集》（《四庫珍本》五集），卷1，〈哭送漳州〉，頁12上。

〔註259〕參見蕭啟慶，〈元統元年進士錄校注〉，頁76、77。

〔註260〕參見前註，頁76。

〔註261〕參見前揭陳高華文，頁156。以下數人不再加註。

學是「治進士業」。〔註262〕以下尚有兄弟三人可知。

131. 那　海
治進士業。

132. 那可赤
習進士業。

133. 博　洛
習進士業。

134. 馬祖信
汪古人,為前述初期漢學馬月合乃之曾孫。馬祖常為曾祖父月合乃寫〈神道碑〉,述及四代子孫多人,在孫輩祖常這一代,言「曾孫」三十一人,列出當時仕宦者九人之外,「餘皆學而未官」,則有廿二人曾為漢學研習者,但其中又只有十人可知名字。祖信為馬潤之子,於祖常為兄弟,仕為保德州(山西保德)同知(低官),但其餘事蹟不詳。〔註263〕除馬祖憲於中期漢學已述及,其他有漢學研習者列名於下,其中數人於後仍有仕宦:

135. 馬祖恭。馬潤(中官)之子。
136. 馬祖中。馬禮(低官)之子。仕為浙西鹽倉使(低官)。
137. 馬祖周。同上。仕為廣西廉訪司知事(低官)。
138. 馬祖善。同上。仕為河東宣慰司經歷(中官)。
139. 馬祖良。同上。
140. 馬祖某。馬淵(未仕)之子。仕為路儒學教授(低官)。
141. 馬淑卿。同上。

142. 馬蘇剌哈
也里哈(不詳)之子。仕為棗陽縣(湖北棗陽)主簿(低官)。

馬氏月合乃的玄孫輩,馬祖常列出四人,其名如下:

143. 馬武子
為祖常之子,初曾仕為中書省掾,後任為湖廣行省檢校官(低官),王沂

〔註262〕參見蘇天爵前揭文,〈元故贈長葛縣君張氏墓誌銘〉。
〔註263〕參見馬祖常前揭文,〈禮部尚書馬公神道碑〉。關於馬氏家族世系與名字參見
　　　張沛之前揭書,頁197及213頁表5之2;以下不再贅註。

作〈賜金莊義學記〉，言祖常死時，其公子觀國以家產之地築學舍，興學養士。〔註264〕此觀國或即武子。

144. 馬文子。曾為國子生，後仕為秘書監著作郎（中官）。

145. 馬獻子

為馬祖義（中官）之子，曾為國子生，仕至含山縣（安徽含山）達魯花赤（低官）。

146. 馬惠子

為馬祖烈（高官）之子，曾為國子生，仕至高郵府（江蘇高郵）知事（低官）。

147. 貫寧山

北庭人，貫雲石之孫，貫雲石有二子，阿思蘭海牙（前已述及）、八思海牙。孫四人，除前述長孫貫仲瞻（南山）之外，另有其次寧山，次葆山，但列出三人，並不知為誰之子？又說「並業進士應舉」，則有漢學研習。〔註265〕

148. 貫葆山。如上述。

149. 貫　女

上述貫雲石之女，不知其名，有學識、能文章，嫁於懷慶路總管段謙。〔註266〕

150. 章懶齋

高昌人，名不詳，號懶齋，仕為海道都漕運萬戶府達魯花赤（高官），家世或為高官，他勤於學問，聖賢之教、百家所論，皆講求為學。曾歷任清要、御史之職。〔註267〕

151. 普　剌

阿魯渾氏，字允中，家世欠詳，知其於至正年曾為濬州（河南濬縣）達魯

〔註264〕參見前註。王沂文見《全元文》，第60冊，頁129、130。馬武子推定為文中所言「公子觀國相公」，以武子為祖常長子，以家居築舍興學應為長子所主持。以下文子、獻子、惠子三人皆參見前揭馬祖常文、張沛之書。

〔註265〕參見歐陽玄前揭〈貫公神道碑〉，《元史》，卷143，〈小雲石海涯傳〉。

〔註266〕參見同前註。

〔註267〕參見鄭元祐，《僑吳集》，卷10，〈懶齋記〉，頁12上～13下。

花赤（中官），在任內安撫百姓，「興學校，敦教化」，是倡行漢學者。〔註268〕

152. 腆合（哈）

拂林人，為平章政事愛薛（高官）之子。於成宗大德六年（1302）時任秘書少監，仕至翰林學士承旨（高官），他於順帝至元六年時，與奎章閣學士巙巙等刪修《大元通制》，當為中、晚期之漢學研習者。〔註269〕

153. 也先海牙

高昌人，家世欠詳。於順帝至元二年（1336）仕為奉訓大夫、慈利州（湖南慈利）州監（中官），到任後即以學校為己任，嚴於學職訓導，選秀俊士子為學生員，督導課業，進而修整學宮，製雅樂、集圖書，興學工程及經營事項頗為宏大。他本人又「好學而明禮」，是研習、倡行漢學者。〔註270〕

另有些人時間雖不詳，但為漢學者，列之如下。

154. 譚臺史

高昌人，家世不詳，名字及仕歷未詳。據鄭元祐〈贈譚臺史〉文中所言，知其為高昌人，且說他「不世居祿懿，遠慕儒術優」，又指出他是任職南御史臺，臺史之職較為含混，當為吏職或低階官。〔註271〕是中、晚期漢學研習者。

155. 沙君寶

西域人，家世不詳。知曾任翰林國史院知印，後任滿調為武州（山西五寨境）同知（低官）。蒲道源、袁桷皆有詩送行，而君寶曾求趙孟頫畫馬圖，孟頫但贈畫馬詩予之，為此蒲道源又有題詩，詩中有「沙君失馬（圖）乃得馬（詩）」之句。〔註272〕由上述可知君寶是有漢學研習。

〔註268〕參見《正統大名府志》，卷5，頁52下。熊象階，《濬縣金石錄》。

〔註269〕參見《元史》，卷134，〈愛薛傳〉，頁3249、3250。任秘書少監見王士點《秘書監志》，卷9，頁171，記為「海薛子」，即愛薛之子。參修《大元通制》，見《元史》，卷40，〈順帝紀三〉，頁858。

〔註270〕參見《隆慶岳州府志》（《天一閣藏明代方志選刊》），卷13，〈宦績傳〉，頁74上，虞集〈澧州路慈利重修宣聖廟學記〉，《全元文》，第26冊，頁459～461。

〔註271〕參見鄭元祐，《僑吳集》（《元代珍本文集》），卷1，頁5下、6上。

〔註272〕袁桷詩見《清容居士集》（《文淵閣四庫全書》），卷4，〈送沙君寶宰邑〉，其下註「舊為翰苑印史」，頁5下、6上。蒲道源贈詩，見《閑居叢稿》（《元代珍本文集》），卷1，〈送翰林沙知印之武州倅〉，詩句有「沙君西域英」句，知為西域。沙君寶求趙孟頫畫馬而得詩，見卷8，〈題翰林知印沙君寶畫馬詩卷後〉，並下註文所記，頁4上。

156. 烈　哲

西域人，字好問，家世不詳。有詩作〈題所南老子推蓬竹圖〉，所南應是指鄭思肖，思肖工於畫墨蘭，此畫為人物，詩句如下：〔註273〕

碧雲午夏楚山冷，白雲六月湘江寒。

南翁筆底得佳趣，瀟瀟半壁青琅玕。

思肖為南宋遺士，卒於元仁宗時，烈哲或為初、中期人，得見其畫，但也有可能晚期時得見而題詩。

157. 丘難公

烏孫人，家世欠詳，曾任深澤縣（河北深澤）達魯花赤（低官），他奉親至孝，廉潔律己，長於才幹，任內勸課農桑，又興學養士，是漢學倡行者。〔註274〕

158. 賈實烈門

畏兀人，為廉氏家族，廉希憲之孫，但父親名字不詳。曾作詩三首，與見心上人（危復之）唱和，是能詩的漢學研習者，但見心與其交往時間不詳，《元詩選》中收錄其詩，〔註275〕今錄其〈湖心寺贈見心上人〉供參看：

定水高蹤何處尋，雲林燕坐靜觀心，

虎來磐石依禪錫，龍出靈湫聽梵音。

月窟天香金粟老，王城祇樹寶花深，

遙知東澗蒲菴好，擬著藤床夜共吟。

159. 脫脫帖木兒

康里人，世為右族，但家世欠詳。知其以蔭職為大都路房山縣（北京房山）監邑（低官），任內革除吏弊，勸課農桑，詞訟日少，政聲日起，此外，興舉學校，慨然有安境政清之志，為漢學倡行者。〔註276〕

〔註273〕詩見《元詩選癸集》上冊，〈癸之戊下〉，頁655、656。鄭思肖，字所南，工畫墨蘭，見夏文彥，《圖繪寶鑑》（臺北市，中華書局，影印遠津閣秘書本），卷5，頁83上。

〔註274〕參見《萬曆保定府志》（《稀見中國地方志匯刊》），卷20，頁27下。

〔註275〕參見《元詩選癸集》上冊，〈癸之巳〉，頁795、796，並詩前作者小傳。危復之（見心），參見《元史》，卷199，〈隱逸傳〉，頁4479，是宋末太學生，但其卒年不詳。

〔註276〕參見張弘振，〈達魯花赤脫脫帖木兒去思碑〉，《全元文》，第37冊，頁185、186。

160. 正　臣

高昌人，家世欠詳，約在元中、晚期時，與名藝術家柯九思交遊甚密，柯九思作〈晚香高節圖〉贈正臣，又為正臣所藏蘇東坡墨竹圖作〈跋〉文，署名「奎章閣學士鑒書博士柯九思識于高昌正臣之芳雲軒」，又於正臣所藏石屏作〈記〉，稱「高昌正臣，博古好雅」，他們二人交遊至少在至正年間，則正臣當屬中晚期有漢學教養之士。〔註277〕

161. 哈珊沙

西域人，字可學，家世欠詳。知其於至正壬午年（二年，1342）登拜住同榜進士，任為行樞密院都事（低官），應補入晚期漢學。有詩作〈奉題定水見心禪師天香室〉，詩句如下：〔註278〕

　　金粟如來住世間，一花五葉偏人寰，
　　不問簷蔔開蘭若，豈羨沈檀試博山。
　　大地繽紛香雪落，諸天馥郁好風還，
　　承恩曾記金鑾殿，滿袖攜烟朝九關。

以上百餘人之外，另有些北族人士可知，但卻不明其氏族，列之於下供作參看：

1. 忻　都

為仁宗延祐二年（1315）進士，右榜登第故為北族，但未詳其為蒙古或色目，氏族不詳，知其籍貫為杭州，是胡長儒弟子，曾於江浙鄉試右榜第一名，元統元年（1333）任慶元市舶提舉，後至元元年卒。〔註279〕

2. 當　閭

字存善，為至正二十年（庚子）國子試正榜進士，色目六人中之一，但氏族不詳。與前述仲保為同榜。〔註280〕

3. 普顏不花

氏族不詳，同前為至正二十年國子試正榜。

〔註277〕參見前揭莊申，《中國畫史研究續集》，頁499～504。
〔註278〕參見朵復，《澹游集》（《續修四庫全書》），卷上，頁225上。
〔註279〕參見蕭啟慶〈元延祐二年與五年進士輯錄〉，頁375～426。文中列忻都為「族不詳」。
〔註280〕參見前揭〈金石萃編未刊稿〉。

4. 壽　山

氏族不詳，同上。

5. 伯　顏

字希回，氏族不詳，同上。

6. 法達忽剌

字彥德、賓易，氏族不詳，同上，但為副榜。

7. 札剌里丁

字參才，為元統元年進士，蒙古色目人第三甲，但氏族不詳，授為嘉興路縣丞。〔註281〕

8. 顏帖穆爾

氏族不詳，任益都路同知濰州（山東濰縣）事（中官），作有〈大元國山東東路都轉運鹽使司固堤場任剙建報恩寺記〉，為至正十一年進士。〔註282〕

9. 合轍的斤

色目人，但氏族不詳，為至正十年山東鄉試通榜進士。該榜取蒙古色目人九名，除合轍的斤為色目人外，其餘八人全記其籍貫，氏族皆不詳。〔註283〕

下列尚有數人，以其名字似應為北族人士或西域人，但無法確證，即不便計入，如大食哲馬、大食惟寅，或為大食人之故而命名。〔註284〕又有倚南海牙、〔註285〕邁赫唐德、〔註286〕薩德彌實、〔註287〕納速剌丁，〔註288〕

〔註281〕參見前揭蕭啟慶文，〈元統元年進士錄校注〉，頁77。

〔註282〕參見《全元文》，第58冊，頁708～710。另於前揭蕭啟慶，〈元至正十一年進士題名錄校補〉，列右榜第三甲，有「伯顏帖木兒」，當即此人，見頁330。

〔註283〕參見《濟南金石志》（《石刻史料新編》），卷2，〈歷城石〉，頁33下～36上。

〔註284〕大食哲馬，有詩作，參見《元詩選癸集》上冊，戊下，頁529，〈題趙彥徵（麟）畫〉。大食惟寅，有曲作寄張可久，見《全元曲》，頁1117。

〔註285〕參見《元詩選癸集》，戊下，頁660，有詩作。

〔註286〕參見《至正四明續志》卷2，頁4下，任慶元路錄事司達魯花赤，為同進士出身，至順元年任職。

〔註287〕參見《西域人華化考》，收入為西域人，見頁116上，以其「瑞竹堂」醫方著名。而其任僉廉訪司事時，曾有修學宮之舉，參見虞集〈袁州路萬載縣重修宣武聖廟學記〉，《全元文》，第26冊，頁468、469。

〔註288〕參見《元史》，卷194，〈忠義傳二〉，頁4406、4407。納速拉丁字士瞻，父名馬合木，為鄉貢進士，死於張士誠兵亂。以其父子名字或應為西域人。

又如久住、忻都、罕馬魯丁、普顏不花、沙班敬昇、納馬沙。〔註289〕所舉
上述人物若非漢學研習即為倡行漢學，此類以名字推測而與漢學有關者，
並非僅有上述這些人，實際上筆者所讀資料中尚有甚多，不下百人之譜，
但不便以之認定，何況推測名字為北族，仍不知是蒙古或色目？故暫置而
不論，以待往後或可得知。以姓氏、字號作為根據，亦為推測其人的方法，
但同樣是可供參考而不能確定，如前文已述及廉公允、廉公直、廉秋堂，
三人皆姓廉，或為畏兀廉氏，而公允、公直與廉希憲諸子排字同輩，如廉
孚，字公達，則公允、公直推測應屬希憲的子姪輩，但未能確定其名，而
秋堂的名字也不能推知；他們都有詩作為漢學研習者。又有廉普達的情形
亦同。〔註290〕

五、結　語

　　以上統計元代西域人的漢學，初期為三十人，中期為七十八人，晚期為
百五十四人，不詳時期者七人，總計為二百六十九人。陳垣《華化考》收得
人數為百三十二人，其中有三人為本文重複收入外，又其中唐兀人有九人，
誤為西域人者有勛實戴（附其子慕顏鐵木）、郝天挺、泰不華，乃蠻氏的魯古
納丁、答祿與權，金朝的馬慶祥，明朝的趙榮、鐵鉉二女，北族但不確定為
西域人的薩德彌實，共二十一人未計入，故《華化考》在本文中計為百十一
人。若將《華化考》所得與本文所得相加，則目前可知元代西域人的漢學共
有三百八十筆（人）資料。

　　為作計數與表格以便觀察，筆者將《華化考》中人物全部再作檢視，依
本文所需加以考查，完成的表格以各表中（Ａ）表為本文所得資料，以（Ｂ）
表為《華化考》的資料，而以（Ｃ）表為綜合所得。表中每格中數字，上行為
人數（次），下行為百分比。

〔註289〕久住，參見孔思坦，〈重建灌陽縣學記〉，《粵西文載》（《文淵閣四庫全書》），
　　　　　卷26，頁26上～27下。忻都、罕馬魯丁，參見《湖南通志》（《四庫全書存
　　　　　目叢書》），卷103，〈名宦〉，頁13上、下。普顏不花、沙班敬昇，參見《康
　　　　　熙平陽府志》（《稀見中國方志匯刊》，卷20，〈宦績〉，頁18上。納瑪沙，參
　　　　　見《嘉靖翼城縣志》（《天一閣藏明代方志選刊續編》），卷3，頁8下。
〔註290〕廉普達，詩作見《元詩選癸集》，〈癸之丁〉，頁396。

表一：元代西域學者家世仕宦表

（A）					
	高官	中官	低官	未仕	不詳	總計
初	13 43.3	6 20			11 36.7	30 100
中	33 42.3	7 9	3 3.9	1 1.3	34 43.6	78 100
晚	31 20.1	16 10.4	13 8.4	3 2	91 59.1	154 100
總計①	77 29.4	29 11.1	16 6.1	4 1.5	136 52	262 100
不詳					7 2.6	269
總計②	77 28.6	29 10.8	14 5.2	4 1.5	143 53.2	269
（B）					
初	4 44.4	1 11.1			4 44.4	9 100
中	12 36.4	6 18.2		3 9.1	12 36.4	33 100
晚	13 20	3 4.6	3 4.6	1 1.5	45 69.2	65 100
總計①	29 27.1	10 9.4	3 2.8	4 3.7	61 57	107 100
不詳					4 3.6	111 100
總計②	29 26.1	10 9	3 2.7	4 3.6	65 58.6	111 100
（C）					
初	17 43.6	7 18			15 38.5	39 100
中	45 40.5	13 11.7	3 2.7	4 3.6	46 41.4	111 100
晚	44 20.1	19 8.7	16 7.3	4 1.8	136 62.1	219 100
總計①	106 28.5	39 10.6	19 5.2	8 2.2	197 53.4	369 100
不詳					11 2.9	380 100
總計②	106 27.9	39 10.3	19 5	8 2.1	208 54.7	380 100

　　由〈表一〉，對於西域漢學家世作出的統計，家世僅取前一代的仕宦，其中家世仕宦不詳的在三期中不是佔首位就是居次，總計是佔首位，限於資料中的不詳之故，因此，所佔比率過高則影響統計計數，但也無可奈何。除去不詳家世外，高官家庭在三期中皆居首位，中官居次，低官居三，總計的情形相同，依高、中、低排列。似乎家庭前一代的仕宦居官，能影響到漢學的接觸，家庭環境較優，條件較佳，有漢學的可能則較大。

表二：元代西域漢學者本人仕宦表

(A)					
	高官	中官	低官	未仕	不詳	總計
初	21 70	3 10	1 3.3	2 6.7	3 10	30 100
中	38 48.7	16 20.5	15 19.2	7 9	2 2.6	78 100
晚	32 20.8	37 24	47 30.5	6 3.9	32 20.8	154 100
總計①	91 34.7	56 21.4	63 24.1	15 5.7	37 14.1	262 100
不詳			4 1.5		3 1	269 100
總計②	91 33.8	56 20.8	67 24.9	15 5.6	40 14.9	269 100
(B)					
初	7 77.8	1 11.1	1 11.1			9 100
中	16 48.5	8 24.2	5 15.2	1 3	3 9.1	33 100
晚	15 23.1	16 24.6	12 18.5	3 4.6	19 29.2	65 100
總計①	38 35.5	25 23.4	18 16.8	4 3.7	22 20.6	107 100
不詳	1 0.9		2 1.8		1 0.9	111 100
總計②	39 35.1	25 22.5	20 18	4 3.6	23 20.7	111 100

（C）					
初	28 71.8	4 10.3	2 5.1	2 5.1	3 7.7	39 100
中	54 48.7	24 21.6	20 18	8 7.2	5 4.5	111 100
晚	47 21.5	53 24.2	59 26.9	9 4.1	51 23.3	219 100
總計①	129 35	81 22	81 22	19 5.2	59 16	369 100
不詳	1 0.3		6 1.6		4 1.1	380 100
總計②	130 34.2	81 21.3	87 22.9	19 5	63 16.6	380 100

　　由〈表二〉，觀察西域漢學者本身仕宦情形，高官在初、中期都居首位，晚期為低、中、高官次序，但差距不大，總計看來仍以高官居首，佔全部的三分之一強，這或與家世有關，也可能因漢學關係較能有多的機會在仕途中遷轉。中、低官階比率極為接近，低階官在晚期居於首位，恐因元末時，許多官職仍在初仕不久或遷轉之中，看到的資料是在低階時期。如同資料不詳者頗多的情形，或仍在求學習業之中，雖屬漢學研習，但多仍未出仕，也有為鄉貢進士、進士及第，雖有其名，但未記仕宦，故皆列入不詳仕宦。

表三：元代西域漢學者出身表

（A）										
	蔭襲	徵荐	宿衛	學校	科舉	降附	從軍	無	不詳	總計
初	8 26.7	1 3.3	5 16.7			3 10	3 10	2 6.7	8 26.7	30 100
中	4 5.1	2 2.6	17 21.8	5 6.4	10 12.8			3 3.9	37 47.4	78 100
晚	5 3.3	2 1.3	7 4.6	19 12.4	47 30.5			5 3.3	69 44.8	154 100
總計①	17 6.5	5 1.9	29 11.1	24 9.2	57 21.8	3 1.2	3 1.2	10 3.8	114 43.5	262 100
不詳	1 0.4								6 2.2	269 100
總計②	18 6.7	5 1.9	29 10.8	24 8.9	57 21.2	3 1.1	3 1.1	10 3.7	120 44.7	269 100

（B）									
初	1 11.1	1 11.1	4 44.4					3 33.3	9 100
中	3 9.1	5 15.2	3 9.1	1 3	12 36.4		1 3	8 24.2	33 100
晚	3 4.6	3 4.6	1 1.5	11 16.9	15 23.1		3 4.6	29 44.6	65 100
總計①	7 6.5	9 8.4	8 7.5	12 11.2	27 25.5		4 3.7	40 37.4	107 100
不詳								4 3.6	111 100
總計②	7 6.3	9 8.1	8 7.2	12 10.8	27 24.3		4 3.6	44 39.6	111 100

（C）										
初	9 23.1	2 5.1	9 23.1			3 7.7	3 7.7	2 5.1	11 28.2	39 100
中	7 6.3	7 6.3	20 18	6 5.4	22 19.4			4 3.6	45 40.5	111 100
晚	8 3.7	5 2.3	8 3.7	30 13.7	62 28.3			8 3.7	98 44.8	219 100
總計①	24 6.5	14 3.8	37 10	36 9.8	84 22.8	3 0.8	3 0.8	14 3.8	154 41.7	369 100
不詳	1 0.3								10 2.6	380 100
總計②	25 6.6	14 3.7	37 9.7	36 9.5	84 22.1	3 0.8	3 0.8	14 3.7	164 43.2	380 100

　　由〈表三〉中得知西域漢學者的仕宦出身情形，資料不詳者在三期與總計上都始終高居第一位，記載中經常不言及其出身，頗為困擾。可知的資料中，初期以蔭襲與宿衛居多，很能反映出蒙元初期以北族傳統為主要制度，此與漢法漢制大相逕庭，亦為其政制上的特色。宿衛出身到中期仍保持高峰，因中期科舉施行而造成居首位，宿衛出身雖居次，但幾乎與之並列，微差而已。到晚期時，科舉居首，學校居次，宿衛與蔭襲居三，是中、晚期科舉持繼（順帝初有短暫停科），造成的結果。而學校出身一則是漢學知識的追求，一則仍與科舉有關。說明科舉與學校頗受西域人的青睞，也是出仕的另一途徑。

　　降附及從軍在初期可見，反映蒙元初軍事擴張的時代環境，其情形與初期未見科舉出身者相似；到中、晚期則未能見及。總計來看，科舉與學校明

顯示愈往後愈盛，居於出身的首、三位，居次的宿衛出身，每期都佔相當的地位，綜合而成為出身的第二位，仍可看出上述所言蒙元政權始終有持續性的特色，其與漢法漢制並行雜綵，正是種複合體制的表現。在蔭襲的性質與宿衛相當，是蒙元特色，重世選蔭襲，此與家世相關，同樣為入仕的重要途徑，故始終能保持相當的地位。此二者又與仕宦有關，若仕為中、高階官，往往子弟們得入宿衛，或得蔭襲為官；世家子弟在仕途上較一般人是佔有優勢。

表四：元代西域漢學人次表

(A)								
	研習	倡行	經學	史學	子學	文學	藝術	科技	總計
初	21 56.8	11 29.7	1 2.7	1 2.7		1 2.7	1 2.7	1 2.7	37 100
中	45 45	32 32.3	2(1) 2 (7.7)	4(3) 4 (23.1)	1 1	9(6) 9 (46.2)	5(2) 5 (15.4)	2(1) 2 (7.7)	100(13) 100 (100)
晚	99 59.6	43 25.9	2 1.2	1 0.6	1 0.6	14(11) 8.4 (100)	6 3.6		166(11) 100 (100)
總計①	165 54.5	86 28.4	5(1) 1.7 (4.2)	6(3) 2 (12.5)	2 0.7	24(17) 7.9 (70.8)	12(2) 4 (8.3)	3(1) 1 (4.2)	303(24) 100 (100)
不詳	3 1	2 0.7				2(2) 0.7 (7.7)			310(26) 100 (100)
總計②	168 54.2	88 28.4	5(1) 1.6 (3.9)	6(3) 1.9 (11.5)	2 0.7	26(19) 8.4 (73.1)	12(2) 3.9 (7.7)	3(1) 1 (3.9)	310(26) 100 (100)
(B)								
初	6 35.3	5 29.4	1 5.9	1 5.9		1(1) 5.9 (100)	2 11.8	1 5.9	17(1) 100 (100)
中	10 22.7	4 9.1	2 4.6	6(5) 13.6 (23.8)	1 2.3	14(14) 31.8 (66.7)	7(2) 15.9 (9.5)		44(21) 100 (100)
晚	27 28.7	9 9.6	4 4.3	4(3) 4.3 (10.3)	2 2.1	35(25) 37.2 (86.2)	13(1) 13.8 (3.5)		94(29) 100 (100)

總計1	43 27.7	18 11.6	7 4.5	11(8) 7.1 (15.7)	3 1.9	50(40) 32.3 (78.4)	22(3) 14.2 (5.9)	1 0.7	155(51) 100 (100)
不詳						1(1) 0.6 (1.9)	4 2.7		160(52) 100 (100)
總計2	43 26.9	18 11.3	7 4.4	11(8) 6.9 (15.4)	3 1.9	51(41) 31.9 (78.9)	26(3) 16.3 (5.8)	1 0.6	160(52) 100 (100)
（C）									
初	27 50	16 29.7	2 3.7	2 3.7		2(1) 3.7 100	3 5.6	2 3.7	54(1) 100 (100)
中	55 38.2	36 25	4(1) 2.8 (2.9)	10(8) 6.9 (23.5)	2 1.4	23(20) 16 (58.8)	12(4) 8.3 (11.8)	2(1) 1.4 (2.9)	144(34) 100 (100)
晚	126 48.5	52 20	6 2.3	5(3) 1.9 (7.5)	3 1.2	49(36) 18.8 (90)	19(1) 7.3 2.5		260(40) 100 (100)
總計1	208 45.4	104 22.7	12(1) 2.6 (1.3)	17(11) 3.7 (14.7)	5 1.1	74(57) 16.2 (76)	34(5) 7.4 (6.7)	4(1) 0.9 (1.3)	458(75) 100 (100)
不詳	3 0.6	2 0.4				3(3) 0.6 (4)	4 0.9		470(78) 100 (100)
總計2	211 45	106 22.6	12(11) 2.6 (14.1)	17(11) 3.6 (14.1)	5 1.1	77(60) 16.4 (76.9)	38(5) 8.1 (6.4)	4(1) 0.9 1.3	470(78) 100 (100)

註：以上表格括弧內數字為漢學者作品數

　　綜觀上表在漢學內容及專長中，要以研習者在三期及總計表皆佔首位，而且都佔超過三分之一及近半的比率，總計上顯出將接近總比率的半數，主要原因是資料中記載未顯示其專長，有的是一般性敘述知道有漢學研習，有的是進士、國子生、受舉業學，未能述其專長，故皆列入研習中。其次為漢學倡行者，在各期及總計中都大體佔到四分之一十下，其中幾乎都是在興學與重教育方面的表現，他們或為地方各級官員，或為監察系統官員，顯示出對興學養士的重視情形，這也是其時的興學風潮。在許多記載中說到這些官

員尤其是地方官員，初到任時即視察廟學，修孔廟、興學宮、贍養士，似乎成為其首要的任務，而其中甚多為地方路、州、縣的監臨首長，即地方各級的達魯花赤。以蒙元制度而言，地方達魯花赤例由蒙古、色目人擔任，故而西域人出現在許多資料中為監臨官。又倡行漢學者往往同時也是漢學研習者，因此有不少人在這二項中是重複計數的，事實上，這二項的重複應是合理的現象，為漢學研習者通常也應較注重興學教育。

在漢學專長方面以文學為首位，由初期往中、晚期遞增，總計佔到六分之一左右，其次為藝術類，所佔近一成左右，第三位為史學、經學類，相差不大。居末者為子學與科技類，為五人次及四人次而已。文學居首位的情況在其他北族如契丹、女真、唐兀等相同，是漢學中較易於表現者，也是中國士大夫的傳統，文章寫作、吟詩歌曲等，幾乎為基本的教養，同時是種生活的格調與情趣，對於北族士人有較深的感染力，士人的交遊圈即是如此，北族的漢學者其實就不免帶來士人化的結果。〔註291〕著作表現仍以文學作品居首，在總著中佔去近八成，反映出文學普遍的配合情形，即作詩詞歌曲等最為普遍。由於以四部分類為基礎，僅能看出各類的情形，每類細計的有幾種並未列出，如廉惠山海牙，修仁宗、英宗實錄，又預修遼、宋、金三史，在表列計數僅記於史部一類，實則可有五種之多，又如《華化考》列薩都剌的詩文集卷有五種，其集卷刻本不同，本文表列時僅記為文學集部一類等。若以各類的種數來看，史部的種數不下於文學集部的種數，或尚能略為超過些許。藝術學者雖多，高於經、史學者，但可知的作品卻多未見。

集部文學名家由《華化考》及本文中可看出為數不少。〔註292〕論文學史的著作中，皆有所言及，也必然敘述北族尤其西域名家，而西域人要較其他北族士人更為出色，更受到注目，諸如馬祖常、薩都剌、丁鶴年、貫雲石、薛昂夫等人。書畫藝術所受重視雖不如文學之盛，但卻能說明西域人之於漢學書畫如同文學有其教養與造詣，《華化考》中多有所論，此處不再贅述。

史部所見在於修實錄、前朝史，而蒙元興起建國的重要史事有察罕作《聖武開天記》，但現今已不得見，當為後來修實錄時所本；另外又作《紀年繫要》，

〔註291〕參見前揭蕭啟慶，《元代的族群文化與科舉》，〈論元代蒙古色目人的漢化與士人化〉。

〔註292〕西域人著述在《華化考》卷八中列出，見頁128上～132下，但其中有本文未收者，如唐兀人及其他前述未收入者。以下所敘著作不再註。

為編年體史書，其內容不詳，有明刊本。《太宗平金始末》同為金元之際重要記事，其情形不詳。《華化考》除列載察罕著作外，又列有贍思，廣博通四部之學，史部中有金末哀宗、諸臣紀傳，應是史料價值極高之作，〈西域異人錄〉記外國人物，當世極為罕見，但不知其詳，地理上又有地方志記二種，西域外國圖經、河防方面議論等。逎賢的《河朔訪古記》迄今仍是西北地理的重要史料。修史者除上述廉惠山海牙外，又有伯顏、沙剌班參修金史，趙世延參修《經世大典》等。子部所見較少，贍思有老莊、陰陽學。魯明善《農桑撮要》於農業技術、作物栽種等有重要意義。忽思慧《飲膳正要》不僅載食譜、食療，又可見其時各種食材及北族之飲食，為飲食文化重要論述。此外，札馬魯丁以西域曆法作《萬年曆》，是西方伊斯蘭世界天文曆法之學。盛熙明《法書考》，原在四部中屬子部藝術類，為藝術史書法方面的專論，在北族中此類著作甚為少見。

經部著作中贍思有《五經思問》，貫雲石有《孝經》的論著，其餘專長於經類者尚未見及著述。西域人於經學有時代需求的特色，即是譯經的需要，除精通互譯的語文外，尚須對漢學有相當水準始克成功，如安藏譯經、史、醫書，阿鄰帖木兒、忽都魯都兒迷失，譯《大學衍義》理學要典，又譯國朝典章備修《經世大典》等。譯刊經史書籍，除去賜大臣、經筵外，主要是用於漢學研習，是有其需求之故。〔註293〕

在前述倡行漢學中要以興學為主，而在興學中多是興修地方官學，私學修興以作育人才較為少見，故有值得提出的康里脫脫「景賢書院」，納麟不花的「崇聖書院」，前者是全賴私人建學，後者是配合地方人士而成，都有可稱之處。在官學興建上特別令人注意的是有百家奴，任大都路高官，乘其職掌之便而能修建五所廟學，實為少見，在漢學倡行上極有貢獻。

西域人在元代的漢學居於其他北族士人之首，而本文也可發現一特殊現象，即具有漢學家世的傾向，較多的是父子二代，如趙國寶、世延，闍里赤、脫烈海牙，伯行、和上及貌罕真，普顏、神保等，大約將近有二十個例子。祖孫三代漢學者有阿里乞失帖木兒、阿台、迭里威失，貫雲石、阿思蘭海牙、貫仲贍，約有數例。四代家世漢學者如不忽木、回回及巙巙、拜住、太禧奴及帖木列思，其他四代以上者如汪古馬氏（月合乃家族），鞏昌汪氏（汪世顯

〔註293〕關於元代譯漢籍經史等，參見拙作〈元史札記〉，收於《遼金元史論文稿》（臺北市，槐下書肆，花木蘭文化工作坊，2005年），頁259～266。

家族）、高昌偰氏（岳璘帖穆爾家族）、畏兀廉氏（廉希憲家族）等。這種情
形在其他北族中並非絕無，但卻少見，同時一代中兄弟皆為漢學者也所在多
有，如迺賢、塔海，馬昂夫、唐古德，奕赫抵雅丁、捏古柏，獲獨步丁、穆
魯丁、海魯丁三兄弟，壽同海牙三兄弟，亦不剌金三兄弟，哈剌台等五兄弟，
偰玉立「六桂」六兄弟，此種情形尤其在數代漢學世家中易於發現，兄弟多
人同為漢學者與家風傳統有其關係；而世代漢學則或更是其家世的傳統。

第十篇　餘　論

一

在本書的第一篇裡，大略討論了遼金元三代的漢學與漢化關係，以文化涵化說明漢化是採取漢文化的過程，由文化的採借發生的文化變遷，它並非必然是同化，只是傾向於文化的「認同」或同質化。漢文化範圍極廣，漢學是其中高層次的部份，首先須學習漢語文或透過轉譯而能認知其內含及意義，否則無法有漢學的發生。語文是漢學的基本工具與文化符號，對於非漢文化圈的北族而言，有相當的難度，自不易於有多大數量的漢學研習，加上漢學的內涵廣博精深，即使是漢族本身也不易有質量上的表現，更何求於北族的漢學水準？故而在本書裏，筆者採取盡蒐史料來羅列其量，通論遼、金、元三代約四百六十年中北族漢學的全貌，但因史料及其載記的侷限，所呈現具體的情形僅止於如此。同樣地，其漢學的內容與品質也以得見的史料而論。

在數量上來看，所列出的具體數目是遼代 104 人（包括帝后），金代是 269 人（包括帝后），元代的契丹人是 57 人，女真人是 112 人，唐兀人是 123 人，蒙古人是 235 人（包括蕭啟慶所收），西域人是 380（包括陳垣所收），則元代的北族共 907 人。通計遼、金、元三代北族的漢學共收有 1280 人。在羅伊果、樓占梅合著的《元朝人名錄》，於附錄一〈漢化之蒙古色目人姓名資料〉中，[註1]共收入約 1140 人左右（除去重複者十餘人），其中仍將契丹、女真人收入，經筆者檢閱，其具體與漢化有關的人數實則約 620 左右，其餘許多資料

〔註 1〕《元朝人名錄》（臺北市，南天書局，1998 年），第三冊，頁 2659～2706。

如娶漢人妻、以孝友稱、譯史、母親姓漢姓等等未將之計入，則本書計入元代的漢學數量要較之多出二百餘人。三代北族的漢學僅一千二百餘人，但與實際應有的數量相去甚遠，此於各篇的論述中，曾有相關的討論，如各級（種）的教育、教學，考試（包括科舉）制度等，是受漢學研習最大量數目的所在，但也是流失大量具體姓名人物的所在。另一方面在方志、碑刻、文集中出現的大量人物姓名，以姓名來看似應為北族的人物，但氏族不明確或不詳，又缺載與漢學有關記錄，對本書而言，所見仍是徒勞。至於在史料中所見的一些職官、機構應與漢學有關，如任職學士、譯史、秘書監、著作等等與文史有關者，不論族群似皆應與漢學有所關係，但恐空泛無據，也不便採用。還有些北族世家、本有漢學家風，甚至數代可見其漢學，理應族人子弟們都具漢學教養，但以未具體載記，仍捨而不論。其情形與漢族通婚相似，應有所關，但不明確。以上種種，一則說明必有大量北族漢學的流失不詳，與實際應有數量有相當大的差距。二則說明上述推測北族漢學的實際情形，應有其合理的依據，並非全然無據的想像。三則說明遼、金、元三代北族的漢學，是持續數百年的文化涵化，雖然有朝代更迭，並未影響其發展。

以各別的朝代而論，漢學的數量以元代最多，金代其次，遼代最少。此一方面與史料的多寡成正比，一方面又與擁有漢地的疆域廣狹成正比；而前者的史料問題卻又是受到後者的影響所致。若以三朝享國的時間來看，則適為相反，其次序的排比是遼、金、元（元朝以太祖成吉思汗建國算計則與金朝相當）。故而享國時間的久暫在此並不能影響其漢學的情形，可能影響應是佔有漢地的幅員而定，即漢地的漢人及其漢文化豐富，文化涵化的資源也富厚，易於較廣、較速地產生文化變遷。因之由另個角度來看，若遼、金、元三朝皆在長城以北的生聚之地，未曾或鮮少接觸漢人及漢文化，是否能產生漢學的情形？

遼代漢學由初期取得燕雲十六州開始，稍前攻取渤海國，雖是唐文化的遺緒，但其漢學情形不詳，似未見對契丹族的影響，反而是賴少數漢人的投效而萌芽。燕雲地區的影響及稍後攻滅後晉，取得中原文物典章及部份士大夫而返。其次為澶淵之盟後，百餘年與北宋的交流與競爭，長期得以接觸漢文化之故，這些外在形勢，增長漢學的發展。內部的情形是統治現實上的需要，如城郭之治，農業生產及稅賦管理、文官制度等等，須賴漢人士大夫共為治理，漢人選舉除少數世官外，仍需以科舉取士，則延續漢學的發展與文

化的水平。在帝國的複合體制下，文化的涵化勢不能免，而較高層次的漢學也為貴族、官僚們所採納吸收。

金代的漢學與遼代相似之處是始於開國時期，但在文化背景與環境上是具有農業文明的生活，不同於契丹的遊牧文明，易於適應及吸收漢人農業文化。金初的宗室、貴族頗重視漢文化的採借，儼然於上京形成開國初的文化中心。滅遼取北宋，獲得遼、宋文物典章與大量的漢族士人，漢學基礎頗厚，同樣由於統治的現實需要，及對南宋的競爭，漢人與漢學並為帝國所需，猶進而爭中國之正統。

元代一統中國之外，又建立跨歐亞的世界性大蒙古帝國，族群、文化的多元與複雜非遼、金二代可比擬，也因之在文化涵化上顯得「混雜」而不易「重組」。蒙元帝國既以漢地為中心，漢法漢制勢不能免，以漢學而言，更具有金、宋的積蘊。自唐宋以來的東亞文化圈是漢文化世界，蒙元帝國之強仍不能外於此，雖然尚有西域文化及藏傳佛教的挑戰，但漢文化中的典章制度還是較有利於統治的需要，漢學的功能與魅力也獲得北族群的青睞。

二

遼、金、元三代的興起與建國是由部族政權而來，從北族的部族聯盟到帝國的建立，皆無例外地由帝王、宗室、貴族所掌握，他們握有並主導軍國大政以及隨之而擁有的特權；在國家、社會中處於最有利的地位。一般而言，他們在各方面的需求較易於達成，視其主觀的意願與考慮而定；對於漢學亦復如此。遼、金、元三代的帝王，在初期都不易見到有漢學的基礎，甚至漢語文也未必通曉，接觸的漢文化有限，這應是正常現象。生聚於朔漠山林，本非漢文化普及之地，能知曉漢語文已非易事，何得更有漢學可言？三代帝王具體的漢學都在中期以後可見，也幾乎在中期以下歷朝帝王皆能見到漢學研習。遼代如聖宗之詩歌、書畫，興宗好儒術、作詩歌，道宗作詩、音律、書法，宣懿后長於音律、作詩，天祚帝習漢學，文妃作詩歌等。金代如熙宗用力於經史、詩文、書法，海陵帝通經史、工詩詞，世宗通經史、作詩歌，章宗好儒術、博學多才、能詩文、書法，宣宗能詩文，哀宗習漢學。元代仁宗、英宗、泰定帝、文宗、順宗皆習漢學、能書法，而以文宗好藝術最著。作詩、好書畫是帝王最普遍、最有表現的漢學，不異於漢族朝代帝王，若又通經史、儒術則可知其漢學有 ·定的水準。經史子書可培育知識、思想，文

學藝術則涵養性情為多，怡情養性貼近於生活現實，是漢文化中士大夫傳統的生活文化，帝王們亦不能例外。文學藝術滿足生活性的功能較強，也較易於性情溝通、交流與融合，對於北族而言，似較為簡易而興高趣足。

除帝后之外，三代北族的漢學大體上同樣是由初、中、晚期遞增。這在金代北族，元代蒙古人、西域人、唐兀人最為明顯，而且呈倍數的成長。但在遼代是中期最盛，晚期尚不足中期的三分之一，是較特別的現象，或文獻不足之故？尚待考察。在金代契丹人也是中期略盛，但三期差異不大，到元代時契丹人是初期為盛，高過中、晚期皆為三倍。是初期承前朝餘緒，而後漸為史料記載主體所埋沒？尚不能得知。三代的契丹人，在四百餘年中，可知的漢學者為百六十餘人而已，又以本身政權的遼代最多，元代其次，金代最少，政權主體易位，是否影響記載的重心？金征服遼，又有大量漢士大夫，則紀錄甚少，蒙元視契丹、女真同類為漢人，契丹漢學又復增多。類似於女真人，在本身政權的金代，女真漢學二百餘人，元代時成為一百餘人，銳減為半數；金、元二百餘年，女真漢學者達三百二十餘人，是契丹人三代總數的一倍。除去文獻所載與政權主體關係之外，遼代享國多出金代約百年，其漢學情形差異達倍數，這應是漢學的土壤環境所致，又受其民族本身遊牧、農業文明的影響而造成的差異。

在元代北族的漢學最令人注意的是西域人，西域自漢唐以來即不斷與漢文化接觸，有著長期的背景，論者所述已多，毋需贅言。其本身兼具遊牧、農業文明，也有城郭之治的長期背景，又有所接受的伊斯蘭文化，對於知識學術的追求與應用，較之蒙古要興盛許多。對於漢學既不陌生，又頗合於其對文化涵養的態度，即西域地理上處於東、西匯通之地，文化上亦是交流之所，這種文化涵養土壤環境造成其民族對文化的開放態度，似乎研習文化、學術的意願也較強。及至入蒙元帝國後，西域已非中國與外族鄰邦的關係，與其他北族如契丹、女真人相同，皆為帝國組成的部份，確實是不分華夷皆為中國。既入中國，更能全面展開與漢文化間的涵化，如上所述西域人挾其文化涵養的「條件」，遂造成北族漢學質與量皆居於首位的情形。居次的蒙古人，雖少於西域百餘人，卻高於居三、四位的唐兀、女真百餘人。對蒙古人而言，早期遊牧於漠北朔漠之地，可說毫無漢文化的蹤影，往後的征服發展，頗具有殖民帝國的性質。至忽必烈將帝國重心移往中國本土的燕京大都後，殖民性質應已消失，造成中國的大元皇朝，繼之前與漢文化的接觸、涵養，

更進而展開全面地文化涵化。故漢學對蒙古人不如其他北族所具有的基礎，能有如許漢學情形實為不易。蒙古人是元代政權的主體，統治上的需要及其有利的條件，加上廣闊漢地的漢學資源豐厚，應是其漢學研習的優勢所在。至於唐兀人，情形稍類似西域人，其地處河西，本為漢唐以來的文化走廊，長期以來即有漢人及漢文化存續於其地，加之西夏立國對於漢學有所倡行等，都是唐兀漢學的基礎。入元後即與其他北族相同，已非敵國鄰邦關係，遂能展開更全面地文化涵化，在漢學園地裏崢嶸頭角。

三

漢學與家世間的關係顯然有線索可尋，其一是貴族家世在此中的比例偏高，其二是科舉制度可以突破家世的限制。遼、金、元三代政權的特色是重「國人」，又以世選任官為要，在社會階層的流動為身份取向，即取決於家世，因此中、下階層的家世往往難以向上流升，循此則幾乎世代皆沉淪於下僚，不易改變。科舉制度的實施，有突破家世的功能，平衡入仕的家世背景，以吸收社會中的秀異份子，是以成就取向的社會游動；而透過科舉又可以塑造出一些新的官僚家世。於是以身份取向的國法舊俗與成就取向的漢法新制是三代複合體制的一個方面；這在金、元二代北族的漢學中最易看出。

在遼代北族的漢學幾乎皆為宗室皇族與外戚舅族，科舉主要在於漢族，故而北族的漢學明顯是以家世而定，非貴族家世似難以言漢學，此種情形雖然在金、元二代仍然可見，但因女真進士科與元代中期後科舉的普遍，終有打破家世的可能。家世畢竟是求學的重要條件，家世優劣在三代的排序清楚可見，總體來看居高官的家世仍居於多數，而在漢學者本人的仕宦情形來看，與其家世頗能符合，若有高官未居首位的家世及本人仕宦未達高官者，都與居首位的差距不大，因此可說家世高官者，其本人的仕宦也往往能達到高官的地位。是否仍有國法舊俗所起的作用？還是因有漢學而加強這種結果？應該是二者皆有，而漢學頗能在入仕後有所助益。

若從北族漢學的出身來看，遼代情況較為特殊，因其漢學絕多為貴族之故。金代漢學出身可知者以科舉、蔭襲居多，元代契丹人以蔭襲、學校為主，女真人以荐辟、蔭襲為主，西域人以科舉、宿衛與學校為主，蒙古人以科舉、蔭襲為主，唐兀人以科舉、學校為主。整體來看北族漢學要以科舉出身者為主要代表，其他如學校也可視為與科舉有關，而蔭襲、荐辟、宿衛都是三代

選舉的特色，即北族政權中國法舊俗的表現，這種情形或許可以解答上述的問題，即因漢學的研習，科舉的結果，更可加強漢學者往後仕途達到高官的「保障」。高官家世擁有漢學研習的環境及有利的條件，而透過漢學研習能取得科舉出身，則又往往能仕至高官的階層。

四

北族在三代漢學的表現方面，以研習與倡行居首，是因資料的記載中多未言及其專長之故，僅知有漢學的研習，倡行是對漢學的推行、倡導有所貢獻，它與研習互為關係，即倡行者往往為研習者，而研習者自較注重於倡行，因此二者相輔相成，故在人次上的也會有重複的情形。研習知其有漢學教育，倡行最多的表現是興修學校，尤其在元代特別明顯、突出，蓋因元代地方官員的考核有興學項目，且以學校居先，〔註2〕或為興學風氣盛行之故，但重興學未必全為功利性思考，若以漢學研習者而言，尤其是學校、科舉出身者，或有家學風氣者，通常都應重視學校，倡行地方教育為理想。因此在史料中地方興學之舉頗為常見，也相當普遍。又如北族創興書院，承兩宋遺緒，仍大有人在，如述律杰、夾谷之奇、奧敦布魯、千奴、完顏貞、康里脫脫、納麟不花、晶實帶、唐兀閭馬、阿思蘭海牙、壽安、愛祖丁等等不下十餘人可知，固然同為地方興學，但另創書院，則於地方官學之外，又有教學私設場所，加增漢學的倡行。

除去研習、倡行之外，以漢學專長的記錄，要以文學居首，不論帝后、貴族、其他身份者，都多在於對文學的興趣與具體的表現，其未有作品可見者，仍可由記載中得知。「咸誦詩讀書，佩服仁義」，〔註3〕文學之盛多在於詩詞歌曲，在文學史上金、元二代有其相當地位，尤以元代詩曲名家不乏其人，故北族佼佼者向未為人所忽略。漢學專長居次者為藝術，即書畫為代表，其情形同於文學，在書畫藝術史上對於三代北族的書畫也從未吝於著墨，且還頗常指出其間的名家，言其側於漢族人物之間，不遑多讓。帝王之流已如前

〔註2〕參見孟昉，〈杭州路重建廟學記〉，《武林金石記》（西泠印社聚珍版），卷2，頁17下～20下。此文作於元末至正廿四年，載「朝廷以六事課守令殿最，學校居先」，此前以六事考核，列入學校，未知始於何時？有待進一步考察。

〔註3〕參見胡行簡，〈常方壺詩序〉，《全元文》，第56冊，頁12。文中言「西北貴族，聯英挺華」，原指西域人貴族家世好漢學，實則好文學不僅於西域人，其他北族亦多有所見。

述，其他文學如耶律倍、耶律學古、耶律庶成、耶律孟簡、耶律良、耶律谷欲、完顏允恭、允成、移剌履、完顏璹、紇石烈明遠，耶律楚材、奧敦希魯、蒲察李五、泰不花、阿魯威、馬祖常、貫雲石、迺賢、余闕、薩都剌、丁鶴年等等。藝術如耶律倍、耶律題子，完顏允恭、完顏璹、泰不花、張彥輔、高克恭等等。文學、藝術與生活貼近，涵養性情，發抒情感，本是士大夫社會生活中所常見，為漢學濡化（enculturation）的普通情形。

　　經、史、子學等於三代北族雖然較少見具體的表現，但應該為數不少，尤其經史之學，在漢學中與文學同為基礎之學，讀書研習多未遺漏經史，亦不至於僅學作詩文而不讀經史，故於史料中凡記載好讀書、儒術、博學等都是經史文學的研習，大體上凡列入研習者恐怕皆為此類。較著者如耶律羽之、秦晉王妃、耶律弘世、蕭韓家奴、耶律瑤質、耶律固、移剌履、完顏璹、耶律楚材、耶律有尚、石抹繼祖、夾谷之奇、烏古孫澤、孛朮魯翀、紇石烈希元、朵兒赤、保八、高智耀、廉希憲、余闕、伯顏師聖、泰不華、贍思、不忽木、巙巙、鐵木兒塔識等。至於子學、科技類紀錄甚少，其間有耶律羽之、直魯古、耶律純、徒單氏、移剌履、抹撚仲寬、耶律楚材、石抹繼祖、烏古孫澤、贍思等人較著。

　　北族漢學又有可注意之處，即家世漢學的現象，或說漢學家風的特色。最著名者為東丹王耶律倍家族，跨遼、金、元三代而成為家族漢學傳統，目前雖不能將歷世漢學情形詳列，但於三代皆可見其家族的漢學，至元代耶律楚材一系蔚為大觀。由東丹及其第二代隆先起於遼代，而後欠詳，至於七世孫移剌履（金代），八世楚材兄弟（金末元初），九世鉉，十世有尚、十一世世權、十二世惟一等兄弟子姪族人，每世代皆可見家族的漢學，在北族近五百年的漢學中極為特出。其他在遼代三世漢學者有蒲古只、羽之與元寧、敵烈家族，蕭高八、惟信、孝恭家族，阿古只、蕭柳與孝穆、撒八與無曲家族，二世漢學可見者尚有數家。金代漢學世家以二代較常見，約十餘家左右，三代者僅見世宗後人的宗室諸子，允恭兄弟、琮與璹、守禧家族。金代北族漢學頗盛，宗室顯貴們率多研習，風氣所及於士大夫，理應可見世代學風，或因金代國祚稍短，不及綿延，已入於異代。故北族漢學金、元相續的情形，尚能尋得蹤跡，脈絡類似耶律楚材家族。

　　在元代可比擬耶律楚材家族，有「大根腳」蒙古顯貴的木華黎、赤老溫二族，綿延數代，皆有漢學研習可見，此點蕭啟慶先生文中已有論述，且不

贅舉。其他有金代西域馬慶祥延續的家族馬月乃合、保祿世、馬世德一輩、馬祖常一輩、至元末馬武子一輩等五、六世漢學。岳璘帖穆爾家族雖非金代延續，然時間上為金末時開始，至合剌普華、偰文質輩、偰玉立輩、偰吉斯輩，綿延高昌偰氏一族五世至於元末。金末鞏昌汪世顯家族，下傳馬德臣、馬惟正輩、馬壽昌輩等四代。康里不忽木家族，下傳巙巙、回回兄弟，再傳拜住與帖木列思，四傳至元末廉士矩等，歷歷可數。伊吾盧阿里乞失帖木兒傳阿台、迭里威失、鎖咬兒哈的迷失，為四代漢學家族。河西昔里鈐部、小鈐部、李萬奴、李蘭奚四代，至於三代相傳漢學，如女真王庭玉族，兀林荅僖族、奧敦世瑛族、烏古孫義族，西域貫雲石族，賀蘭唐兀閭馬族，河西速哥察兒族，寧夏師克恭族，沙陀李執則由金代延至元代之族。

　　綜觀遼、金、元三代北族的漢學，遼代以契丹族群為主，金代以女真族群為主，而兼及契丹族群，至元代則北族群擴大甚廣，更形成多元族群與多元文化匯集的時代。資料的顯示與政權主體有關，遼代以契丹族群居多，金代以女真族群為多，元代則以蒙古、西域族群居多。以契丹、女真族群而言，漢學研習歷四百餘年並未斷裂而有所延續，其原因在於三代的複合體制，漢學於體制中有其必要的地位，在社會中又有其蘊涵的土壤。元代以中國本土為帝國的重心，帝國中各族群皆共享漢學的環境，於是含英咀華，蔚為大觀。契丹、女真能沿漢學之緒，唐兀、西域本漢文化基礎，蒙古則奮力挺華吐芳；北族漢學於是可見其全貌。

徵引書目

一、文獻金石

（一）古籍與文獻

【經】

1. 孔穎達，《禮記正義》（臺北市：東昇出版社影印十三經注疏本）。

2. 朱彝尊，《經義考》（點校補正本，臺北市，中央研究院中國文哲研究所，民國 93 年）。

【史】

1. 《史記》（北京市：中華書局，1982 年）。

2. 《後漢書》（北京市：中華書局，1993 年）。

3. 《三國志》（北京市：中華書局，1982 年）。

4. 《北齊書》（北京市：中華書局，1983 年）。

5. 《北史》（北京市：中華書局，1983 年）。

6. 《晉書》（北京市：中華書局，2003 年）。

7. 《隋書》（北京市：中華書局，1982 年）。

8. 《舊五代史》（北京市，中華書局，1976 年）。

9. 《舊唐書》（北京市：中華書局，1991 年）。

10. 《新唐書》（北京市：中華書局，1991 年）。

11. 《宋史》（北京市，中華書局，1990 年）。

12. 《遼史》（北京市，中華書局，1983 年）。

13. 《金史》（北京市，中華書局，1992 年）。

14. 《元史》（北京市，中華書局，1983 年）。

15. 柯劭忞，《新元史》（臺北市，藝文印書館，二十五史本）。

16. 司馬光，《資治通鑑》（臺北市，世界書局，民國 63 年）。

17. 宇文懋昭，《大金國志》（臺北市，臺灣商務印書館，民國 57 年）。

18. 江少虞，《宋朝事實類苑》（臺北市，源流文化事業公司，民國 71 年）。

19. 吳廷燮，《金方鎮年表》，（《二十五史補編》，北京市，中華書局，1998 年）。

20. 李心傳，《建炎以來繫年要錄》（北京市：中華書局，1988 年）。

21. 李燾，《續資治通鑑長編》（北京市，中華書局，2004 年）。

22. 邵遠平《元史類編》（上海市，上海古籍出版社，《續修四庫全書》）。

23. 倪燦，《補遼金元藝文志》（臺北市，台灣商務印書館，《叢書集成簡編》，民國 55 年）。

24. 徐松，《宋會要輯稿》（北京市，中華書局，1987 年）。

25. 徐夢莘，《三朝北盟會編》（臺北市，大化書局，民國 68 年）。

26. 屠寄，《蒙兀兒史記》（臺北市，鼎文書局，民國 79 年）。

27. 陳述，《金史拾補五種》（北京市，科學出版社，1960 年）。

28. 楊家駱，《新補金史藝文志》，（鼎文書局本《金史》）。

29. 葉隆禮，《契丹國志》（臺北市，廣文書局，民國 57 年）。

30. 趙翼，《廿二史劄記》（臺北市，世界書局，民國 60 年）。

31. 雒竹筠，《元史藝文志輯本》（北京市，燕山出版社，1999 年）。

32. 錢大昕，《元史氏族表》（北京市，中華書局，《二十五史補編》）。

33. 戴錫章，《西夏紀》（銀川市，寧夏人民出版社，1988 年）。

【集】

1. 唐圭章編，《全宋詞》（北京市，中華書局，1999 年）。

2. 唐圭璋，《全金元詞》（臺北市，洪氏出版社，民國 69 年）。

3. 北京大學古文獻研究所編，《全宋詩》（北京市，北京大學出版社，1998 年）。

4. 李修生主編《全元文》（南京市，鳳凰出版社，2004 年）。

5. 蘇天爵，《元文類》（臺北市，台灣商務印書館，《國學基本叢書》）。

6. 陳述，《全遼文》（北京市，中華書局，1982 年）。

7. 陳衍，《金詩紀事》（臺北市，鼎文書局，民國 60 年）。

8. 張金吾，《金文最》（臺北市，成文出版社，民國 56 年）。

9. 閻鳳梧、康金生主編，《全遼金文》（太原市，山西古籍，2001 年）。

10. 閻鳳梧、康金生主編,《全遼金詩》(太原市,山西古籍,2001年)。

11. 陳衍,《元詩紀事》(臺北市,鼎文書局,民國60年)。

12. 隋樹森,《全元散曲》(北京市,中華書局,1989年)。

13. 顧嗣立、席世臣,《元詩選癸集》(北京市,中華書局,2001年)。

14. 顧嗣立,《元詩選》初集、二集、三集,(北京市,中華書局,2002年)。

15. 《永樂大典》(臺北市,世界書局景印本)。

16. 《明太祖御製文集》(臺北市,臺灣學生書局,民國54年)。

17. 忽思慧,《飲膳正要》(臺北市,臺灣商務印書館《四部叢刊廣編》)。

18. 汪森編,《粵西文載》(臺北市,臺灣商務印書館《文淵閣四庫全書》)。

19. 丁特起,《靖康紀聞》(臺北市,廣文書局,民國57年),

20. 大訢,《蒲室集》(臺北市,臺灣商務印書館《四庫全書珍本》二集)。

21. 不著撰人,《大金德運圖說》,(《四庫全書珍本》四集)。

22. 元好問,《中州集》(《文淵閣四庫全書》)。

23. 元好問,《遺山先生集》(《九金人集》)。

24. 元明善,《清河集》(《續修四庫全書》)。

25. 方回,《桐江續集》(《四庫全書珍本》初集)。

26. 方逢辰,《蛟峰集》(北京市,線裝書局,《宋集珍本叢刊》,2004年)。

27. 王士點、高企翁,《秘書監志》(杭州市,浙江古籍出版社,《元代史料叢刊》高榮盛點校本,1992年)。

28. 王旭,《蘭軒集》(《文淵閣四庫全書》)。

29. 王若虛,《滹南集》(《九金人集》)。

30. 王寂,《拙軒集》(《九金人集》)。

31. 王寂,《遼東行部志》(臺北市,廣文書局,民國57年)。

32. 王寂,《鴨江行部志》(賈敬顏《五代宋金元人邊疆行記十三種疏正稿》本,北京市,中華書局,2004年)。

33. 王梓材、馮雲濠輯,《宋元學案補遺》(臺北市,國防研究院/中華大典編印會,《四明叢書》第五集,民國55年)。

34. 王逢,《梧溪集》(日本京都市,中文出版社,影印《知不足齋叢書》,1980年)。

35. 王惲,《秋澗集》(《文淵閣四庫全書》)。

36. 王褘,《王忠文集》(《文淵閣四庫全書》)。

37. 王毅,《木訥齋文集》(《續修四庫全書》)。

38. 王翰,《友石山人遺稿》(嘉業堂刊本)。

39. 王鶚，《汝南遺事》（臺北市，新興書局，影印指海本），

40. 白樸，《天籟集》（《九金人集》）。

41. 危素，《危太僕集》，（臺北市，新文豐出版公司，《元人文集珍本叢刊》，民國 59 年）。

42. 安世鳳，《墨林快事》（濟南市，齊魯書社，《四庫全書存目叢書》，1995 年）。

43. 朱德潤，《存復齋文集》（《四部叢刊廣編》）。

44. 朱權，《太和正音譜》（《四部叢刊廣編》）。

45. 何孟桂，《潛齋先生文集》（《宋集珍本叢刊》）。

46. 吳師道見，《吳正傳先生文集》（臺北市，國立中央圖書館《元代珍本文集彙刊》，民國 59 年）。

47. 吳海，《聞過齋集》（北京市，中華書局《叢書集成初編》，1985）。

48. 吳澄，《吳文正集》（《文淵閣四庫全書》）。

49. 孛朮魯翀，《菊潭集》（《元人文集珍本叢刊》）。

50. 宋濂，《宋文憲公全集》（臺北市，臺灣中華書局，《四部備要》）。

51. 宋褧《燕石集》（《四庫全書珍本》二集）。

52. 宋禧，《庸菴集》（《四庫全書珍本》二集）。

53. 李士瞻，《經濟文集》（上海書店，《叢書集成續編》，1994）。

54. 李志常，《長春真人西遊記》，收於王國維注本《蒙古史料四種》（臺北市，正中書局，民國 51 年）。

55. 李直夫，《虎頭牌》（臺北市，世界書局，《金元雜劇初編》，民國 74 年）。

56. 李俊民，《莊靖集》（《九金人集》）。

57. 李庭，《寓庵集》（上海市，上海古籍出版社，《續修四庫全書》）。

58. 沈夢麟，《花谿集》（《叢書集成續編》）。

59. 汪澤民、張師愚，《宛陵群英集》（《四庫珍本》二集）。

60. 見心，《澹游集》（《續修四庫全書》）。

61. 來復，《澹游集》（上海市，上海古籍出版社，《續修四庫全書》）。

62. 周密，《癸辛雜識》（北京市，中華書局，1997 年）。

63. 周密，《過眼雲烟錄》（臺北市，學生書局，民國 62 年）。

64. 周密，《齊東野語》，收於《宋元筆記小說大觀》，第五冊（上海市，上海古籍出版社，2001 年）。

65. 岳珂，《桯史》（《宋元筆記小說大觀》，第四冊）。

66. 林鴻，《鳴盛集》（《四庫全書珍本》五集）。

67. 俞德鄰，《佩韋齋集》（《四庫全書珍本》三集）。

68. 姚燧，《牧庵集》（臺北市，台灣商務印書館，《四部叢刊初編》）。

69. 洪皓，《松漠紀聞》（臺北市，廣文書局，民國57年），

70. 耶律楚材，《湛然居士文集》（北京市，中華書局，1986年）。

71. 耶律鑄，《雙溪醉隱集》（《文淵閣四庫全書》）。

72. 胡祗遹，《紫山大全集》（《文淵閣四庫全書》）。

73. 苗耀，《神麓記》，李澍田，《金史輯佚》（長春市，吉林文史出版社，1990）。

74. 倪瓚，《清閟閣全集》（《元代珍本文集彙刊》）。

75. 唐元，《筠軒集》（《四庫全書珍本》三集）。

76. 夏文彥，《圖繪寶鑑》（臺北市，台灣中華書局，影印津逮祕閣本）。

77. 夏庭芝《青樓集》（臺北市，世界書局，《剪燈新話等九種》，民國63年）。

78. 孫岳頒等，《佩文齋書畫譜》（北京市，中國大百科全書出版社，《中國歷代書畫藝術論著叢編》）。

79. 徐元瑞，《吏學指南》（《元代史料叢刊》，1988年）。

80. 袁桷，《清容居士集》（《文淵閣四庫全書》）。

81. 貢師泰，《玩齋集》（《四庫全書珍本》三集）。

82. 迺賢，《金臺集》（《文淵閣四庫全書》）。

83. 馬祖常，《石田先生文集》（鄭州市，中州古籍出版社，1991年）。

84. 馬端臨，《文獻通考》（杭州市，浙江古籍出版社，1988年）。

85. 張之翰，《西巖集》（《四庫全書珍本》初集））。

86. 張以寧，《翠屏集》（《四庫全書珍本》二集）。

87. 張師顏，《南遷錄》（臺北市，藝文印書館《學海類編》）。

88. 張棣，〈正隆事迹〉，收於《金史輯佚》（長春市，吉林文史出版社，1990年）。

89. 張棣，〈金圖經〉，收於《金史輯佚》

90. 張匯，《金節要》，收於《金史輯佚》

91. 盛如梓，《庶齋老學叢談》（臺北市，新文豐出版公司，《叢書集選》排印知不足齋本，民國73年）。

92. 許有壬，《至正集》（《文淵閣四庫全書》）。

93. 許衡，《齊魯遺書》（《文淵閣四庫全書》）。

94. 許謙，《白雲集》（《文淵閣四庫全書》）。

95. 郭畀，《雲山日記》（《續修四庫全書》）。

96. 郭若虛，《圖畫見聞志》（長沙市，湖南美術出版社，2004年，米田水譯

註本）。

97. 陳旅，《安雅堂集》（《元代珍本文集彙刊》）。

98. 陳高，《不繫舟漁集》（《元人文集珍本叢刊》）。

99. 陳基，《夷白齋稿》（《四部叢刊廣編》）。

100. 陶安，《陶學士集》（《四庫全書珍本》七集）。

101. 陶宗儀，《書史會要》（上海書店影印本）。

102. 陶宗儀，《輟耕錄》（臺北市，台灣商務印書館，《叢書集成簡編》）。

103. 程鉅夫，《程雪樓文集》（《元代珍本文集彙刊》）。

104. 程端禮，《畏齋集》（《四明叢書》）。

105. 黃百家等，《宋元學案》（臺北市，廣文書局，民國 68 年）。

106. 黃玠，《弁山小隱吟錄》（《四明叢書》）。

107. 黃溍，《金華黃先生文集》（《四部叢刊初編》）。

108. 楊（唐兀）崇喜，《述善集》（焦進文、楊富學，《元代西夏遺民文獻述善集校注》，蘭州市，甘肅人民出版社，2001 年）。

109. 楊瑀《山居新語》（《宋元筆記小說大觀》）。第六冊

110. 楊維禎，《東維子文集》（《四部叢刊初編》）。

111. 楊億，《楊文公談苑》《宋元筆記小說大觀》第一冊

112. 葉翼，《餘姚海堤集》（《四庫全書存目叢書》）。

113. 董逌，《廣川書跋》（臺北市，台灣商務印書館，民國 54 年），

114. 虞集，《道園學古錄》（臺北市，台灣商務印書館，《國學基本叢書》）。

115. 虞集《道園類稿》（《元人文集珍本叢刊》）。

116. 蒲道源，《閒居叢稿》（《元代珍本文集彙刊》）。

117. 趙孟頫《松雪齋集》（《元代珍本文集彙刊》）。

118. 趙秉文，《滏水集》（《九金人集》）。

119. 劉仁本，《羽庭集》（《四庫全書珍本》別集）。

120. 劉因，《靜修先生文集》（《四部叢刊初編本》）。

121. 劉岳申，《申齋劉先生文集》（《元代珍本文集彙刊》）。

122. 劉祁，《歸潛志》（北京市，中華書局，1997 年）。

123. 劉基，《誠意伯文集》（《四部叢刊初編》）。

124. 劉敏中，《中庵集》（《四庫全書珍本》三集）。

125. 劉鶚，《惟實集》（《四庫全書珍本》四集）。

126. 德淨，《山林清氣集》（《四庫全書存目叢書》）。

127. 歐陽修，《歐陽修全集》（臺北市，世界書局，民國 60 年）。

128. 滕安上，《東庵集》（《文淵閣四庫全書》）。

129. 蔡松年，《蕭閑老人明秀集》（臺北市，成文出版社，《九金人集》，民國56年）。

130. 鄭元祐，《僑吳集》（《元代珍本文集彙刊》）。

131. 蕭澯，《佩文齋書畫譜》（《文淵閣四庫全書》）。

132. 錢惟善，《江月松風集》（上海市，上海書店《叢書集成續編》）。

133. 錢穀，《吳郡文粹續集》（《文淵閣四庫全書》）。

134. 閻復，《靜軒集》（《叢書集成續編》）。

135. 戴良，《九靈山房集》（《四部叢刊初編》）。

136. 謝應芳，《龜巢稿》（《四部叢刊廣編》）。

137. 邁里古思，《九靈山房集》（《四部叢刊初編》）。

138. 鮮于樞，《困學齋集錄》（《知不足齋叢書》）。

139. 薩都剌，《雁門集》（臺北市，台灣學生書局，景印明抄本，民國59年）。

140. 薩都剌，《薩天賜詩集》（《四部叢刊初編》）。

141. 魏初，《青崖集》（《文淵閣四庫全書》）。

142. 蘇天爵，《國朝名臣事略》（臺北市，學生書局影印元統刊本，民國58年）。

143. 蘇天爵，《滋溪文稿》（《元代珍本文集彙刊》）。

144. 鐘嗣成，《錄鬼簿》（《續修四庫全書》）。

145. 顧炎武，《金石文字記》（《文淵閣四庫全書》）。

146. 顧瑛，《玉山璞稿》（臺北市，學生書局，歷代畫家詩文集影印《知不足齋叢書》，民國60年）。

（二）方志與金石

1. 《山右石刻叢編》（臺北市，新文豐出版社，《石刻史料新編》）

2. 《山右石刻叢編》（北京市，北京圖書出版社，2003年《遼金元石刻文獻全編》，第一冊）。

3. 《山東通志》（嘉靖十二年刊本）。

4. 《天台山志》（臺南縣，莊嚴文化事業有限公司，1997年，《四庫全書存目叢書》）。

5. 《天啟衢州府志》（臺北市，成文出版社，《中國方志叢書》）。

6. 《台州金石錄》（《石刻史料新編》）。

7. 《弘治易州志》（臺北市，新文豐出版公司，《天一閣藏明代方志選刊》）。

8. 《弘治重修三原志》（《四庫全書存目叢書》）。

9. 《弘治常熟縣志》（《四庫全書存目叢書》）。

10. 《弘治溧陽縣志》（臺北市，故宮博物院藏本）。）。

11. 《弘治嘉興府志》（《四庫全書存目叢書》）。

12. 《正統大名府志》（北京市，中國書店，《稀見中國地方志彙刊》，1992年）。

13. 《正德大名府志》（《天一閣藏明代方志選刊》）。

14. 《正德姑蘇志》（上海書店，《天一閣藏明代方志選刊續編》）。

15. 《正德松江府志》，（《四庫全書存目叢書》），

16. 《正德雲南志》（《天一閣藏明代方志選刊續編》）。

17. 《光緒堂邑鄉土志》（海口市，海南出版社，《故宮珍本叢刊》，2001年）。

18. 《光緒畿輔通志》（《續修四庫全書》）。

19. 《同治玉山縣志》（《中國方志叢書》）。

20. 《同治江山縣志》（《中國方志叢書》）。

21. 《同治樂安縣志》（《中國方志叢書》）。

22. 《安陽縣金石錄》（《續修四庫全書》）。

23. 《成化中都志》（《四庫全書存目叢書》）。

24. 《江蘇金石志》（《石刻史料新編》）。

25. 《江蘇通志稿》（《石刻史料新編》）。

26. 《至正四明續志》（中國地志學會，《宋元地方志叢書》）。

27. 《至正金陵新志》（《宋元地方志叢書》）。

28. 《至正崑山郡志》（《宋元地方志叢書》）。

29. 《至順鎮江志》（《宋元地方志叢書》）。

30. 《吳下冢墓遺文》（臺北市，學生書局景印康熙抄本）。

31. 《延祐四明志》（《宋元地方志叢書》）。

32. 《武林金石記》（西泠印社，《遯盦金石叢書》）。

33. 《金石萃篇未刻篇》（《石刻史料新編》）。

34. 《金石萃編》（《石刻史料新編》）。

35. 《金石萃編未刻稿》（《石刻史料新編》）。

36. 《金碑匯釋》（吉林文史出版社，1989年）。

37. 《咸豐濟寧州志》（臺北市，學生書局，《新修方志叢刊》）。

38. 《洪武蘇州府志》（《中國方志叢書》）。

39. 《陝西金石志》（《石刻史料新編》）。

40. 《乾隆平原縣志》（《中國方志叢書》）。

41. 《乾隆泉州府志》（《續修四庫全書》）。

42. 《乾隆湖南通志》（《四庫全書存目叢書》）。

43. 《乾隆臨潼縣志》（《中國方志叢書》）。

44. 《崇禎松江府志》（北京市，書目文獻出版社，1991 年）。

45. 《崇禎乾州府志》（北京商務印書館／廣西大學出版社，《哈佛燕京圖書館文獻叢刊》，第一種）。

46. 《崇禎義烏縣志》（《稀見中國方志匯刊》）。

47. 《康熙內鄉縣志》（《中國方志叢書》）。

48. 《康熙平陽府志》（《稀見中國地方志匯刊》）。

49. 《康熙嘉興府志》（《稀見中國方志滙刊》）。

50. 《隆慶永州府志》（《四庫全書存目叢書》）。

51. 《隆慶岳州府志》（《天一閣藏明代方志選刊》）。

52. 《萬曆山西通志》（《稀見中國地方志彙刊》）。

53. 《萬曆平陽府志》（《稀見中國地方志彙刊》）。

54. 《萬曆杭州府志》（《中國地方志叢書》）。

55. 《萬曆金華府志》（《四庫全書存目叢刊》）。

56. 《萬曆紹興府志》（《四庫全書存目叢書》）。

57. 《萬曆湖州府志》（《四庫全書存目叢書》）。

58. 《萬曆湖廣總志》（《四庫全書存目叢書》

59. 《萬曆雲南通志》（《新編中國方志叢刊》）。

60. 《萬曆新修南昌府志》（《中國方志叢書》）。

61. 《萬曆會稽縣志》（《天一閣藏明代方志選刊續編》）。

62. 《萬曆溫州府志》（《稀見中國方志匯刊》）。

63. 《萬曆增修保定府志》（《稀見中國地方志彙刊》

64. 《萬曆襄陽府志》（《四庫全書存目叢書》）。

65. 《萬曆衢州府志》（《明代天一閣方志選刊》）。

66. 《萬歷蘭溪縣志》（《故宮珍本叢刊》）。

67. 《道光鉅野縣志》（《新修方志叢書》）。

68. 《道光濟南府志》（《新修方志叢書》）。

69. 《雍正澤州府志》（《新修方志叢刊》）。

70. 《嘉靖山東通志》（《四庫全書存目叢書》）。

71. 《嘉靖山東通志》（《天一閣藏明代方志選刊續編》）。

72. 《嘉靖永城縣志》（《天一閣藏明代方志選刊續編》）。

73. 《嘉靖曲沃縣志》（《天一閣藏明代方志選刊續編》）。

74. 《嘉靖江西通志》(《四庫存目叢書》)。

75. 《嘉靖和州志》(《稀見中國方志滙刊》)。

76. 《嘉靖延平府志》(《天一閣藏明代方志選刊》)。

77. 《嘉靖長山縣志》(《中國方志叢書》)。

78. 《嘉靖南畿志》(《四庫全書存目叢書》)。

79. 《嘉靖柘城縣志》(臺北市，故宮博物院藏本)。

80. 《嘉靖真定府志》(《四庫全書存目叢書》)。

81. 《嘉靖真陽縣志》(《天一閣藏明代方志選刊續編》)。

82. 《嘉靖袁州府志》(《天一閣藏明代方志選刊續編》)。

83. 《嘉靖陝西通志》(西安市，三秦出版社，2006 年)。

84. 《嘉靖高唐州志》(臺北市，故宮博物院藏本)。

85. 《嘉靖貴州志》(《四庫全書存目叢書》)。

86. 《嘉靖進賢縣志》(《中國方志叢書》)。

87. 《嘉靖開州志》(《天一閣藏明代方志選刊》)。

88. 《嘉靖寧波府志》(《中國方志叢書》)。

89. 《嘉靖彰德府志》(《天一閣藏明代方志選刊》)。

90. 《嘉靖慶陽府志》(《稀見中國地方志彙刊》)。

91. 《嘉靖鄧州志》(《天一閣藏明代方志選刊》)。

92. 《嘉靖翼城縣志》(《天一閣藏明代方志選刊續編》)。

93. 《嘉靖襄城縣志》(《天一閣藏明代方志選刊》)。

94. 《嘉靖耀州志》(《天一閣藏明代方志選刊》)。

95. 《嘉慶旌德縣志》(上海市，江蘇古籍出版社，《中國地方志集成》，1998 年)。

96. 《福建金石志》(《石刻史料新編》)。

97. 《畿輔通志》(《文淵閣四庫全書》)。

98. 《濟南金石志》(《石刻史料新編》，第二輯)。

99. 《濟寧直隸州志》(《新修方志叢刊》)。

100. 《濟寧金石志》(石刻史料新編)。

101. 《潞州金石錄》(嘉慶七年刻本)。

102. 《臨潼縣志》(《中國方志叢書》)。

103. 《隴右金石錄》(《石刻史料新編》)。

104. 向南，《遼代石刻文編》(石家莊，河北教育出版社，1995 年)。

105. 向南(等)輯注，《遼代石刻文編續編》(瀋陽市，遼寧人民出版社，2010

年）。

106. 朱珪，《名蹟錄》（《石刻史料新編》）。

107. 何喬遠《閩書》（《四庫全書存目叢書》）。

108. 武億，《偃師金石遺文補錄》（《續修四庫全書》）。

109. 蓋之庸，《內蒙古遼代石刻文研究》（呼和浩特市，內蒙古大學，2002 年）。

二、研究論著

（一）專　著

1. 方齡貴，《元史叢考》（北京市，民國族出版社，2004 年），頁 247～274。

2. 王明蓀，《元代的士人與政治》（臺北市：臺灣學生書局，民國 81 年）。

3. 王明蓀，《早期蒙古遊牧社會的結構——成吉思可汗前後時期的蒙古》（臺北市：花木蘭文化出版社，《古代歷史文化研究輯刊》，第二編，2009 年）。

4. 王明蓀，《漢晉之北族與邊疆史論》，收於《古代歷史文化研究輯刊》，第四編（臺北市：花木蘭文化出版社，2010 年）。

5. 王明蓀，《遼金元史論文稿》（臺北縣，槐下書肆/花木蘭文化工作坊，2005 年）。

6. 王明蓀，《遼金元史學與思想論稿》（臺北市，花木蘭文化出版社，2009 年）。

7. 史金波，《西夏文化》（長春市，吉林教育出版社，1986 年）。

8. 史金波，《西夏社會》（上海市，世紀書版集團，2007 年）。

9. 札奇斯欽，《蒙古史論叢》上、下冊（臺北市，學海出版社，民國 69 年）。

10. 札奇斯欽，《蒙古祕史新譯並註釋》（臺北市：聯經出版事業公司，民國 68 年）。

11. 白特木爾巴根，《古代蒙古作家漢文創作考》（呼和浩特市，內蒙古教育出版社，2002 年）。

12. 何廣博編，《述善集研究論集》（蘭州市，甘肅人民出版社，2001 年）。

13. 吳天墀，《西夏史稿》（成都市，四川人民出版社，1980 年）。

14. 吳梅，《遼金元文學史》（臺北市，河洛圖書出版社，民國 68 年）。

15. 李玉君，《金代宗室研究》（長春市，吉林大學博士論文，2010 年）。

16. 李修生、查洪德編，《遼金元文學研究》（北京市，北京出版社，2001 年）。

17. 汪小紅，《元代鞏昌汪氏家族研究》（蘭州大學，碩士論文，2007 年）。

18. 林旅芝，《西夏史》（臺北市，鼎文書局，民國 68 年）。

19. 邱樹森，《元代中國少數民族新格局研究》（海口市，南方出版社 2002年）。

20. 金光平、金啟琮，《女真語言文字研究》（北京市，文物出版社，1980年）。

21. 姜一涵，《元代奎章閣及奎章人物》（臺北市，聯經出版事業公司，民國70年）。

22. 姚從吾，《東北史論叢》，上、下冊（臺北市：正中書局，民國59年）。

23. 姚從吾，《姚從吾先生全集》，第五冊（臺北市，正中書局，民國70年）。

24. 孫楷第，《元曲家略考》（臺北市，文史哲出版社，民國78年）。

25. 桂栖鵬，《元代進士研究》（蘭州市，蘭州大學出版社，2001年）。

26. 祝嘉，《書學史》（臺北市，文史哲出版社，民國70年）。

27. 馬建春，《元代東遷西域人及其文化》（北京市，民國族出版社，2003年）。

28. 高福順，《遼朝科舉制度研究》（長春市，吉林大學博士論文，2008年）。

29. 基辛（R. Kessing）著，于嘉雲、張啟恭譯，《當代文化人類學》（臺北市：巨流圖書公司，民國69年）。

30. 張沛之，《元代色目人家族及其文化傾向研究》（天津市，天津古籍出版社，2007年）。

31. 張博泉，《中華一體的歷史軌跡》（瀋陽市，遼寧人民出版社，1995年）。

32. 張博泉，《金史論稿》（長春市：吉林文史出版社，1986年）。

33. 張龍文，《中華書史概述》（臺北市，中華書局，民國62年）。

34. 莊申，《中國畫史研究續集》（臺北市，正中書局，民國61年）。

35. 都智興，《遼金史研究》（北京市，人民出版社，2004年）。

36. 陳垣，《元史研究》（臺北市：九思出版社，民國66年）。

37. 陳昭揚，《金初漢族士人的政治參與》（臺中市，中興大學歷史系碩士論文，民國87年）。

38. 陳昭陽，《征服王朝下的士人──金代漢族士人的政治、社會、文化析論》（新竹市，清華大學歷史研究所博士論文，民國96年）。

39. 陳述，《金史拾補五種》（北京市，科學出版社，1960年）。

40. 陳述，《契丹史論証稿》，收於《遼史彙編》（臺北市，鼎文書局，民國62年），第七冊。

41. 陳高華，《宋遼金畫家史料》（北京市，文物出版社，1984年）。

42. 陳寅恪，《隋唐制度淵源略論稿》（臺北市，台灣商務印書館，民國55年）。

43. 陳得芝，《蒙元史研究叢稿》（北京市，人民出版社，2005年）。

44. 陳登原，《國史舊聞》（臺北市，大通書局，民國60年）。

45. 陶晉生，《邊疆史研究集——宋金時期》（臺北市，台灣商務印書館，民國 60 年）。

46. 陶晉生《女真史論》（臺北市：食貨出版社，民國 70 年）。

47. 傅樂煥《遼史叢考》（北京市，中華書局，1984 年）。

48. 費孝通，《中華民族多元一體格局》（北京：中央民族學院出版社，1989 年）。

49. 黃任恆，《遼痕五種》（臺北市，廣文書局，民國 61 年）。

50. 楊仁凱，《中國畫史》（上海市，上海古籍出版社，1990 年）。

51. 楊志玖，《元代回族史稿》（天津市，南開大學出版社，2003 年）。

52. 楊鐮，《元西域詩人群體研究》（烏魯木齊，新疆人民出版社，1998 年）。

53. 楊鐮，《元詩史》（北京市，人民出版社，2003 年）。

54. 詹杭倫，《金代文學史》（臺北市，貫雅文化事業公司，民國 82 年）。

55. 廖啟照，《征服或擴大——遼朝的政治結構與國家的形成》（臺中市，中興大學歷史系博士論文，民國 97 年）。

56. 廖啟照，《契丹建國前之社會結構》（台中市：中興大學歷史系碩士論文，民國 84 年）。

57. 趙永春，《金宋關係史研究》（吉林教育出版社，1999 年）。

58. 劉輝，《金代儒學研究》（長春市，吉林大學博士論文，2008 年）。

59. 劉曉，《耶律楚材評傳》（南京大學出版社，2001 年）。

60. 鄭欽仁、李明仁編譯，《征服王朝論文集》（臺北縣，稻鄉出版社，民國 88 年）。

61. 蕭啟慶，《元代的族群文化與科舉》（臺北市，聯經出版事業股份有限公司，2008 年）。

62. 蕭啟慶，《元朝史新論》（臺北市，允晨文化實業公司，民國 88 年）。

63. 蕭啟慶，《蒙元史新研》（臺北市，允晨文化實業公司，民國 83 年）。

64. 錢穆，《中國文化叢談》收入《錢賓四先生全集》（臺北：聯經出版事業公司），第 44 冊。

65. 錢穆，《從中國歷史來看中國民族性及中國文化》收入《錢賓四先生全集》（臺北：聯經出版事業公司），第 40 冊。

66. 薛瑞兆，《金代科舉》（北京市，中國社會科學出版社，2004 年）。

67. 聶崇岐，《宋史叢考》上、下冊（臺北市，華世出版社，1986 年）。

68. 蘇振中，《元政書經世大典之研究》（臺北市，中國文化大學，民國 73 年）。

69. 盖山林，《陰山汪古》（呼和浩特市，內蒙古人民出版社，1992 年）。

（二）論　文

1. 丁崑健，〈元代的科舉制度〉，《華學月刊》（臺北市，中華學術院國際華學會議秘書處，民國 71 年），第一二四期，頁 46～57，第一二五期，頁 28～51。

2. 尹克明，〈契丹漢化略考〉收錄於漢學研究室編《宋遼金元史論集》，第一輯（臺北市，漢聲出版社，民國 66 年），頁 436～449。

3. 方齡貴，〈元述律杰交遊考略〉，《蒙元史暨民族史論集》（北京市，社會科學文獻出版社，2006 年），頁 242～268。

4. 王成勉，〈沒有交集的對話──論近年學界對「滿族漢化」之爭議〉，《胡人漢化與漢人胡化》（嘉義，國立中正大學台灣人文社會研究中心，民國 97 年），頁 57～81。

5. 王明蓀，〈略論遼代之崇佛與藏經〉，《佛光人文社會學刊》，第五期（宜蘭縣，佛光人文社會學院，2004 年），頁 3～17。

6. 王明蓀，〈論遼代五京之性質〉，《史學彙刊》第 23 期（臺北市：中國文化大學史學研究所暨史學系，民國 98 年），頁 143～191。

7. 王菊豔，〈完顏璹的詩詞創作與金代的民族文化融合〉，《金史國際學術研討會專集》（鄭州市，中州古籍出版社，1995 年），頁 291～299。

8. 王德忠，〈金朝宗室與漢文化〉，《中國遼金契丹女真史國際學術研討會論文》，（長春市，東北師範大學，1991 年，抽印本）。

9. 任崇岳，〈從塔里赤墓碑看元史的舛誤〉，《中州學刊》，1998 年第 3 期，頁 126～128。

10. 朱振宏，〈突厥第二汗國建國考〉，《第二屆漢化、胡化、洋化國際學術研討會論文集》，頁 159～203。

11. 宋德金，〈一個理論命題的前世今生〉，《中國社會科學報》，第 9 版，〈歷史學〉，2001，3-3。

12. 宋德金，〈評征服王朝論〉，《社會科學戰線》，2010 年第 11 期，頁 1～7。

13. 李成，〈女真文學簡論〉，《遼金史論集》（鄭州市，中州古籍出版社）。第九輯，頁 253～262。

14. 李若雲、李玉蓮，〈虎頭牌：女真族英雄的頌歌〉，李正民、董國炎主編，《遼金元文學研究》（北京市，文化藝術出版社，1999 年），頁 454～467。

15. 李蔚，〈略論西夏文化與河隴文化的關係〉，《西夏史研究》（銀川市，寧夏人民出版社，1989 年），頁 115～122。

16. 汪榮祖，〈漢化爭議評論〉，《第二屆漢化、胡化、洋化國際學術研討會論文集》（嘉義：中正大學歷史系，民國 99 年），頁 1～10。

17. 沈仁國，〈泰定四年進士輯錄考〉，《元史及民族史研究集刊》，第 15 輯（海

口市，南方出版社，2002 年），頁 76～90。

18. 周良霄，〈元史校點獻疑〉，《內陸亞洲歷史文化研究》（南京大學出版社，
1996 年），頁 198～208。

19. 周清澍，〈元桓州耶律家族史事匯證與契丹人的南遷〉，《元蒙史札》（呼
和浩特市，內蒙古大學出版社，2001 年），頁 429～465。

20. 金啟孮，〈論金代的女真文學〉，《內蒙古大學學報》，1984 年第 4 期。

21. 門巋，〈元代蒙古族及色目詩人考辨〉，《文學遺產》，1988 年，第 5 期，
頁 104～109。

22. 洪金富，〈元代漢人與非漢人通婚問題初探〉（一），《食貨月刊》復刊，
第 6 卷，12 期，頁 1～19，民國 66 年 3 月。

23. 洪金富，〈元代漢人與非漢人通婚問題初探〉（二），《食貨月刊》復刊，
第 7 卷，1、2 期合刊，頁 1～61。民國 66 年 4 月。

24. 胡其德，〈元代畏兀人華化的再檢討——一個新的詮釋〉，《中國邊疆史學
術研討會論文集》（臺北市，蒙藏委員會，臺灣師範大學歷史系，民國
84 年），頁 169～201。

25. 尚衍斌，〈元代色目人史事雜考〉，《民族研究》，2001 年，第 1 期，頁 81
～88。

26. 柴劍虹〈元詩選癸集西域作者考略〉，《文史》，第 31 期，頁 208～302。

27. 馬天綱，〈元代西域回教徒在學術上的地位〉，《中華文化復興月刊》，第
4 卷，第 4 期，頁 42、43。

28. 馬道貫，〈邁里古思與元末兩浙地方的守護〉，《蒙元史暨民族史論集》（北
京市，社會科學文獻出版社，2006 年），頁 282～295。

29. 張博泉，〈女真文人與金代文化〉，《遼金史論集》（鄭州市，中州古籍出
版社）。第七輯，頁 226～248。

30. 張雲，〈略論外來文化對西夏的影響〉，《寧夏大學學報社會科學版》，1990
年第 3 期，頁 90～97。

31. 陳芳明，〈宋遼金史的纂修與正統之爭〉，《宋史研究集》第七輯（臺北市，
中華叢書編審委員會，民國 63 年），頁 205～232。

32. 陳高華，〈元代內遷的一個阿里馬里家族〉，《隋唐遼宋金元史論叢》（北
京市，紫禁城出版社，2011 年），第 1 輯，頁 364～375。

33. 陳高華，〈元泰定甲子科進士考〉，《內陸亞洲歷史文化研究》（南京市，
南京大學，1996 年），頁 148～164。

34. 陶晉生，〈金代初期女真的漢化〉，《文史哲學報》，第 17 期（臺北市：台
灣大學文學院，民國 57 年），頁 31～68。

35. 勞延煊，〈金朝帝王季節性的遊獵生活〉（上）、（下），收於《遼金元史研

究論集》（臺北市：大陸雜誌，史學叢書第三輯，第三冊），頁 13～22。

36. 湯開建，〈西夏人物表〉，《甘肅民族研究》，1986 年第 1 期。

37. 湯開建，〈增訂元代西夏人物表〉，《暨南史學》，第 2 輯，2003 年，頁 195 ～215。

38. 湯開建、王建軍，〈元代崇義書院論略〉，收於《元史論叢》，第 9 輯（北京，中國廣播電視出版社，2004 年），頁 151～161。

39. 程溯洛，〈元代畏吾兒人對於祖國文史的貢獻〉，《歷史教學》，1964 年，第 3 期，頁 9～12。

40. 舒焚，〈金初女真族知識份子群〉文見《北方文物》，1986 年第 1 期，頁 53～59。

41. 黃培，〈談「漢化」的問題——兼論滿族的中國化〉，《勞貞一先生百歲冥誕紀念論文集》（臺北市簡牘學會、中華簡牘學會，國 95 年），頁 233～247。

42. 黃鳳岐，〈金代契丹族文人探微〉，《遼金史論集》（鄭州市，中州古籍出版社）。第九輯，頁 337～346。

43. 董克昌，〈上京的金廷知識份子〉，《遼金史論集》（鄭州市，中州古籍出版社）。第九輯，頁 342～336。

44. 董克昌，〈上京的金廷知識份子〉，《金史國際學術研討會專輯》（鄭州市，中州古籍出版社，1995 年），頁 324 至 326。

45. 趙一兵，〈元代鞏昌汪氏家族成員仕宦考論〉，《元史及民族與邊疆研究集刊》，第 21 輯（上海古籍出版社，2009 年），頁 47～126。

46. 趙一兵，〈元代鞏昌汪世顯家族墓葬出土墓志校釋五則〉，《內蒙古社會科學》，第 27 卷，第 2 期，2006 年，頁 42～46。

47. 劉坎龍，〈論元代西域少數民族詩人散曲創作之價值〉，《新疆大學學報·哲學社會科學版》，1991 年，第 2 期，頁 31～36。

48. 劉浦江，〈金代捺鉢研究〉上、下，載於《文史》第 49 輯（1999 年），第 50 輯（2000 年）。

49. 劉銘恕，〈元西域曲家阿里耀卿父子〉，《中國文化研究》，第 8 期，民國 37 年。

50. 劉曉，〈耶律希逸生平雜考〉，《暨大史學》第 2 輯（廣州市，暨南大學，2003 年 12 月）。

51. 樓占梅，〈伊濱集中的王徵士詩〉，《史學彙刊》，第十二期（臺北市，中國文化大學史學研究所與史學系，民國 72 年），頁 57～76。

52. 蔡美彪，〈遼代后族與遼季后妃三案〉，《歷史研究》，1994：2 期，頁 43～61。

53. 蕭啟慶，〈元至正十一年進士題名記校補〉，《食貨月刊》復刊，第 16 卷，
　　7、8 合期（民國 76 年），頁 69～84。

54. 蕭啟慶，〈元延祐二年與五年進士輯錄〉，收於《台大歷史學報》，第 24
　　期，1999 年，頁 375～426。

55. 蕭啟慶，〈元統元年進士錄校注〉，《食貨月刊》復刊，第 13 卷，1、2 合
　　期（民國 72 年），頁 72～90；3、4 合期（民國 72 年），頁 47～62。

56. 顧吉辰，〈孔子思想在西夏〉，《史學集刊》（吉林大學），1991 年，第 4
　　期，頁 32～37。

三、外文論著

1. Karl A. Wittfogel and Feng Chia-sheng, "History of Chinese Society Liao".
　 Dhiladelphia,1949.

2. Thomas Barfield, "The Dictionary of Anthropology" MA, Blackwell, 1997.

3. Herbert Franke,"Could the Mongol Emperors Read and write Chinese？",
　 In"China under Mongol Rule". Published by VARIORUM, 1994. Ashgate
　 punlishing Limited. Pp.28-41.

4. Hok-Lam Chan, "Legitimation in Imperial China " 臺北市，弘文館出版社，
　 民國 75 年。

5. 三上次郎，《金代女真社會の研究》（東京都，中央公論美術出版，昭和
　 四十七年）。

6. 吉川幸次郎，〈元の諸帝の文學〉五篇，刊於《東洋史研究》第 8 卷 3 至
　 6 期，1943 年，第 9 卷，1、2 期，1945 年。

7. 外山軍治，《金朝史研究》（京都市，同朋社，1967 年）。

8. 田村實造，《中國征服王朝の研究》中冊（京都市，中西印刷株氏會社，
　 昭和 49 年）。

四、工具書籍

1. 王德毅，《元人傳記資料索引》，五冊（臺北市，新文豐出版公司，民國
　 71 年）。

2. 永瑢等，《四庫全書總目》（臺北市，藝文印書館，民國 63 年）。

3. 陳國強，《文化人類學辭典》（臺北市，恩楷股份有限公司，2006 年）。

4. 羅伊果、樓占梅，《元朝人名錄》，四冊（臺北市，南天書局，1998）。